William J. Reid
Laura Epstein

Gezielte Kurzzeitbehandlung in der Sozialen Einzelhilfe

William J. Reid
Laura Epstein

Gezielte Kurzzeitbehandlung in der Sozialen Einzelhilfe

Lambertus-Verlag

Das amerikanische Originalwerk erschien unter dem Titel
„Task-Centered Casework" 1972 bei Columbia University Press,
New York / USA
Library of Congress Catalog Card Number: 72-4931
ISBN: 0-231-03466-0
aus dem Amerikanischen übersetzt von Margret Quer

Gestaltung: Werner Bleyer, Freiburg im Breisgau
Herstellung: Druckhaus Rombach + Co., Freiburg im Breisgau
ISBN: 3-7841-0182-8

Inhalt

Vorwort

Die Autoren dieses Buches sind vielen verpflichtet, die zur Entwicklung des hier dargestellten Systems der Sozialen Einzelhilfe beigetragen haben. Besonderen Dank schulden wir zwei Kollegen an der School of Social Service Administration der Universität von Chicago, Rae Meltzer, die bei der Planung und Überwachung der wesentlichen praktischen Versuche des Arbeitsmodells großzügig ihre Zeit und ihre klinische Erfahrung zur Verfügung stellte, und Emanuel Hallowitz, der in seiner Eigenschaft als Direktor des Social Service Department der Krankenhäuser und Kliniken der Universität von Chicago die Durchführung der Versuche ermöglichte. Ebenso danken wir den Studenten und professionellen Kräften, die das Modell gewissenhaft als Grundlage bei der Bearbeitung von Musterfällen benutzten. Mary Everett, Larry Hagen und Kathleen Sullivan von der psychiatrischen Abteilung erprobten unsere Vorgehensweise nicht nur bei einer Anzahl von Klienten, sie lieferten und auch während einer Reihe von Fallkonferenzen ein kontinuierliches und einfühlsames Feedback im Hinblick auf den Fortgang dieser Versuche.
Um die Fälle aus der Praxis für die Entwicklung des Modells nutzbar zu machen, brauchten wir systematische Daten. Joan Kwiatkowski, Doktorantin an der School of Social Service Administration, half uns nicht nur bei der Zusammenstellung des notwendigen Materials sondern auch in allen Phasen seiner Auswertung und Analyse.
Wir besprachen unsere Arbeit mit einer großen Zahl praktizierender Fachleute und Studenten in Kursen, Konferenzen und Seminaren. Zahlreiche Gedanken dieses Buches gehen auf diese Gespräche zurück, von denen wir hoffen, daß sie für die Teilnehmer ebenso anregend waren wie für uns.

Wir haben uns bemüht, auf Autoren, die unsere eigenen Bestrebungen entscheidend beeinflußten, im Text gebührend hinzuweisen. Zitate allein können jedoch das Ausmaß unserer Verpflichtung ihnen gegenüber nicht verdeutlichen. Ihre Schriften und die zwanglose Kommunikation mit ihnen beeinflußten uns im Lauf der Jahre so stark, daß wir heute nicht mehr sagen können, wo ihre Gedanken enden und unsere eigenen beginnen. Helen Perlman von unserer Fakultät gehört zu ihnen, ebenso Florence Hollis von der Columbia University, Howard J. Parad von der University of Southern California und Ann W. Shyne von der Child Welfare League of America. Nicht zuletzt danken wir allen, die das Buch vor der Drucklegung kritisch lasen: Helen Perlman, John Schuerman und Audrey Smith von unserer Fakultät und Albert Schrekinger von der University of Kansas. Ihre scharfsichtigen Anmerkungen fanden in wesentlichen Änderungen des endgültigen Manuskripts ihren Niederschlag.

1 Ziele und Rahmen

Aufgabenzentrierte Soziale Einzelhilfe ist ein System der zeitlich begrenzten Hilfe in schwierigen Situationen. Da dieses System vieles enthält, was in der Einzelhilfepraxis bereits bekannt ist, werden es manche Leser nicht als entscheidende Neuheit empfinden. Da wir jedoch die vertrauten Methoden innerhalb einer ziemlich neuen Struktur angewendet sehen wollen, werden andere die aufgabenzentrierte Einzelhilfe als eine entschiedene Abkehr von den klassischen Grundsätzen ansehen.

Die Frage, wie unser Behandlungssystem auf der traditionell bestehenden Skala einzuordnen sei, war uns nicht besonders wichtig. Vielmehr kam es uns darauf an, eine Vorgehensweise zu entwickeln, die praktizierenden Sozialarbeitern sowie Lehrern und Studenten der Sozialen Einzelhilfe von Nutzen ist. Zu diesem Zweck griffen wir auf eine Vielzahl von Theorien und Methoden zurück. Richtschnur waren dabei Forschungsergebnisse, soweit sie vorhanden oder zu beschaffen waren, und unsere eigene klinische Erfahrung, wenn empirische Grundlagen fehlten. Es entstand so ein System, das vom Plan her eklektisch und unvollständig und offen für die Verwertung anderer Standpunkte und für Modifikationen ist, die durch weitere Forschungsergebnisse angezeigt sein könnten.

Ziele

In der Hauptsache handelt dieses Buch zwar von aufgabenzentrierter Einzelhilfe, wir verfolgen jedoch mehrere Ziele. Der ursprüngliche Zweck, der auch nie an Bedeutung verlor, war ein Beitrag zur Sy-

stematisierung kurzer, zeitlich begrenzter Sozialer Einzelhilfe. Es besteht ein Bedürfnis nach detaillierten und umfassenden Aussagen über die Voraussetzungen, Ziele, Strategien und Techniken, die diese Art der Arbeit charakterisieren. Die theoretische Literatur über planmäßige kurzfristige Einzelhilfe besteht zum großen Teil aus skizzenhaften Beschreibungen von Kurzzeitmethoden, die bei Projekten sozialer Einrichtungen angewendet werden, oder beschränkt sich auf die eingeengten Perspektiven der Krisentheorie. Dieser Mangel an begrifflicher Klärung entstand weitgehend durch die pragmatischen Anfänge eines großen Teils der Kurzzeitpraxis. Mangel an Fachkräften, Wartelisten, der auf die Einrichtungen ausgeübte Druck, eine größere Zahl von Klienten zu betreuen, Desillusionierung in bezug auf die Ergebnisse langfristiger Behandlungen und praktische Erfahrungen, die den Schluß nahelegten, daß kürzere und weniger aufwendige Vorgehensweisen genauso ihren Zweck erfüllen können – all dies wirkte zusammen und drängte soziale Einrichtungen und frei Praktizierende dazu, sich stärker der planmäßige Kurzzeitbehandlung zuzuwenden.
Wenn eine Methode ihrer praktischen Vorteile wegen angewendet wird, geschieht es häufig, daß die theoretischen Grundsätze, die die Praxis untermauern und formen sollen, nicht genügend entwickelt werden. So auch bei der Kurzzeitpraxis, die zu einem großen Teil auf der Basis von Theorien durchgeführt wird, die für die traditionelleren Methoden der Langzeitbehandlung entwickelt wurden. Eine häufig auftretende Folge ist dabei die Diskrepanz zwischen Behandlungsstrategie und Struktur. Der Behandelnde versucht unter Umständen, eine ein- oder zweijährige Behandlung irgendwie in wenige Wochen zu pressen oder eine Art von „gestutzter“, abschlußloser Behandlung anzubieten. Es kommt daher gar nicht selten vor, daß man Kurzzeitfälle mit einer schleppenden Explorationsperiode beginnt, in der Informationen zusammengetragen werden, die man nie verwerten kann, und die ehrgeizige Ziele suggerieren, die niemals zu verwirklichen sind. Eine andere Folge ist vielleicht noch schlimmer: Kurzzeitpraxis wird unter Umständen drastisch abgewertet, da man ihre Ergebnisse

allzu leicht an denen mißt, die man von einer ausgedehnten Behandlung *erwartet*. Unter solchen Voraussetzungen wird die Kurzbehandlung zur zweitbesten Alternative, deren Anwendung man mit Zweckmäßigkeit rechtfertigen muß, auch wenn man mit ihr tatsächlich genauso viel *erreicht* wie mit der Langzeitbehandlung.

Alles in allem: Kurzzeiteinzelhilfe bedarf dringend einer eigenen Theorie. Ein großer Teil des Buches ist daher diesem Anliegen gewidmet. Obwohl wir ein spezifisches Behandlungssystem anbieten, ist der größte Teil unserer Darlegungen für die Praxis der kurzen, zeitlich determinierten allgemeinen Sozialen Einzelhilfe gültig. Unsere Vorstellungen im Hinblick auf die Spezifizierung des Zielproblems und der Behandlungsziele, über den Abschluß eines Behandlungsvertrags und die Aufrechterhaltung des Interventionsbrennpunktes sollte die interessieren, die Kurzzeitbehandlungen durchführen. Das, was wir über die Schnelligkeit der Problemveränderung, die natürlichen Grenzen professioneller Intervention und den motivierenden Effekt der zeitlichen Begrenzung ausführen, bietet eine Grundlage für alle Formen der Kurzbehandlung. In dieser Hinsicht ist das Buch der Versuch, in einer für den Sozialarbeiter in der Einzelhilfe nützlichen Form eine Reihe von Gedanken und Ergebnissen anzubieten, die sich auf die Kurzzeitmethoden beziehen.

Man könnte allerdings sagen, daß die Kürze nur die Form bestimmt, aber nichts über die Substanz der Behandlung aussagt. Sie gibt uns einfach ein Mittel an die Hand, mit dem wir wirtschaftlichere und vielleicht auch vernünftigere Behandlungsmodelle schaffen könnten. Wenn dieses Medium voll ausgeschöpft werden soll, müssen wir uns mit der Konstruktion bestimmter Modelle für die Kurzzeitpraxis befassen. Kurz, wir müssen die Substanz einer solchen Arbeit entwikkeln: die Art und Weise, wie ein begrenztes Maß an Behandlungszeit am besten zum Wohle des Klienten genutzt werden kann.

Damit kommen wir zum zweiten und vielleicht zentralen Anliegen dieses Buches: Es soll ein bestimmtes System der Kurzzeiteinzelhilfe vorgestellt werden. Wir versuchten, ein Behandlungsschema mit einem breiten Spektrum von Anwendungsmöglichkeiten zu entwickeln. Es bietet sich für die meisten Klienten an, die normalerweise von einem Sozialarbeiter in der Sozialen Einzelhilfe behandelt werden. Wir haben uns bewußt zugunsten der Breite entschieden, da wir glauben, daß ein allgemeines Modell der Kurzzeitpraxis besonders dringend gebraucht wird. Damit verzichten wir auf den Vorteil der Spezifizierung, der sich ergäbe, wenn wir ein Behandlungsmodell für eine bestimmte Art von Problemen entwickeln oder eine bestimmte Art der Intervention vorstellen würden. Wir hoffen jedoch, daß ein ausgleichender Gewinn dadurch gegeben ist, daß wir den Praktizierenden und den sozialen Einrichtungen ein Modell an die Hand geben, das bei den verschiedensten Fällen und in Verbindung mit einer ganzen Reihe von Techniken anwendbar ist.

Unser Behandlungssystem wird innerhalb eines Rahmens dargestellt, der helfen soll, die verschiedenen Elemente unseres Systems zu identifizieren und zu ordnen. Wir meinen, daß er dazu beiträgt, sowohl die Substanz als auch die Grenzen dieses Systems zu verdeutlichen. Und wir hoffen, daß er als Leitfaden für die zukünftige Entwicklung des Systems dienen und auch für die Analyse, die Bewertung und die Verbesserung anderer Systeme von Nutzen sein kann.

Der dritte Zweck dieses Buches ist die Darlegung einer Reihe von Gedanken, die den Sozialarbeiter, der Einzelhilfe anwendet, interessieren und ihm nützen können, und zwar ohne Rücksicht auf seine Einstellung gegenüber der Kurzzeitbehandlung im allgemeinen oder der hier vorgestellten Version im besonderen. Da wir auf dem Standpunkt stehen, daß geplante Kurzzeitbehandlung die vorherrschende Form der Sozialen Einzelhilfe sein sollte, müssen wir uns auch mit Fragen befassen, die die Einzelhilfe allgemein betreffen. Überdies können viele der Formeln, die wir im Hinblick auf die Kurzzeitbehandlung vorlegen, auch im allgemeineren Rahmen angewendet werden. Wir sind nicht der Ansicht, daß ein bestimmtes Behandlungsschema einheitlich durchgeführt werden muß. Die meisten erfahrenen Sozialarbeiter erarbeiten sich wohl auf ziemlich eklektische Weise ihre eigenen Praxismodelle, und wir sehen keinen Anlaß, dem etwas entgegenzuhalten. Zwar treten wir durchaus für die Anwendung unserer Vorgehensweise als Ganzheit ein, sind aber auch bereit zuzugestehen, daß sie in der selektiven Anwendung ihrer einzelnen Komponenten die größten Vorteile bietet.

Und endlich dient dieses Buch noch dem Zweck, auf zwei Arten eine Verbindung zwischen der praktischen Sozialen Einzelhilfe und der Forschung herzustellen. Einmal handelt es sich um die Nutzbarmachung von festgestellten und sich ständig vermehrenden Forschungsergebnissen durch den Sozialarbeiter. Ein Teil dieser Forschung betrifft die Einzelhilfe selbst, den größeren Anteil haben psychotherapeutische Untersuchungen, und der Hauptteil besteht aus Beobachtungen des menschlichen Verhaltens, die direkte oder indirekte Auswirkungen auf Behandlungsfragen haben. Wir beabsichtigen in diesem Buche zwar nicht, die relevante Forschung erschöpfend zu behandeln, aber wir wollen Grundsätze der Praxis auf empirische Fundamente stellen, soweit solche vorhanden sind, und wo nicht, soll ihr Fehlen als Lücke im Bestand unseres Wissens festgestellt werden.

Eine andere Verbindung zwischen Forschung und Praxis, die wir herstellen möchten, könnte sich letzten Endes als ein noch wirksameres Mittel zur Verbesserung der praktischen Arbeit erweisen. Wir meinen die Anwendung der Forschung bei der Entwicklung und Erprobung von Praxismodellen. Außer möglicherweise den Rogers-Schülern und den Verhaltenstherapeuten hat sich kaum jemand ernsthaft bemüht, die Forschung systematisch bei der Verbesserung von Behandlungsmethoden einzusetzen. Wir befürworten und demonstrieren hier die Sammlung von Untersuchungsdaten über Fälle, die nach einem bestimmten Modell behandelt werden, und die Verarbeitung von Feedback bei der Modifizierung des Modells.

Der Rahmen: Die Elemente eines Behandlungssystems

Wir streben an, unsere Ziele durch die Entwicklung eines regelrechten Systems der Intervention, nämlich dem der aufgabenzentrierten Sozialen Einzelhilfe, zu verwirklichen. Ihre Darstellung dient dem zentralen Anliegen des Buches, indem sie ein spezifisches Muster für die Kurzzeitbehandlung zum Inhalt hat. Gleichzeitig ist das Behandlungssystem das Medium, mit dessen Hilfe wir unsere Vorstellungen über Kurzzeitmethoden, über Soziale Einzelhilfe im allgemeinen und über den Zusammenhang zwischen Forschung und Praxis verdeutlichen können.

Bei der Arbeit an diesem System erwies es sich als nützlich, die Attribute von Behandlungssystemen wie Einzelhilfe, Beratung oder Psychotherapie, im Auge zu haben, in denen die wirksamen Bestandteile der Kommunikation, die zwischen dem Behandelnden und dem Klienten stattfindet, enthalten sind. Auf diese Weise erhielten wir sowohl für die Darstellung unseres eigenen Systems einen Rahmen, als auch bestimmte Kriterien, an denen wir den Wert unseres Behandlungsmodells in seinem augenblicklichen Entwicklungsstadium messen konnten.

Unserer Meinung nach besitzt jedes Behandlungssystem eine bestimmte Anatomie, zu der mindestens die folgenden Elemente gehören: ein Behandlungsmodell, eine zugrundeliegende Theorie, eine empirische Grundlage und eine Reihe von Wertprämissen. Im folgenden soll das Wesen dieser Elemente behandelt werden.

Das Behandlungsmodell. Man kann sich ein Behandlungssystem als um ein Behandlungsmodell herum konstruiert vorstellen. In unserer Terminologie bedeutet Modell eine zusammenhängende Reihe von Direktiven, durch die festgelegt wird, wie eine bestimmte Art der Behandlung durchgeführt werden soll. Im wesentlichen ist ein Modell beschreibend und definierend. Es gibt im allgemeinen an, was man vom Behandelnden erwartet. Die Modelle der Sozialen Einzelhilfe schließen normalerweise eine Skizzierung der Probleme oder Störungen ein, für deren Behandlung sie gedacht sind, Methoden der Diagnose und die wünschenswerte Art der Beziehung zum Klienten, Aussagen über Behandlungsziele, Strategien und Techniken.

Solche Modelle lassen sich anhand einer Anzahl von Dimensionen charakterisieren. Zunächst unterscheiden sich Modelle im Hinblick auf die Art der Ziele, denen die Behandlung dient. Bei Perlmans problemlösendem Modell (c)* zielt die Behandlung auf das psychosoziale Problem; bei der Methode der Verhaltensmodifizierung von Thomas richtet sich die Behandlung auf spezifisches Verhalten, und bei der Konzeption der Familienbehandlung von Scherz geht es um die gestörte Interaktion in der Familie.

Ein Modell kann eine große Vielfalt von möglichen Zielpunkten umfassen. Ist dies der Fall, kann man sein Anwendungsgebiet als *allgemein* bezeichnen. Perlmans problemlösendes und Hollis' psychosoziales Modell sind Beispiele dafür. Am anderen Ende des Kontinuums befinden sich *spezifische* Modelle, die nur bei einer sehr begrenzten Anzahl von Störungen anwendbar sind. Darunter sind Modelle, die für die Behandlung besonderer Probleme, zum Beispiel dem der Schulangst oder für Klienten einer ganz bestimmten diagnostischen Kategorie, entworfen wurden, zum Beispiel für den sogenannten Grenzfall. Häufig werden solche spezifischen Modelle innerhalb eines allgemeinen entwickelt. Sie können weitgehend Erweiterungen oder Spezifizierungen von umfassenderen Vorgehensweisen sein.

Die Schöpfer allgemeiner Modelle gehen von der Grundvoraussetzung aus, daß bestimmte fundamentale Prinzipien auf eine breite Fächerung von Situationen erfolgreich anwendbar seien, und dies macht diese Modelle natürlich attraktiv. Der Behandelnde braucht kein großes Repertoire von Vorgehensweisen zu beherrschen, um mit den verschiedenen Fällen fertigzuwerden, sondern kann auf die Abwandlungen einer einzigen Methode zurückgreifen. Unter Umständen mangelt

* Siehe Literaturverzeichnis, Seite 213, Perlman (c); alle weiteren Literaturangaben verweisen entsprechend auf das Verzeichnis, S. 208–216.

es solchen Modellen jedoch an spezifischen Richtlinien, und sie bleiben ziemlich vage. Außerdem besteht bei ihnen die Gefahr, daß sie einigen Fallsituationen nicht gerecht werden, was zum Beispiel eintreten kann, wenn es ein nach Rogers' Methode arbeitender Berater mit einem Klienten zu tun hat, der sich nicht verbal ausdrücken kann, oder wenn sich ein Verhaltenstherapeut mit einem äußerst komplexen psychosozialen Problem befaßt.

Bei spezialisierten Modellen wird auf mögliche Breitenwirkung weitgehend verzichtet, damit spezifische Aufgaben besser gelöst werden können. Es scheint zwar eher möglich, hier besonders detaillierte Richtlinien zu entwickeln, doch muß das nicht zutreffen.

Modelle unterscheiden sich auch nach dem Ausmaß, in dem sie Zufälligkeiten und Abweichungen, mit denen der Behandelnde rechnen muß, berücksichtigen. Ein nichtdifferenziertes Modell legt im wesentlichen das Ziel der Veränderung fest und beschreibt den Verlauf der Intervention. Sowohl Ziel wie Intervention können in allen Einzelheiten beschrieben sein, ohne daß ein solches Modell die Frage „was ist, wenn?" beantwortet. Das heißt, es wird kein Hinweis darauf gegeben, wie die Behandlung modifiziert werden sollte, wenn für einen Klienten eine besondere Diagnose gestellt wurde, oder welche verschiedenen Möglichkeiten offen stehen, wenn der Klient auf die Bemühungen des Behandelnden in einer bestimmten Weise reagiert. Das Modell enthält vielleicht eine Art Allzweckformel für Unvorhergesehenes, in dem Sinne, daß das, was getan wird, vom Fall abhängt oder so ähnlich, es fehlt jedoch der Hinweis darauf, was in einer bestimmten Art von Fällen zu geschehen hat. Zweifellos ist es als Mangel eines Modells anzusehen, wenn keine Differenzierung vorhanden ist, weil dem Behandelnden keine Hilfen gegeben werden, wenn er in seiner Praxis auf Abweichungen stößt. Man kann von keinem Modell erwarten, daß es alle Eventualitäten berücksichtigt. Selbst bei so sorgfältig entwickelten Modellen wie Hollis' psychosozialer Vorgehensweise wird eine Differenzierung nur teilweise und ungleichmäßig erzielt. Die Notwendigkeit der Differenzierung hängt in gewisser Weise von den Zielen ab, die in dem Modell gesetzt werden. So kann zum Beispiel ein spezifisches Modell, das im Hinblick auf eine homogene Bevölkerungsgruppe entworfen wurde, weitgehend auf Differenzierung verzichten, da die Anzahl der möglichen Varianten von vornherein begrenzt ist.

Schließlich unterscheiden sich Modelle noch im Hinblick auf das Ausmaß an Information, das sie in ihrer Formulierung liefern. „Information" wird hier in einem ähnlichen Sinne gebraucht wie in der Informationstheorie (Parry). Hochgradig informative Feststellungen lassen den Behandelnden kaum darüber im unklaren, wie er im Einklang mit dem Modell zu handeln hat. So wird zum Beispiel bei Kurzzeitmodellen die erwartete Dauer der Behandlung in Form einer bestimmten Anzahl von Gesprächen, vielleicht sechs oder zwölf, festgelegt. Der Behandelnde, der nach dem Modell arbeitet, geht – berechtigt oder nicht – mit größerer Sicherheit vor, als wenn einfach nur gesagt worden wäre, die Dauer der Behandlung richte sich „nach den Bedürfnissen des Klienten".

Häufig enthalten die Aussagen Hinweise auf ein mögliches Handeln in einer bestimmten Situation. Ein Auszug aus dem Modell von Scherz liefert hierzu ein gutes Beispiel:

„Wird die Behandlung auch nach Behebung der Symptome oder nach Überwindung der Krise fortgesetzt, können andere Techniken größeren Raum und stärkere Bedeutung gewinnen. Es ist *wahrscheinlich*, daß dann weniger das Wie und Was und die Auswirkungen von zwischenmenschlichem Verhalten im Mittelpunkt der Behandlung steht, sondern mehr die zugrunde liegenden Motive. Der Sozialarbeiter tritt dann in seiner direkten Aktivität zurück ... Die Bedeutung individueller Konflikte für den einzelnen und für die Familie *kann* dann stärker in den Vordergrund treten ... Die Deutung von Widerstand und Übertragungsphänomenen wird *häufig* zur Haupttechnik des Sozialarbeiters." (S. 265, deutsche Ausgabe, Kursivstellen nicht im Original)

Ausführungen dieser Art enthalten nur begrenzt Informationen, obwohl sie die Unsicherheit bis zu einem gewissen Grad durch den Hinweis auf mögliches Handeln verringern. Im derzeitigen Stadium der Entwicklung muß sich ein großer Teil der Modellbeschreibungen in der Sozialarbeit notwendig auf dieser Ebene bewegen. Der Informationsgehalt eines Modells schwankt im allgemeinen beachtlich von einer Komponente und von einer Phase zur anderen. Meistens sind die Richtlinien für die Initialphase genauer als für die späteren Abschnitte. Dies ist nicht überraschend, weil die möglichen Zufälligkeiten, die zu berücksichtigen sind, nach Beginn der Behandlung rapide zunehmen. Das ist ähnlich wie bei den Regeln für schwierige Spiele, zum Beispiel Bridge oder Schach, die für die Eröffnung wesentlich ausführlicher sind als für die Mittelphasen. Doch sind Abschnitte, die Lücken bewußt machen, immer noch besser, als willkürliche oder irreführende Richtlinien.

Die stützende Theorie. Ein Behandlungsmodell bietet eine Art begriffliche Festlegung und Praxisordnung an. Es gibt Antworten auf die Fragen „was" und „wie". Aber das „warum" gehört in das Gebiet der dem Modell zugrunde liegenden Theorie. Lewis formuliert dies so:

„Die Theorie in der Sozialarbeit soll die Phänomene der Praxis erklären. Diese Erklärungen geben Gründe dafür an, warum sich Phänomene so verhalten, wie sie es tun und warum sie das sind, was sie sind. Regeln und Grundsätze . . . dienen dem Sozialarbeiter als Gründe für das, was er tut, sie erklären aber nicht das Warum seines Handelns. Diese grundsätzliche Erklärung bleibt den Theorien vorbehalten, die die Regeln und Grundsätze rechtfertigen" (S. 16).

Die Theorie eines Behandlungssystems besteht im wesentlichen aus einer Reihe von Voraussetzungen und Hypothesen, die die logische Grundlage für das Behandlungsmodell und die Erklärung seiner Vorgänge bilden. Außerdem gibt die Theorie dem Behandelnden Hypothesen an die Hand, die er als Grundlage von praktischen Entscheidungen in Situationen benutzen kann, für die das Modell keine klaren Richtlinien bietet.

Im Kern besteht eine Behandlungstheorie aus Feststellungen über: 1. die Ätiologie und die Ursachen für die Probleme, für die das Modell gedacht ist, und 2. die Wirkungen der verschiedenen Interventionen, die das Modell vorschlägt. Diese Feststellungen stehen in Zusammenhang mit größeren theoretischen Gebieten, die ebenfalls herangezogen werden können. Die Systeme der Sozialen Einzelhilfe stützen sich traditionsgemäß stark auf die Persönlichkeitstheorie und besonders auf deren psychoanalytische Variationen. In den letzten Jahren machte man sich zunehmend auch andere Theorien zunutze, einschließlich der Lerntheorie, der Krisentheorie, der Theorie der Kleingruppe und der Organisationstheorie. In einigen Fällen ist die Verbindung zwischen einem Behandlungssystem und der grundlegenden Theorie stark und offenkundig, zum Beispiel zwischen Thomas' Verhaltensmodifikation und der Lerntheorie oder zwischen Hollis' psychosozialer Methode und den psychoanalytischen Persönlichkeitstheorien. In anderen Fällen ist die Verbindung weniger eng. Eine Behandlungstheorie kann zum Beispiel eklektisch zusammengestellt sein, wie dies bei Perlman zu sein scheint, die ihr problemlösendes Modell mit der Persönlichkeitstheorie verknüpft. Eine solche Offenheit in bezug auf die stützende Theorie erlaubt eine größere Flexibilität bei der Anwendung.

Im allgemeinen unterscheidet man in der Literatur über Behandlungssysteme nicht zwischen „Theorie" und „Modell". Die Folge ist, daß recht verschiedene Abstraktionsformen zusammengebracht werden, die zwar, oberflächlich betrachtet, die Dinge vereinfachen, aber nach unserer Meinung letzten Endes verwirren müssen. Einige Beispiele:

In der Literatur über Soziale Einzelhilfe stößt man auf den Grundsatz, daß Techniken, die dazu dienen sollen, die Einsicht des Klienten in die Dynamik seines Verhaltens zu fördern, bei Klienten, die als schizophren oder als Grenzfälle klassifiziert werden, vermieden oder nur sehr sparsam angewendet werden sollen (Reid, a). Der Schwerpunkt sollte hier mehr auf den „realitätsorientierten" Techniken liegen, wie dem Erteilen von Ratschlägen, der Anleitung und dergleichen. Es handelt sich eindeutig um „Modell"-Aussagen, denn sie geben an, wie der Behandelnde in einer bestimmten Situation vorgehen soll. Die Aussagen stehen in Zusammenhang mit gewissen theoretischen Hypothesen, die manchmal angeführt werden, oft auch nicht. Eine relevante Hypothese wäre hier, daß die Anwendung von einsichtsfördernden Techniken bei schizophrenen Klienten deren Ängste steigern würde. Die Hypothese liefert eine logische Begründung des Behandlungsgrundsatzes.

Modellaussagen müssen nicht unbedingt in Beziehung zu theoretischen Hypothesen stehen. Die vorgeschlagene Länge eines Interviews kann bei einem Modell fünfzig Minuten sein, ohne daß es dafür eine theoretische Rechtfertigung gibt. Umgekehrt haben theoretische Formulierungen im Behandlungssystem vielleicht keine Entsprechungen im Modell. In solchen Fällen muß der Behandelnde seinen eigenen *modus operandi* aus den theoretischen Grundlagen erarbeiten. Da man theoretische Aussagen dazu benutzen kann, ein Modell gewissermaßen „aufzufüllen", wird bei der Darstellung von Behandlungssystemen unter Umständen nicht deutlich zwischen Theorie und Modell unterschieden. Wir finden jedoch, daß dies ein Grund mehr ist, diese Unterscheidung zu treffen. Wir erhalten damit die Möglichkeit, eine Reihe von kritischen Fragen in bezug auf das System zu stellen: Welche theoretischen Hypothesen gibt es, die bestimmte Aussagen über das Modell stützen? Gibt es keine, welche andere Rechtfertigung gibt es dann dafür? Weist die Theorie auf zusätzliche Strategien und Techniken für das Modell hin?

Die empirische Grundlage. Die empirische Grundlage eines Behandlungssystems besteht aus Daten über die Durchführung des zugehörigen Modells oder die Gültigkeit seiner theoretischen Hypothesen. Diese Daten gibt es zum Beispiel in Form von Fallberichten, klinischen Beobachtungen, die in der Literatur ihren Niederschlag fanden, oder als Ergebnisse wissenschaftlicher Untersuchungen. Unabhängig von ihrer Form oder Qualität haben diese Daten eine wesentliche Eigenschaft gemeinsam: sie sind Aussagen über Ereignisse, die stattge-

funden haben. Ob eine große Anzahl von Vorkommnissen von einem einzigen Fall stammen oder nur jeweils eines aus mehreren hundert Fällen – stets handelt es sich um empirische Aussagen. Im Gegensatz zu theoretischen Aussagen bieten sie keinerlei Erklärungen, und im Gegensatz zu den Aussagen über ein Modell erwecken sie keine Erwartungen. Es handelt sich bei ihnen schlicht um Erfahrungswerte.
Man kann sich die empirische Grundlage eines Modells als eine Reihe konzentrischer Kreise vorstellen. Im innersten sammelt man Daten, um damit das Modell und die ihm zugrundeliegende Theorie zu testen. Dieser Teil der Grundlage ist zwar für das Modell am wichtigsten, nimmt aber im allgemeinen den geringsten Raum ein. Um diesen Kreis schließt sich ein wesentlich größerer, der Daten über Untersuchungen bei ähnlichen Modellen oder Phänomenen enthält. Um diesen Kreis schließt sich ein dritter, der das weite Feld der Verhaltensforschung umfaßt.
Damit die Daten des äußeren Ringes als Teil der empirischen Grundlage angesehen werden können, muß man sie jedoch zum Modell in Beziehung setzen. Ein Modell ist zum Beispiel auf gewisse Hypothesen über Familieninteraktion gegründet. Daten über eine Reihe von Untersuchungen über Familienbehandlung und Familienleben können mit diesen Hypothesen eng verknüpft sein, sie müssen systematisch geordnet und zu diesen Hypothesen in Beziehung gesetzt werden. Es genügt nicht, einfach zu behaupten, daß Forschungsergebnisse dieser oder jener Art diese oder jene Art der Behandlung stützen.
Wertprämissen. Die Direktiven, aus denen ein Behandlungsmodell besteht, wurzeln letztlich in ausgesprochenen oder unausgesprochenen Wertvorstellungen. Die Verbindung zwischen einem Behandlungsvorgang und seiner Wertprämisse kann zwar durch theoretische und empirische Gesichtspunkte verschleiert werden, im allgemeinen läßt sie sich jedoch aufspüren. So verlangt ein Modell zum Beispiel vom Behandelnden, daß er dem Klienten hilft, Einsicht in die Ursache seiner Ängste zu erlangen. Diese Richtlinie kann auf die theoretische Hypothese gegründet sein, daß sich Angst verringert, wenn man ihre

Ursache kennt. Diese Hypothese sagt uns aber nicht, warum die Angst abgebaut werden soll anstatt ignoriert zu werden oder ob sie sich steigern soll. Letztlich liegt die Antwort auf diese Frage im Bereich der Werte. Der Abbau von Ängsten wird als wünschenswert an sich angesehen, oder weil man von ihm erwartet, daß er wünschenswerte Folgen hat – zum Beispiel die Förderung der seelischen Gesundheit.

Im Grunde beeinflussen alle wesentlichen Wertvorstellungen des Menschen die Behandlungssysteme auf diese oder jene Weise. Wir wollen uns auf drei Dimensionen konzentrieren, die für die Systeme der Sozialen Einzelhilfe von zentraler Bedeutung zu sein scheinen. Bei allen geht es um die Stellung des Behandelnden seinen Klienten gegenüber, und sie stehen alle im Zusammenhang mit Werten, die erstens die ausdrücklichen Wünsche des Klienten, zweitens die Vorstellung des Behandelnden über das, was der Klient „braucht" oder „was gut für ihn ist" und drittens den Schutz der Interessen anderer, wie sie der Behandelnde sieht – Gemeinde, Familie oder andere Menschen –, betreffen. Die meisten Wertfragen und -prämissen im Zusammenhang der Beziehung des Sozialarbeiters zu seinen Klienten ergeben sich innerhalb dieser Kategorien oder dort, wo sie untereinander in Konflikt geraten.

Jede Dimension hat sowohl quantitative wie qualitative Aspekte. Quantitativ kann man über das Ausmaß denken, in dem man die Wünsche des Klienten oder das, was man in seinem oder im Interesse anderer für ihn wünscht, berücksichtigt. Die qualitativen Aspekte sind komplexer. Man kann verschiedene Arten von Klientenwünschen unterschiedlich bewerten. Vorstellungen über das, was „gut" für den Klienten ist, lassen sich um eine Fülle von Themen ordnen. Wir sind zum Beispiel der Meinung, daß der Klient in irgendeiner Beziehung nicht mißbraucht werden sollte oder daß man ihn am Selbstmord hindern muß. Unsere Vorstellung vom Schutze Dritter variiert mit der Art der Gruppe oder des Menschen, um die es geht, und mit der Art ihrer Bedrohung.

Verbinden sich die Dimensionen miteinander, sind Wertkonflikte unvermeidlich. Die Verpflichtung, dem Klienten bei der Verwirklichung seiner Wünsche zu helfen, kann im Gegensatz zu unserer Auffassung von dem stehen, was nötig für ihn ist, oder dem, was im Interesse anderer zu geschehen hat. Ein kranker älterer Mann, dem wir helfen sollen, ein Zimmer zu finden, bringt uns in Gewissensnöte, weil wir der Auffassung sind, daß er in einem Heim betreut werden sollte. Der Wunsch eines Patienten, aus einer psychiatrischen Klinik entlassen zu werden, steht im Gegensatz zu unserer Sorge, daß er nicht in der Lage sein könnte, mit seinen Aggressionen umzugehen. Das, was wir für den Klienten für gut halten, ist vielleicht nicht mit unseren Schutzpflichten zu vereinbaren. Das individuelle Wohl eines Ehepaares würde eventuell durch eine Trennung zu erreichen sein, aber die Folgen, die diese für die vier kleinen Kinder hätte, erschweren unsere Entscheidung.

Die *Grund*haltung in bezug auf diese Werte ist zweifellos bei den einzelnen Behandelnden unterschiedlich. Manche nehmen zum Beispiel die Wünsche des Klienten ernster als andere. Es kann sein, aber das wissen wir nicht, daß solche individuellen Unterschiede weniger ins Gewicht fallen als organisatorische und situationsgegebene Faktoren, wenn es um die Anwendung von Wertprämissen geht.

In den Systemen der Sozialen Einzelhilfe wurden solche komplexen Zusammenhänge nicht sehr ausführlich behandelt. Das kann nicht überraschen, wenn man bedenkt, welche zahlreichen begrifflichen Schwierigkeiten und philosophischen Fragen mit diesem Thema verknüpft sind und wieviel Zeit und Aufmerksamkeit bei der Modellkonstruktion aufgewendet werden müssen. Diese Erklärung soll zugleich eine vorweggenommene Entschuldigung sein für die begrenzte Behandlung der mit Werten zusammenhängenden Fragen in diesem Buch.

In den meisten Behandlungssystemen (unseres eingeschlossen) werden Wertpositionen auf einer sehr abstrakten Ebene erörtert und erfahren kaum eine Spezifizierung. „Das Recht auf Selbstbestimmung" des Klienten wird vielleicht bestätigt, allerdings mit der Einschränkung, daß der Sozialarbeiter Gebrauch von seiner Autorität machen muß, wenn der Klient so handelt, daß es ihm selbst oder anderen schadet. Dabei wird nur selten klargestellt, welche Handlungen des Klienten als schädlich anzusehen sind. Ohne eine solche Spezifizierung sind Aussagen über Wertprämissen jedoch lediglich Gemeinplätze.

Fragen über Wertkonflikte werden gern vertuscht. Der naive Leser gewinnt dann vielleicht den Eindruck, der fast immer falsch ist, daß das System auf eine Reihe von wohlintegrierten Wertvoraussetzungen gegründet ist. Es wäre viel besser, wenn man die möglichen Wertkonflikte definieren und dem Behandelnden einige Möglichkeiten aufzeizeigen würde, wie er mit ihnen fertig werden kann.

Da Wertfragen häufig oberflächlich behandelt werden, bleiben viele der einem Behandlungssystem zugrunde liegenden Wertprämissen, und häufig sind es die wichtigsten, ohne klärende Analyse. Werte zum Beispiel, die uns vorschreiben, was wir als gut für den Klienten zu beurteilen haben, werden nur selten als solche untersucht. Wir sind geneigt, von der Vorstellung auszugehen, daß „seelische Gesundheit" und „optimales Sozialverhalten" Ideale sind, die die Klienten selbstverständlich zu verwirklichen suchen. Diese Vorstellung gründet sich jedoch auf das, was wir als wünschenswert für den Klienten begreifen und spiegeln daher unsere eigenen Wertbegriffe. Vielleicht teilt sie der Klient, vielleicht aber auch nicht.

Es gibt selbstverständlich noch andere Wertdimensionen, die für Behandlungssysteme von Bedeutung sind. Wie Hellenbrand darlegte und Turner empirisch nachwies, können sich die Ansichten des Klienten und des Behandelnden über die menschliche Natur, über Zeit, Aktivität und die Beziehung des Menschen zur Natur und zu den Mitmenschen – Wertorientierungen, die Kluckhohns bekanntem Paradigma entsprechen – auf die Transaktionen in der Sozialen Einzelhilfe auswirken. Eine weitere Dimension ergibt sich im Zusammenhang mit Werten, die den verschiedenen Quellen des Wissens zugeordnet werden. Dieses Thema wird im nächsten Kapitel ausführlicher behandelt.

2 Ein Behandlungssystem

In diesem Kapitel geben wir einen Überblick und eine Bewertung der aufgabenzentrierten Sozialen Einzelhilfe. In den folgenden Kapiteln soll das System dann ausführlicher beschrieben werden.

Das Behandlungsmodell

Das Modell ist für eine Anwendung bei der Mehrheit aller Klienten gedacht, die von Sozialarbeitern in Einzelhilfe betreut werden. Die Zielpunkte des Modells sind Probleme in bezug auf 1. zwischenmenschliche Konflikte, 2. unbefriedigende soziale Beziehungen, 3. das Verhältnis zu Institutionen, 4. Rollenverwirklichung, 5. soziale Übergangssituationen, 6. reaktive emotionale Schwierigkeiten und 7. materielle Notsituationen. Der Klient muß willens sein, an dem in Angriff zu nehmenden Problem zu arbeiten und die Fähigkeit besitzen, entweder selbständig oder über den Sozialarbeiter als Vermittler zu handeln. Außerdem muß sich das Problem auf spezifische Verhaltensweisen oder Umstände beschränken.

Im Eingangsgespräch bringt der Sozialarbeiter den Klienten dazu, die Probleme, die dieser zu haben meint, darzustellen; er erforscht und klärt sie. Normalerweise gilt die Schwierigkeit, die der Klient am dringendsten lösen möchte, als primärer Zielpunkt der Intervention, soweit er die Kriterien des Modells erfüllt. Bringt der Klient kein Problem zur Sprache, das man als Interventionsziel akzeptieren kann, versucht der Sozialarbeiter, in einer systematischen Überprüfung der möglichen Problemfelder gemeinsam mit dem Klienten festzustellen, ob doch eines vorhanden ist. Wenn während der ersten beiden Gespräche auf diese Weise kein Zielproblem lokalisiert wird – in manchen Fällen kann auch mit dem ausdrücklichen Einverständnis des Klienten eine längere Erforschung durchgeführt werden –, dann ist keine Grundlage für eine Arbeit mit dem Klienten innerhalb des Rahmens unseres Modells vorhanden. Wurde jedoch ein Zielproblem erkannt, dann einigen sich Sozialarbeiter und Klient in bezug auf die Schwierigkeiten, an denen gearbeitet werden soll.

Sobald Übereinstimmung über das Problem erzielt wurde, werden in Zusammenarbeit mit dem Klienten Aufgaben formuliert und ausgewählt, und zwar nach Möglichkeit bereits im ersten Gespräch. Durch eine Aufgabe wird festgelegt, was der Klient tun muß, um seine Schwierigkeiten zu beheben. Sie ist sowohl ein unmittelbares Ziel, das der Klient ansteuern soll, als auch ein Mittel zur Verwirklichung des weiter gesteckten Zieles der Problembeseitigung. In ihrer ersten Formulierung ist die Aufgabe eine allgemeine Aussage über das, was der Klient zu tun hat und weniger ein ausgefeilter Plan. Von Frau Brown wird zum Beispiel erwartet, daß sie im Hinblick auf das Verhalten ihres Kindes eine festere und konsequentere Haltung einnimmt, während Herr und Frau Clark einen Plan ausarbeiten sollen, der die Betreuung ihres geistig zurückgebliebenen Kindes gewährleistet. Im Verlauf einer Behandlung können mehrere Aufgaben entwickelt und bearbeitet werden.

Im allgemeinen leitet sich die Aufgabe von dem ab, was der Klient selbst für die wirkungsvollste Art hält, sein Problem zu lösen. Der Sozialarbeiter kann ihm dann helfen, den Schwerpunkt deutlicher und die Erfüllung realistischer zu machen. Ist der Klient nicht in der Lage, ein angemessenes Vorgehen vorzuschlagen, hilft ihm der Sozialarbeiter bei der Entwicklung einer Aufgabe, indem er Möglichkeiten untersucht und bespricht, an die der Klient selbst denkt oder die der Sozialarbeiter vorschlägt. Die Aufgabe muß so gestaltet werden, daß ihre Erfüllung – als Ganzes oder in Teilen – angemessen erscheint. Der Sozialarbeiter kann dann positive, realistische Erwartungen im Hinblick darauf äußern, daß der Klient die Aufgabe lösen wird.

Sobald man die Aufgabe klar formuliert und sich auf sie geeinigt hat, entscheiden Sozialarbeiter und Klient über die voraussichtliche Dauer und den Umfang der Behandlung. In den meisten Fällen werden acht bis zwölf Gespräche für einen Zeitraum zwischen zwei und vier Monaten geplant. Die Gespräche finden meist einmal wöchentlich statt, jedoch kann die Häufigkeit verschieden sein.

Hat man sich über das Wesen der Aufgabe und den Umfang der Behandlung geeinigt, besteht die Intervention des Sozialarbeiters fast ausschließlich darin, dem Klienten bei der Durchführung der vereinbarten Aufgabe zu helfen. Ist die Behandlung fortgeschritten, kann die Aufgabe noch einmal überdacht werden, und zwar vor allem mit dem Ziel einer stärkeren Differenzierung. In einigen Fällen wird man die Aufgabe völlig neu formulieren, oder es werden weitere Aufgaben hinzugefügt.

Es gibt bei diesem Modell keine „Diagnosephase". Der Behandelnde fällt aber ständig diagnostische Urteile, die sein Handeln bestimmen, die aber auch umgekehrt von seinem Vorgehen abhängig sind. Diese Beurteilungen betreffen zunächst die Klassifizierung, Spezifizierung und Erforschung der Probleme des Klienten, später die Bewertung möglicher Aufgaben und schließlich die Bemühungen des Klienten, die vereinbarten Aufgaben zu erfüllen. Im allgemeinen versucht der Sozialarbeiter in seiner Kommunikation mit dem Klienten, sowohl systematisch als auch einfühlsam vorzugehen. Er bemüht sich um einen Kommunikationsschwerpunkt, um die vereinbarten Ziele zu verwirklichen, tut dies aber in einer Art und Weise, die Interesse und empathisches Verständnis verrät – und so, daß die Beiträge des Klienten Ausgangspunkt der Kommunikation sind. Die spezifischen Kommunikationsarten schließen ein: 1. Erforschung des Klientenproblems, Aufgabenmöglichkeiten und mit den Aufgaben verknüpftes Verhalten, 2. Strukturierung der Behandlungsbeziehung und der darin enthaltenen Kommunikation, 3. Stärkung des Bewußtseins des Klienten in bezug auf das, was ihm hilft, Hindernisse zu überwinden oder ihm die Aufgabenerfüllung erleichtert, 4. Ermutigung zu aufgabengerichtetem

Verhalten und 5. Vorschläge bezüglich der Mittel zur Aufgabenlösung. Vergleichbare Kommunikationsarten werden angewendet, wenn Familienmitglieder gemeinsam behandelt werden, oder wenn man im Interesse des Klienten mit Dritten spricht. Das Vorgehen des Sozialarbeiters, gleichgültig ob es die Beteiligung des Klienten oder anderer einschließt, wird immer von der Überlegung bestimmt, auf welche Weise dem Klienten am wirksamsten geholfen wird, seine Aufgabe möglichst direkt und rationell zu lösen.

Der Prozeß der Behandlungsbeendigung beginnt bereits in der Initialphase, nämlich zu dem Zeitpunkt, an dem die Dauer der Arbeit festgelegt wird. Im letzten oder vorletzten Gespräch hilft man dem Klienten, das Erreichte zu erkennen, das, was er getan hat, auch bei verbleibenden Schwierigkeiten anzuwenden, und zukünftige Aufgaben festzulegen, die er selbständig lösen kann. Nur in Ausnahmefällen wird man die Behandlung über den vereinbarten Zeitpunkt hinaus fortsetzen, und auch dann nur für eine kurze, genau festgelegte Zeit.

Dieses Behandlungsmuster wird zusätzlich zu der verhältnismäßig kleinen Anzahl von Modellen der Sozialen Einzelhilfe und den relativ zahlreichen Modellen interpersonaler Behandlung angeboten. Es wurde deutlich, daß es nur wenig neue Elemente enthält und nichts wirklich Revolutionäres. Seine Rechtfertigung liegt vielmehr in der besonderen Synthese, um die wir uns bemühen.

Als eine kurze, zeitlich begrenzte Behandlung, die auf spezifische Probleme abzielt, gehört unser Modell zu einer Gruppe von allgemein angewandten Formen interpersonaler Kurzbehandlung. Von den meisten psychotherapeutischen Methoden weicht es sowohl hinsichtlich der Zielprobleme als auch der Interventionsmethoden ab. Während die Zielprobleme der aufgabenzentrierten Einzelhilfe und diejenigen der Modelle von Kurzzeitpsychotherapie vieles gemeinsam haben, ist der Unterschied im Wirkungsbereich beachtlich. Unser Modell schließt gewisse Störungen, wie Phobien und psychophysiologische Probleme aus, mit denen sich hingegen psychotherapeutische Kurzzeitmodelle durchaus befassen können. Auf der anderen Seite beschäftigen wir uns mit bestimmten psychosozialen Schwierigkeiten, wie zum Beispiel den Problemen im Umgang mit Institutionen und denen unzureichender materieller Mittel, die man im allgemeinen nicht zu den Aufgaben einer Kurzzeitpsychotherapie rechnet. Unser Wirkungsbereich ist in gewissem Sinne breiter und schließt Aktivitäten des Behandelnden im sozialen Umfeld des Klienten ein. Möglicherweise bestehen auch im Hinblick auf den Schwerpunkt, der auf den verschiedenen Arten der Intervention liegt, Unterschiede. Wir erwarten zum Beispiel, daß man in der aufgabenzentrierten Einzelhilfe einen relativ starken Gebrauch von Ermutigung und Führung und von solchen Techniken macht, die dem Klienten helfen, sein Verständnis für andere und deren soziale Situation zu stärken. Daneben nehmen Methoden, die dem Klienten mehr Bewußtsein in bezug auf seine eigene Verhaltensdynamik geben, einen geringeren Raum ein. In dieser Hinsicht enthält die hier dargestellte Vorgehensweise bestimmte Charakteristika, durch die sich auch die Soziale Einzelhilfe allgemein von der Psychotherapie unterscheidet.

Wo liegen jedoch die Unterschiede zu den vorhandenen Modellen der geplanten Kurzzeiteinzelhilfe? Unter den bekannteren Modellen befindet sich eines, das Gegenstand einer früheren, vom älteren der beiden Autoren dieses Buches geleiteten Untersuchung war (Reid und Shyne). Man arbeitete dabei mit Familien, deren Mitglieder Schwierigkeiten in ihren Beziehungen zueinander hatten, in höchstens acht Gesprächen, die einer kurzen Explorationsphase folgten. Schwerpunktprobleme, die zumeist Teile größerer Familienschwierigkeiten waren, wurden identifiziert und begrenzte Ziele im Hinblick auf eine Lösung verfolgt. Abgesehen von der Beschränkung, die in der Dauer der Behandlung lag, blieb das Behandlungsmuster ziemlich vage. Im wesentlichen ging es darum festzustellen, wieviel man erreichen konnte, wenn die Behandlungsdauer willkürlich begrenzt wurde. Diese Art des Vorgehens ist charakteristisch für einen großen Teil der praktischen Arbeit in der geplanten Kurzzeiteinzelhilfe.

Das hier vorgestellte Modell entstand nach dem oben beschriebenen Kurzzeitbehandlungsmuster. Im Laufe seiner Entstehung wurden bestimmte Elemente hinzugefügt, einschließlich der Problemtypologie, der Betonung des ausgesprochenen Übereinkommens zwischen Sozialarbeiter und Klient hinsichtlich der Behandlungsziele, der Anordnung von Behandlungszielen und -methoden um die Klientenaufgaben herum und der Spezifizierung der Interventionsarten. Außer in dem, was hinzugefügt wurde, bestehen jedoch noch andere Unterschiede: Die Diagnose ist mehr auf die Zielprobleme und auf Aufgaben ausgerichtet, als auf die Persönlichkeitsmerkmale und das Verhalten des Klienten. Durch die Formulierung von Aufgaben werden die Behandlungsziele spezifischer und deutlicher begrenzt. Das heißt, man bemüht sich nicht, mit der Lösung eines Problems in einer festgelegten Anzahl von Gesprächen so weit wie möglich zu kommen, sondern man will dem Klienten bei der Durchführung eines bestimmten Aktionsschemas helfen. Im allgemeinen wird dabei der eigenen Auffassung des Klienten von seinem Problem und seinem Lösungsplan mehr Vertrauen geschenkt.

Viele dieser Unterschiede gelten auch für den Vergleich der aufgabenzentrierten Einzelhilfe mit anderen Kurzzeitmodellen. Man fragt uns häufig, wie sich unsere Vorgehensweise von der „Krisenintervention" unterscheide. Diese Frage ist nicht leicht zu beantworten, denn unter Krisenintervention versteht man meistens kein bestimmtes Modell, sondern mehr eine Vielfalt von Maßnahmen, die eng oder auch nur lose mit menschlichen Krisen der verschiedensten Art verknüpft sind. Es ist jedoch möglich, unsere Vorgehensweise mit bestimmten Einzelhilfemodellen zu vergleichen, die auf der Krisentheorie aufbauen, zum Beispiel mit den von H. J. Parad und L. Rapoport entwickelten. Die Vorstellungen dieser Krisentheoretiker spiegeln sich zwar in unserer Arbeit, jedoch ist unser Modell etwas umfassender, da es sich nicht auf die Bewältigung von Krisen beschränkt. Zudem legen wir stärkeres Gewicht auf die Spezifizierung des Zielproblems, der Klientenaufgabe und auf die zeitliche Begrenzung.

Zwischen dem hier vorgestellten Modell und den „funktionalen" Ansätzen in der Sozialen Einzelhilfe gibt es gewisse Parallelen. Smalley (a und b) war in den letzten Jahren die wichtigste Vertreterin dieser Methoden. Wenn wir ihre Gedanken zum Vergleich heranziehen, stellen wir fest, daß unsere Arbeit mit der zeitlichen Begrenzung, unsere Betonung der Selbstbestimmung des Klienten bei der Annahme von Hilfe und die Bedeutung, die wir dem Vorhandensein von Struktur und Fokus in der Einzelhilfe geben, in Einklang mit dem funktionalen Modell stehen. Funktionale Einzelhilfe, jedenfalls die, die Smalley vertritt, ist nicht unbedingt auf eine kurze Behandlungsdauer beschränkt, wenn auch zeitliche Festlegungen dazu benutzt werden, um Grenzen für die Beziehung zwischen Sozialarbeiter und Klient zu setzen. Die theoretischen Grundlagen der aufgabenzentrierten Einzelhilfe sind vielfältiger, und wir legen größeres Gewicht auf die Ergebnisse der Forschung auf dem Gebiet der Sozialen Einzelhilfe und der Psychotherapie. In den Vorstellungen Smalleys gibt es keine Klassifizierung von Zielproblemen und Behandlungstechniken, während solche Typologien das Rückgrad unseres Modells bilden. Und schließlich wird bei unserem Modell die „Funktion" der sozialen Einrichtung, die über die Art der zu leistenden Hilfe entscheidet, weniger betont.

Die aufgabenzentrierte Soziale Einzelhilfe hat auch gewisse Ähnlichkeiten mit mindestens zwei wesentlichen Einzelhilfemethoden, die genau genommen weder Kurzzeitmodelle sind, noch mit zeitlicher Begrenzung arbeiten, nämlich mit den Modellen, die von Perlman (a und c) und Hollis (a und f) entwickelt wurden. Unsere Auffassung von Veränderungszielen als Problem, unsere Arbeit mit dem Problem des Klienten als dem Schwerpunkt der Diagnose und unser Vorgehen bei der Problemexploration ähneln den entsprechenden Vorstellungen in Perlmans problemlösender Arbeitsweise. In dieser und anderer Hinsicht wurden wir von der Arbeit Perlmans beeinflußt. Im Hinblick auf Aspekte wie Dauer, Umfang und Methoden der Behandlung und die Planung des Abschlusses unterscheidet sich unser Modell dagegen von dem ihren. Während die aufgabenzentrierte Soziale Einzelhilfe sich in grundlegenden Auffassungen von Hollis' psychosozialer Arbeitsweise unterscheidet, verdanken wir ihrer Klassifizierung von Vorgehensweisen in der Einzelhilfe viel, besonders hinsichtlich der Art, in der wir die Behandlungsmethoden des Behandelnden begreifen (Hollis, a und d) (siehe auch B. K. Simon).

Die stützende Theorie

Das vorliegende Modell stützt sich in erster Linie auf Kenntnisse über die Mechanismen und Grenzen der Veränderung, die für die Zielprobleme seines Bereichs charakteristisch sind. Die Hypothese ist, daß solche Probleme auf typische Weise temporäre Zusammenbrüche in der Fähigkeit der Problembewältigung spiegeln, die korrektive Veränderungskräfte auslösen. Diese Kräfte, von denen der wichtigste der Wunsch des Individuums nach Veränderung ist, treten schnell in Aktion und reduzieren das Problem auf eine Toleranzebene. Danach läßt ihre Intensität nach, und die Möglichkeiten für weitere Veränderungen werden geringer. Kurze Behandlungsmodelle entsprechen diesen Veränderungsprozessen besser als Langzeitbehandlungen, da die größten Veränderungen in bezug auf ein Zielproblem mit Wahrscheinlichkeit innerhalb der Zeitspanne einer Kurzbehandlung eintreten. Werden von vornherein Grenzen gesetzt, so kann dies dazu beitragen, diese Veränderungsprozesse zu vermehren und zu beschleunigen, da ein Termin festgesetzt wird, an den sich der Klient halten muß, und dessen Erwartungen, daß bestimmte Veränderungen innerhalb der gegebenen Zeit eintreten können, bestärkt werden. Aufgabe des Sozialarbeiters ist es, diese Kräfte zu lenken, anzuregen und zusammenzufassen. Er erfüllt diese Rolle am besten, wenn sich seine Bemühungen darauf konzentrieren, dem Klienten zu helfen, daß dieser bestimmten Verhaltensabläufen folgt oder Aufgaben erfüllt, die darauf angelegt sind, seine Schwierigkeiten zu verändern.

Der Beitrag, den der Sozialarbeiter im Hinblick auf die Veränderung leistet, kann in einer Reihe von Hypothesen umrissen werden: Eine Gruppe geht davon aus, daß bestimmte Qualitäten in der Kommunikation des Sozialarbeiters, zum Beispiel der Grad des Einfühlungsvermögens und der systematischen Gestaltung, mit Aufgabenerfüllung und Problemmilderung assoziiert wird. Andere Hypothesen beinhalten, daß spezifische Interventionen, wie die Schärfung des Bewußtseins, sich in demonstrativen Verhaltensänderungen beim Klienten niederschlagen und letztlich die Aufgabenerfüllung fördern. Weitere Hypothesen stellen eine Verbindung zwischen Aufgabenlösung und Problemveränderung her. Durch diese Hypothesen werden die verschiedenen Beiträge, die der Sozialarbeiter leistet, zu den erzielten Ergebnissen in Beziehung gesetzt.

Vorwiegend leiten wir unsere theoretischen Aussagen von anderen Theorien ab oder stellen gewisse Verbindungen zu ihnen her, wie z. B. Systemtheorie, Kommunikationstheorie, Rollentheorie, psychoanalytische Theorie und einige Lerntheorien. Es ist zu erwarten, daß diejenigen, die mit unserem System arbeiten, unter Umständen noch weitere Anregungen aus diesen Theorien ziehen. Jedoch enthält unser Modell auch eine Reihe von noch offenen Gebieten, die sich die Behandelnden mit Hilfe von bestimmten theoretischen Grundlagen erschließen können. Wir sagen zum Beispiel, daß der Sozialarbeiter diagnostische Urteile über den Ursprung der Klientenprobleme abgeben soll, geben aber kein bestimmtes System an, das er solchen Entscheidungen zugrunde legen kann. Ebensowenig legen wir eine Theorie zur Persönlichkeitsentwicklung oder zur Funktion der Persönlichkeit vor, die das Verhalten erklären könnte. Nehmen wir einmal an, eine Klientin leidet nach der Geburt eines mongoloiden Kindes unter Depressionen und hat außerdem noch Unstimmigkeiten mit dem Krankenhauspersonal. Der Behandelnde, der dieser Klientin durch unser Modell helfen will, kann dabei auf die psychoanalytischen Theorien über mütterliche Reaktionen auf die Geburt schwach-

sinniger Kinder, auf die Krisentheorie, auf Depressionstheorien oder auf die Institutionstheorie zurückgreifen.
Es gibt Behandlungsmodelle, die mit bestimmten und umfassenden formalen Theoriekomplexen über menschliche Entwicklung und menschliches Verhalten verknüpft sind. Psychoanalytische Modelle zum Beispiel haben ihre Wurzeln in der Freudschen Psychodynamik, in der neueren Egopsychologie und ähnlichem. Modelle der Verhaltensmodifikation sind eng mit den Lerntheorien verbunden. Im Vergleich hierzu ist die formale theoretische Grundlage unseres Modells sowohl mannigfaltiger als auch weniger extensiv. Der Grund hierfür liegt in unserer Auffassung vom Wesen der Sozialen Einzelhilfe und den Wissensgrundlagen, auf denen sie aufbaut. Das wichtigste unterscheidende Merkmal der Einzelhilfe ist der doppelte Schwerpunkt, der auf psychologischen und sozialen Phänomenen liegt. Eine adäquate theoretische Grundlage, die diese beiden Schwerpunkte integriert, müßte erst noch geschaffen werden. Der Sozialarbeiter muß sich also entweder für eine grundsätzliche Abhängigkeit von einer Theoriebasis entscheiden, die wesentliche Aspekte dieses komplexen psychosozialen Gebietes vernachlässigt, oder er wählt einen theoretischen Pluralismus, der es ihm ermöglicht, jede Theorie heranzuziehen, die seinen Zwecken dienen kann. Unserer Meinung nach ist die zweite Alternative die gesündere.
Die psychoanalytische Theorie in ihren vielfältigen Formen hat viel zur Einzelhilfe beigetragen und wird es auch in Zukunft noch tun. Da beide Autoren dieses Buches aus dieser Tradition kommen, ist unser System ganz gewiß auch davon geprägt. Trotzdem müssen wir uns darüber klar sein, daß die psychoanalytische Theorie auch schwerwiegende Nachteile hat. Hierzu gehört, daß sie sich auf Feststellungen stützt, die kaum zu beweisen sind, daß ihre Sprache ungenau ist und daß ihr die allgemeine empirische Bestätigung fehlt. Gewisse Lerntheorien können zwar eindrucksvolle empirische Zeugnisse vorlegen und scheinen für die Verwertung in der Sozialen Einzelhilfe recht vielversprechend zu sein, unserer Meinung nach müssen sie jedoch

noch weiter entwickelt werden, ehe sie dem Behandelnden eine wirkliche Hilfe bei seinen komplexen psychosozialen Problemen sein können, die mehr verlangen als die Veränderung eines spezifischen Verhaltens. Andere Theoriekonzeptionen, etwa die Rollentheorie und die Systemtheorie, wurden ebenfalls für die Soziale Einzelhilfe empfohlen, sind aber eher deskriptiv als klärend. Im Grunde genommen handelt es sich bei ihnen um Begriffssysteme, die zwar fruchtbare Möglichkeiten der Phänomenbetrachtung eröffnen – und in diesem Sinne machen wir sie uns zunutze – sie helfen jedoch auf dem Weg zum Verständnis der Dynamik von psychologischen und sozialen Vorgängen nicht viel weiter.

Aufgrund dieser Überlegungen entschieden wir uns dafür, unser Modell mit keiner der formalen theoretischen Grundlagen zu verknüpfen, sondern dem Behandelnden die Entscheidung darüber zu überlassen, welche stützenden Theorien er heranziehen will. Wir beabsichtigen unsere theoretische Grundlage durch eigene Forschung und durch die Aufnahme von empirisch verbürgten Ergebnissen aus den allgemeinen Verhaltenswissenschaften zu erweitern.

Sowohl in der praktischen Sozialen Einzelhilfe als auch bei der Ausbildung von graduierten Sozialarbeitern ist eine Entwicklung zu beobachten, die wegführt vom primären Vertrauen auf die psychoanalytische Theorie oder auf psychoanalytische Praxismodelle und mehr zu einer pluralistischen Anwendung von theoretischen Systemen und Praxismodellen tendiert. In zunehmendem Maße konfrontiert man die heutigen Studenten der Sozialarbeit, die ja die Praktiker von morgen sind, mit einer Vielzahl von Ansichten über Verhalten und Behandlung. Man erwartet von ihnen, daß sie selbst diese Vielfalt des Stoffes so verarbeiten, daß sie für sie sinnvoll wird. Diese Art der Ausbildung ist eine gute Vorbereitung für die Arbeit mit unserem Modell.

Die empirische Grundlage

Die empirische Basis für die aufgabenzentrierte Soziale Einzelhilfe ist im gegenwärtigen Stadium im wesentlichen in der bisherigen Forschung auf dem Gebiet der Einzelhilfe, der Beratung und der Psychotherapie zu finden. Besonderes Gewicht wurde auf eine große Zahl von Untersuchungen über Behandlungsergebnisse sowohl von Langzeit- als auch von Kurzbehandlungen gelegt. Aus der Masse dieses Materials lassen sich gewisse empirische Verallgemeinerungen ableiten: 1. Menschen, die eine kurze, zeitlich begrenzte Behandlung erhielten, erfuhren eine mindestens ebenso dauerhafte Besserung ihrer Lage wie solche, die über eine lange Zeit hinweg und ohne zeitliche Begrenzung behandelt wurden, 2. der wesentliche Erfolg, der bei einer Langzeitbehandlung erzielt wird, tritt verhältnismäßig kurz nach Beginn der Behandlung ein, 3. unabhängig von der beabsichtigten Behandlungsdauer stellt sich heraus, daß die meisten Behandlungen nur relativ kurze Zeit dauerten. Diese Feststellungen, die erläutert und auf verschiedene Weise überprüft wurden, bilden die Hauptstütze für unsere These, daß Modelle wie das unsere im allgemeinen von größerem Nutzen sind, als langdauernde Behandlungen ohne vereinbarte zeitliche Begrenzung. Weitere Ergebnisse, die aus diesem Forschungsbereich und aus anderen Untersuchungen über interpersonale Behandlung abgeleitet wurden, lieferten die empirische Bestätigung für spezifische Vorgehensweisen des Modells.

Zur Ergänzung sammelten wir eine Anzahl von Daten über die Handhabung des Modells der aufgabenzentrierten Sozialen Einzelhilfe selbst, und zwar in den meisten Fällen in Form von Fallberichten und Fragebogen, die von Klienten ausgefüllt wurden. Diese Daten ergaben sich aus klinischen Versuchen mit dem Modell, die primär in medizinischen und psychiatrischen Einrichtungen durchgeführt wurden. Die Versuche dienten hauptsächlich der Entwicklung des Modells: um seine Durchführbarkeit und Anwendungsbreite zu testen, um Probleme zu lokalisieren und um Vorstellungen davon zu gewin-

nen, wie es verbessert werden könnte. Im Augenblick besteht die empirische Grundlage des Modells primär aus Material, das die Richtigkeit der Hypothesen, auf denen es aufbaut, belegt. Sie zeigen, daß eine Veränderung der Zielprobleme zumeist schnell stattfindet, und diese These wiederum spricht für den Kurzzeitcharakter unseres Behandlungssystems.
Kurzzeitmodelle wie das unsere werden durch die allgemeine Feststellung gestützt, daß Menschen aus einer kurz dauernden Behandlung ebensoviel Nutzen ziehen wie aus einer langen. Dieser Nachweis läßt aber keinen Schluß darauf zu, ob eine Behandlung überhaupt angezeigt ist. Auch liefert das Material keine Grundlage für die Bewertung der Kurzbehandlung im Vergleich zu Behandlungsformen, die wesentlich von den hier herangezogenen Standardmodellen der Langzeiteinzelhilfe und Psychotherapie abweichen, wie zum Beispiel die Verhaltenstherapie.
Wir möchten die Grenzen der wissenschaftlichen Grundlagen unseres Modells durchaus deutlich machen, wollen aber auf der anderen Seite auch nicht übertrieben selbstkritisch sein. Sehr wenige Modelle auf dem Gebiet der interpersonalen Behandlung werden gründlich getestet. Die meisten werden verhältnismäßig unbelastet von systematischem Material über ihre Wirkung eingeführt.

Wertprämissen

Die Wertprämissen des vorliegenden Modells liegen innerhalb des allgemeinen Rahmens der Wertvorstellungen, die für die Praxis der Sozialen Einzelhilfe gültig sind. Innerhalb dieses Rahmens haben wir jedoch versucht, eine Reihe von Maßstäben zu entwickeln, durch die sich unsere Methode von einigen anderen unterscheidet. Ein Schwerpunkt dieses Wertschemas ist der überlegte und deutlich zum Ausdruck gebrachte Wunsch des Klienten – es ist das, was er nach der Möglichkeit, seine Bedürfnisse im Zusammenhang mit dem Angebot des Sozialarbeiters zu überprüfen, als Wunsch zum Ausdruck bringt. Die primäre Rolle des Sozialarbeiters ist die des Vermittlers, der dem Klienten hilft, daß seine Forderungen erfüllt werden, allerdings innerhalb der Grenzen, die ihm durch seine Mittel und Fähigkeiten, den Auftrag seiner sozialen Einrichtung und die Gesetze des Landes gesetzt sind. Wir messen also der Erfüllung des Klientenwunsches eine hohe Bedeutung bei, selbst wenn wir im Hinblick auf seine Forderungen gewisse Bedenken haben, andere Ziele vielleicht für wichtiger halten oder sogar den Verdacht haben, daß der Klient im Geheimen vielleicht etwas ganz Anderes möchte. Selbstverständlich hat der Sozialarbeiter das Recht und in manchen Fällen sogar die Pflicht, den ausdrücklichen Wunsch des Klienten in Frage zu stellen und festzustellen, ob dieser auch andere Möglichkeiten und die eventuellen Folgen bedacht hat. Der Wunsch des Klienten jedoch, welche Form er nach der Überprüfung auch annehmen mag, ist die Orientierung für die dann einsetzende Tätigkeit des Sozialarbeiters.

Außerdem schließen unsere Wertvorstellungen die Möglichkeit aus, daß der Sozialarbeiter versucht, Ziele zu verfolgen, die nicht in direktem Zusammenhang mit den Wünschen des Klienten stehen. Er behandelt nur solche Schwierigkeiten, für deren Beseitigung der Klient um Hilfe gebeten hat. Dieser Grundsatz verbietet es dem Sozialarbeiter zwar nicht, von einem Klienten eine Ermächtigung für ein bestimmtes Vorgehen zu erlangen, er respektiert jedoch in jedem Falle das Recht des Klienten, über neue oder erweiterte Behandlungspläne informiert zu werden. Gottlieb und Stanley formulierten dies sehr treffend, wenn sie sagten, daß Soziale Einzelhilfe „bewußt aufgenommen und im gegenseitigen Einvernehmen zwischen Klient und Sozialarbeiter durchgeführt werden müsse“ (S. 471).

Dieser Wertekomplex geht davon aus, daß ein Mensch, der um Hilfe bittet, in der Lage sein sollte zu wählen, in welcher Hinsicht er Hilfe beanspruchen will und in welcher nicht. Außerdem sind wir der Meinung, daß die Wahl, die er *zum Ausdruck bringt*, Gültigkeit besitzen soll und respektiert werden muß, und zwar unabhängig von unserer

Beurteilung seiner Intelligenz, seiner Motivation, seiner emotionalen Verfassung oder seinem unbewußten Streben und unabhängig auch davon, was nach unserer Meinung eigentlich in seinem Interesse wäre. Die Rolle, die wir der Forschung in unserem Behandlungssystem zugestehen, spiegelt ziemlich abweichende Wertprämissen. Wir sind überzeugt, daß Wissen, das durch die Anwendung systematischer Befragung, das heißt durch formale Forschung, erworben wurde, größeren Wert hat als Wissen, das auf anderen Wegen angesammelt wurde, einschließlich der Meinung von Experten, praktischer Erfahrung, unkontrollierter Beobachtungen oder Ableitungen von der Theorie. Wir erkennen die Grenzen in bezug auf Quantität und Qualität des vorhandenen, auf Forschung gegründeten Wissens, und wir sind uns auch bewußt, daß auf andere Weise erworbenes Wissen ebenfalls wichtige Funktionen erfüllt. Nur durch auf Forschung basierenden Kenntnissen jedoch, so glauben wir, können wir immer wirksamere Behandlungsmodelle entwickeln. Wenn der Sozialarbeiter diesen Standpunkt teilt, sollte er Wissen an strengen Kriterien messen. Er sollte zum Beispiel fordern, daß Behauptungen durch systematische Beweise belegt werden, ehe man sie als mehr als bloß vorläufige Hypothesen bewertet. Da nur wenige Behauptungen in einem Behandlungssystem diese Probe bestehen, muß der Behandelnde erkennen, daß seine Wissensgrundlage in Teilen unsicher bleibt. Dieses Eingeständnis sollte Hand in Hand mit der Verpflichtung gehen, die Forschung als Hauptmittel der Wissensbildung für die Praxis zu sehen. Wir hoffen, daß diejenigen, die mit unserem Modell arbeiten, darauf bestehen, daß ständig weiter geforscht wird, entweder von ihnen selbst oder von anderen.
Bis jetzt haben wir nur die Wertprämissen identifiziert, die für die Unterscheidung unseres Behandlungssystems von anderen von Bedeutung sind. Selbst im Hinblick darauf ist es wegen der semantischen Unsicherheiten in bezug auf das gesamte Gebiet nicht einfach, sinnvolle Vergleiche mit anderen Systemen anzustellen. Unsere Position läßt sich aber doch von einigen anderen Standpunkten unterscheiden, die man unter den Fachkräften, die Einzelhilfe anwenden, antrifft.

Viele Sozialarbeiter und andere Angehörige der helfenden Berufe scheinen ihre Funktion darin zu sehen, daß sie ihren Klienten helfen, einen Zustand zu erreichen, der von abstrakten Werten, wie seelische Gesundheit, dem Wohl der Familie und ähnlichem, bestimmt wird. Dem spezifischen Wunsch, den der Klient ausspricht, wird kein großes Gewicht beigemessen. Man betrachtet ihn wohl als Symptom einer größeren Störung, in der sich die Abweichung vom Idealzustand spiegelt, oder als Einstiegsmöglichkeit, die es dem Sozialarbeiter erlaubt, weitgesteckte Ziele anzustreben. Diese Abwertung des manifesten Klientenwunsches wird außerdem damit gerechtfertigt, daß die Motivation des Klienten zum Hilfeersuchen häufig im Unbewußten liegt. Was er also als seinen Wunsch bezeichnet, muß gar nicht unbedingt das sein, was er auf einer tieferliegenden Ebene anstrebt. Aufgrund seiner Kenntnisse über unbewußte Vorgänge und seiner Objektivität kann der Kliniker nach seinem Verständnis besser in der Lage sein, die echte Motivation des Klienten festzustellen als dieser selbst.

Diese Konfiguration von Werten (und die dazu gehörige Technik) spiegelt das, was man als „reformerische" Orientierung in bezug auf das Helfen bezeichnen kann. Der Helfende läßt sich von bestimmten, übergeordneten Idealen leiten, von denen er hofft, daß sie sein Klient wenigstens bis zu einem gewissen Grade erreichen kann. Als Realist wird er zwar nicht annehmen, daß seine Bemühungen ausreichen, um seinem Klienten den absoluten Idealzustand zu vermitteln, sei es im Hinblick auf seelische Gesundheit, emotionale Reife, Ehetauglichkeit oder ein anderes erwünschtes Ziel, aber es sind doch Ideale, auf die er hinwirkt. Die Geschichte einer solchen auf Reform bedachten Orientierung läßt sich wahrscheinlich bis zu den im wesentlichen religiösen Anfängen der Sozialen Einzelhilfe in Amerika zurückverfolgen (Reid, d). In der ersten Zeit war Soziale Einzelhilfe ein gemischtes Angebot aus materieller Unterstützung und moralischer Aufrüstung. L. G. Parad bemerkt dazu: „Das Ziel eines freundlichen Besuchers, des Vorgängers der Sozialarbeiter, war die moralische Rehabilitierung, ein offensichtlich zeitraubender Vorgang" (S. 120).

Dem reformistischen Standpunkt liegt die Überzeugung zugrunde, daß der Sozialarbeiter besser als der Klient selbst beurteilen kann, was wirklich nötig ist; eine Überzeugung, die im allgemeinen nicht offen ausgesprochen wird und häufig mehr als technischer Grundsatz und weniger als Wertschätzung ihren Ausdruck findet. Trotzdem wird sie in dem folgenden Beispiel recht deutlich: Eine Mutter, die um Hilfe bittet, weil sie mit dem Verhalten ihres Kindes nicht fertig wird, stuft man schließlich als „Grenzfall“ im Hinblick auf ihre Persönlichkeit ein; sie „braucht“ eine feste Beziehung zu einem Sozialarbeiter, um dadurch die emotionale Vernachlässigung während der eigenen Kindheit zu überwinden. Eine ältere Klientin, die eine private soziale Einrichtung um Geld bittet, weil sie ihre Kinder besuchen möchte, bittet „in Wirklichkeit“ (was sie aber nicht ausdrücken kann) um Hilfe, weil sie Schwierigkeiten mit ihren Beziehungen zu den Kindern hat. Ein Sozialarbeiter in der Einzelhilfe unterstützt eine „Multiproblemfamilie“ bei ihren Bemühungen um Unterbringung in eine staatliche oder kommunale Wohnung und schafft dadurch eine Beziehung zu dieser Familie, mit deren Hilfe er andere und angeblich ernstere Probleme zu lösen hofft.

Man kann eine solche Haltung in bezug auf die Wertsetzungen aus verschiedenen Gründen rechtfertigen, unserer Meinung nach führt sie jedoch zu einer Beschneidung des Rechtes des Klienten, eigene Entscheidungen über eigene Probleme zu treffen. Wir sind uns durchaus darüber klar, daß diese Frage sehr viel komplexer ist als es nach diesen Erörterungen den Anschein haben mag, wir halten es jedoch für erforderlich, eine entscheidende Wertorientierung, wie sie unserem Modell zugrunde liegt, einer vielleicht viel häufiger anzutreffenden gegenüberzustellen.

Unsere Position hinsichtlich der Bedeutung von auf Forschungsergebnissen gegründetem Wissen ist offiziell unangefochten – schließlich ist jeder für eine wissenschaftliche Grundlage –, inoffiziell gibt es aber einen gegensätzlichen Standpunkt, der sich im Verhalten der Betreffenden niederschlägt. Sozialarbeitern wird eine mangelnde Bereitschaft nachgesagt, sich Forschungsergebnisse zunutze zu machen, vor allem, wenn sie allgemein anerkannten Überzeugungen widersprechen. Es überrascht in diesem Zusammenhang nicht, daß Rosenblatt feststellte, Sozialarbeiter der verschiedensten Einrichtungen setzten Forschungsberichte ans Ende einer Liste von Quellen, aus denen sie Kenntnisse für ihre Arbeit ziehen.

Teilweise kann man solche Beobachtungen damit erklären, daß sich die Forschung als wichtige Informationsquelle für die Praxis noch nicht genügend bewährt hat, es gibt jedoch noch eine weitere und vielleicht schwererwiegende Erklärung: Sie ziehen gern solches Wissen vor, das ihnen zusammenhängende und plausible Erklärungen für Phänomene liefert, die ihnen in ihrer praktischen Arbeit begegnen. Der vermeintlichen Nützlichkeit von Kenntnissen für die Lösung praktischer Probleme wird größerer Wert zugestanden als ihrer empirischen Grundlage. Kenntnisse dieser Art lassen sich leichter aus der theoretischen Literatur umsetzen oder von Supervisoren, Beratern und durch praktische Erfahrung vermitteln. Ihr Wert ist aber vielleicht nicht so groß wie es den Anschein hat. Sie geben dem Sozialarbeiter wohl ein Gefühl der Sicherheit, bilden aber keine ausreichende Grundlage für eine wirkungsvolle Praxis.

3 Probleme der Zielsetzung

Den Gedanken Helen H. Perlmans folgend (a), benutzen wir den Begriff „Problem“, um damit die Zielpunkte der Veränderungen in unseren theoretischen Ausführungen zu definieren. Unser Modell ist auf das gerichtet, was man häufig als „Lebensprobleme“ bezeichnet. So wie wir den Ausdruck gebrauchen, sind damit psychologische und soziale Schwierigkeiten gemeint, die sich den meisten von uns im Verlaufe unseres Daseins in den Weg stellen und mit denen wir in irgendeiner Form fertig werden müssen. Es sind Probleme, die jeder für sich definiert und die er meist durch eigenes Handeln lösen oder mildern kann. Der Sozialarbeiter, der Einzelhilfe anwendet, wird mit ihnen konfrontiert, wenn Menschen oder Familien nicht in der Lage sind, diese Probleme selbst oder mit Hilfe von Verwandten oder Freunden wirkungsvoll in Angriff zu nehmen. Das allgemeine Ziel des Modells ist es, Klienten zu sinnvollem Handeln zu befähigen, was wir im Zusammenhang mit der Behandlung als die Durchführung oder Erfüllung von „Aufgaben“ bezeichnen.

Eine Problemtypologie

Zur Kennzeichnung der wesentlichen Arten von Zielproblemen, für die unser Modell gedacht ist, entwickelten wir eine vorläufige Typologie. Da sich das Modell für die meisten Klienten eignen soll, mit denen Sozialarbeiter in Kontakt kommen, ist diese Problemtypologie sehr umfassend. Sie ist jedoch weder erschöpfend, noch ist die Unterscheidung der Kategorien in allen Fällen eindeutig. Es schien uns sinnvoller, für bestimmte typische Probleme auf grobe, aber „handli-

che" Weise ein Konzept zu entwerfen, als um die Entwicklung eines technisch perfekteren, aber weniger praktischen Schemas bemüht zu sein. Dabei sollte man immer im Auge behalten, daß wir versuchen, Probleme zu klassifizieren, nicht aber Klienten. Selbstverständlich kann in diesem Schema ein Klient mehr als ein Problem haben. Außerdem ist unser Interesse auf *Ziel*probleme gerichtet, auf solche Schwierigkeiten nämlich, mit denen sich die Intervention der Sozialen Einzelhilfe, die sich unseres Modelles bedient, tatsächlich beschäftigt.
Wir unterscheiden sieben Hauptproblemgruppen:
Der zwischenmenschliche Konflikt. Unter diese weitgefaßte Kategorie fallen Konfliktprobleme zwischen bestimmten einzelnen Menschen. Die meisten Konflikte dieser Art entstehen innerhalb von Familien, zwischen Ehegatten, zwischen Eltern und Kindern oder Geschwistern. Der Sozialarbeiter hat aber auch mit Konflikten außerhalb des Familienzusammenhangs zu tun, zum Beispiel mit Problemen zwischen Lehrern und Schülern, Ärzten und Patienten, Arbeitgebern und Arbeitnehmern und so weiter. Natürlich kann sich ein Klient mit mehreren Menschen zugleich im Konflikt befinden, was häufig vorkommt, wenn es innerhalb einer Familie Schwierigkeiten gibt. Der Einfachheit halber betrachten wir jedoch zunächst ein gegebenes Konfliktproblem als zwischen zwei Menschen bestehend.
Zwischenmenschlicher Konflikt ist demnach eine Schwierigkeit, die in der Interaktion zwischen zwei Menschen auftritt. Mindestens einer der beiden verhält sich dabei auf eine Art und Weise, die auf die Ablehnung des anderen stößt. In den meisten Fällen lehnen beide das Verhalten des anderen ab. Der Kern des Problems ist natürlich, daß beide in einer Beziehung zueinander stehen, aus der sie sich nicht ohne weiteres lösen können.
Der Konflikt kann zwar seinen Ursprung in den Bedürfnissen, den Persönlichkeitsmerkmalen, den Rollenerwartungen und im Verhalten der Beteiligten haben, man kann ihn aber nicht allein im Sinne dieser Faktoren begreifen. Vielmehr muß man ihn als Ergebnis der Interaktion der Betreffenden sehen und verstehen, daß sich A in bestimmter

Weise B gegenüber verhält, was wiederum B veranlaßt, A entsprechend zu behandeln usw. Zwischenmenschliche Konflikte entwickeln sich in Form von Teufelskreisen, deren genauer Ursprung häufig nicht mehr auszumachen und für gewöhnlich auch unwichtig ist.

Die Unzufriedenheit in sozialen Beziehungen. Ein Mensch braucht nicht im Konflikt mit anderen zu leben und kann doch unter bestimmten Aspekten seiner zwischenmenschlichen Beziehungen leiden. Schwierigkeiten dieser Art existieren in den meisten Fällen mehr beim einzelnen Klienten als zwischen mehreren. Im allgemeinen glaubt der Klient, Mängel oder Übertreibungen in seinem Verhalten anderen gegenüber zu erkennen. Er meint zum Beispiel, daß er nicht positiv genug reagiert, daß er übertrieben schüchtern oder abhängig oder aber ausgesprochen aggressiv ist. Vielleicht fühlt er sich ganz allgemein isoliert und einsam. Er kann auch unzufrieden mit den Beziehungen sein, die er zu einer bestimmten Gruppe unterhält, zum Beispiel zu Angehörigen des anderen Geschlechts oder zu Autoritätspersonen. Diese Art von Schwierigkeiten treten nicht selten bei ledigen Erwachsenen auf, die von ihrer ursprünglichen Familie getrennt leben, wenn sie auch keineswegs auf diese beschränkt sind. Ein Mitglied einer Familie kann mit seinen Beziehungen zu einem oder mehreren anderen unzufrieden sein. So meint vielleicht eine Frau, daß sie überempfindlich auf die Kritik ihres Mannes reagiere. Normalerweise ist irgendein zwischenmenschlicher Konflikt Teil einer solchen Schwierigkeit, er braucht aber nicht der entscheidende Faktor zu sein.

Probleme mit Institutionen. Probleme dieser Art entstehen, ebenso wie die Probleme des zwischenmenschlichen Konflikts, zwischen dem Klienten und einem anderen, nur wird hier eher eine Institution als der eigentliche Antagonist gesehen, weniger ein einzelner Mensch. Der Klient ist im Hinblick auf seine Interaktion mit den Mitarbeitern einer Institution unzufrieden, deren Verhalten er im Zusammenhang mit ihrer beruflichen Stellung sieht. Das heißt, der Klient befürchtet die gleiche Art von Schwierigkeiten auch mit den anderen Menschen, die innerhalb der Institution dieselbe Stellung einnehmen.

Der Sozialarbeiter bekommt es mit einer großen Vielfalt von Problemen dieser Art zu tun. Vielleicht leistet eine Institution einem Klienten nicht die Hilfe, auf die er ein Anrecht hat. Das ist ein Problem, mit dem Empfänger öffentlicher Unterstützungen häufig zu kämpfen haben. Ein anderer kann auch mit einer Institution in Konflikt geraten, wenn er mit ihr gemeinsam für das Schicksal eines Menschen verantwortlich ist. Das kommt zum Beispiel zwischen Eltern und Schule oder zwischen dem Angehörigen eines Kranken und dem Krankenhaus vor. Der Insasse einer Strafanstalt meint vielleicht, er werde ungerecht behandelt und sieht nur ein einziges Problem, nämlich die Frage, wie er Schwierigkeiten mit dem Gericht vermeiden kann.

Natürlich muß der Klient zunächst einmal seine Probleme in diesem Sinn erkennen. Erst dann können sie zum Zielproblem werden. Aus der Art, in der eine Einrichtung das Problem eines Menschen definiert oder aus der Meinung des Sozialarbeiters, daß ein Klient von einer Institution nicht die richtige Hilfe erhält, ergibt sich noch kein Problem der Beziehung zu einer Institution. Erst wenn der Klient es als solches empfindet und erkennt, wobei ihm der Sozialarbeiter helfen kann, wird es zum Zielpunkt einer Intervention.

Auf der anderen Seite kommt es vor, daß ein Klient der Meinung ist, ein solches Problem zu haben, daß aber der Sozialarbeiter diese Auffassung einfach beiseite schiebt, weil er mehr an psychologischen oder zwischenmenschlichen Schwierigkeiten interessiert ist. Sozialarbeiter, die auf solche Probleme eingestellt sind, können sie mit größerer Sicherheit identifizieren und anerkennen.

Schwierigkeiten beim Rollenverhalten. Wenn die größte Schwierigkeit eines Klienten darin besteht, eine bestimmte soziale Rolle zu erfüllen, dann fällt sein Problem unter diese Kategorie. Die meisten Schwierigkeiten dieser Art, die dem Sozialarbeiter vorgetragen werden, hängen mit den Rollen innerhalb der Familie zusammen. Für gewöhnlich geht es um die Rolle des Ehegatten oder um die der Eltern, aber auch die Rolle des Studenten, des Angestellten und des Patienten nehmen heute einen beachtlichen Raum in der Praxis des Sozialarbeiters ein. Wir verwenden den Begriff „Rolle“ hier in dem Sinn, daß wir ihn auf erworbene Rollen beschränken, auf Rollen, die sich der Klient zu eigen macht. Die Rollen, die ihm durch biologische Charakteristika, wie Alter oder Geschlecht, zugeordnet sind, bleiben dabei unberücksichtigt.

Klienten, die sich klar darüber sind, daß ihre Schwierigkeiten auf dem Gebiet des Rollenverhaltens liegen, sind sich der Diskrepanz zwischen ihrer tatsächlichen Rollenbewältigung und ihrem Wunsch, wie sie es gern machen würden, bewußt. Eine Mutter weiß vielleicht, daß sie zuviel von ihren Kindern fordert; ein Ehemann gibt zu, daß er seiner Frau gegenüber zu kritisch ist; ein Student macht sich Sorge, weil er unfähig ist, sich auf seine Arbeit zu konzentrieren. Will man solchen Klienten helfen, ihre Probleme genau zu beschreiben, ist es ratsam, die Diskrepanz zwischen dem wirklichen und dem gewünschten Verhalten des Klienten genau festzustellen.

Wenn man Probleme der Beziehungen innerhalb der Familie behandelt, ist es manchmal nicht einfach zu entscheiden, ob man eine Schwierigkeit am besten als eine des zwischenmenschlichen Konfliktes oder als eine des Rollenverhaltens einordnen soll, da Elemente beider Problemarten vorhanden sein können. Erkennen zwei Familienmitglieder eine gemeinsame Schwierigkeit in ihrer Beziehung zueinander, würde man diese im allgemeinen als zwischenmenschlichen Konflikt einstufen, denn es ist unwahrscheinlich, daß beide das Problem in ihrer eigenen Rollenbewältigung sehen. Die Kategorie des problematischen Rollenverhaltens ist meist dann angezeigt, wenn in einer gestörten Beziehung nur der eine Beteiligte ein Problem wahrnimmt. Da kommt zum Beispiel eine Mutter zu einer sozialen Einrichtung und bringt eine Menge Klagen über ihre heranwachsende Tochter vor, mit der sie über die verschiedensten Dinge uneins ist. Es kann sein, daß die Tochter überhaupt kein Problem sieht. Faßt man die Schwierigkeiten einfach als zwischenmenschlichen Konflikt auf, bietet sich wahrscheinlich nicht die günstigste Interventionsmöglichkeit, da die

Tochter – als die „eine Hälfte" des Konflikts – der Hilfe nicht zugänglich ist. Hier kann es klüger sein, wenn man versucht, der Mutter zu helfen, damit sie erkennt, was sie zur Besserung der Situation tun kann. Daraus können sich durchaus Aspekte ihrer Rollenauffassung als Zielproblem ergeben, nur muß man dabei die Grenzen dieser Klassifizierung erkennen und sich über die „objektiven" Elemente des Konflikts in der Beziehung zur Tochter im klaren sein.

Probleme des sozialen Übergangs. Eine häufige Quelle für Lebensprobleme ist der Wechsel von einer sozialen Stellung, Rolle oder Situation in eine andere. Scheinbar so verschiedene Ereignisse wie die Entlassung aus einem Krankenhaus oder einem Heim, die Übersiedlung an einen anderen Ort, die Geburt eines Kindes oder eine Scheidung haben im Grunde ein zentrales Thema, nämlich die abrupte Veränderung des sozialen Umfelds eines Menschen.

Zwei Arten von Problemen, die mit sozialen Übergängen zu tun haben, werden häufig von Sozialarbeitern behandelt. Die eine betrifft Entscheidungen über potentielle Veränderungen: zum Beispiel die Frage, ob ein schwangeres Mädchen ihr Kind nach der Geburt behalten oder abgeben wird, ob eine Ehefrau ihren Mann verläßt, ob ein Schüler weiter zur Schule geht oder aufhört und sich eine Arbeit sucht, ob eine Familie am Ort bleibt oder anderswo ihr Glück sucht. In allen diesen Situationen steht der Klient vor einer schwierigen Entscheidung, die zumeist zwischen der gegenwärtigen Situation und einer Veränderung getroffen werden muß. Seine Unsicherheiten in bezug auf den Weg, den er einschlagen soll, bildet den Kern eines solchen Problems.

Die andere Art von Problemen, die mit der Situation eines sozialen Übergang verknüpft sind, stellt sich nach einer getroffenen Entscheidung, zum Beispiel für einen Patienten, der aus dem Krankenhaus entlassen werden soll, einem alten Menschen, der sich für ein Altenheim entschieden hat, oder einer Familie, die wegziehen will. Dem Sozialarbeiter, sind die vielfältigen Probleme wohl vertraut, die im Verlauf solcher Übergänge auftreten: der Mangel an Informationen und an Hilfsquellen, die Aufregung über die eingetretene oder zu erwartende Veränderung und die Notwendigkeit komplizierten Planens und Koordinierens, in das vielleicht mehrere Personen oder Institutionen einbezogen werden müssen.

Reaktive emotionale Störung. Angst, Depressionen oder andere Symptome gestörter affektiver Zustände begleiten im allgemeinen alle bisher beschriebenen Probleme. Ein Klient, der sich in einem zwischenmenschlichen Konflikt befindet oder der einen schwierigen sozialen Übergang bewältigen muß, wird davon kaum unberührt bleiben, aber er präsentiert den Aufruhr seiner Gefühle selten als primäre Schwierigkeit. Sicher ist er über die Beziehung zu seiner Frau in Sorge, und er sucht Hilfe wegen seiner ehelichen Schwierigkeiten, nicht aber in bezug auf die Gefühle, die damit verbunden sind.

Bei Problemen reaktiver emotionaler Störung gilt dagegen die Hauptsorge des Klienten seinen Gefühlen und nicht der Situation, durch die sie wahrscheinlich ausgelöst wurden. Dies kann seinen Grund in einem Zustand seelischer Erschöpfung haben, aber auch darin, daß er kaum etwas im Hinblick auf bedrohliche Ereignisse tun kann, weil sie entweder schon eingetreten sind oder weil sie außerhalb seiner Kontrolle liegen. Wenn ein Problem in diese Kategorie gehört, muß die Störung als Reaktion auf ein spezifisches Ereignis oder eine Reihe von leicht zu identifizierenden Umständen eingetreten sein, zum Beispiel nach dem Tod eines Familienmitglieds, einem Statusverlust, der Trennung von einem geliebten Menschen, finanziellen Schwierigkeiten oder einer Krankheit. Ist dies der Fall, dann wird das Problem unserem allgemeinen Kriterium gerecht – daß es sich nämlich um eine Schwierigkeit handeln muß, bei der der Klient etwas tun kann, da seine Kenntnisse von der Ursache seiner Gefühle ihn befähigt, bestimmte Schritte zu unternehmen. Selbst wenn das auslösende Ereignis bereits vorüber ist, kann dem Klienten Erleichterung durch Gespräche mit anderen, durch Nachdenken, durch Arbeit oder, im Falle eines Verlustes, durch die Suche nach anderen Quellen der Bedürfnisbefriedigung zuteil werden. Ist die Ursache des Verstörtseins noch akut, zum Beispiel bei einer Krankheit, bei Verschuldung oder ähnlichem, kann der Betroffene natürlich noch mehr tun, unter anderem auch Dinge, die die Ursache selbst beeinflussen. Der Sozialarbeiter konzentriert sich in diesen Fällen auf Möglichkeiten, wie er die Bemühungen des Klienten, seine Verzweiflung zu überwinden, unterstützen und ergänzen kann.

Unzureichende materielle Versorgung. Um Zielprobleme dieser Art handelt es sich, wenn es dem Klienten an greifbaren oder besonderen Hilfsmitteln fehlt, das heißt, wenn er Geld, Wohnung, Nahrung, Beförderungsmittel, Beschäftigung oder ähnliches braucht. Bedürfnisse dieser Art sind in unserem Modell jedoch noch keine Zielprobleme an sich. Sie werden es vielmehr erst dann, wenn der Sozialarbeiter in der Lage ist, dem Klienten zu helfen, sie durch systematische Bemühungen zu befriedigen. Schwierigkeiten, die durch unzureichende Mittel und Hilfen entstehen, stellen für uns keine Zielprobleme dar.

Zusätzliche Kriterien

Die Probleme, für die unser Modell gedacht ist, fallen unter diese eben genannten allgemeinen Kategorien. Um als angemessen eingestuft zu werden, muß ein Problem jedoch noch drei weitere Bedingungen erfüllen:

Erstens fordern wir, daß der Klient selbst das Problem ausdrücklich anerkennt und seine Bereitschaft zu erkennen gibt, daran zu arbeiten. Das bedeutet nicht unbedingt, daß der Klient die Hilfe des Sozialarbeiters für eine perfekt definierte Schwierigkeit in Anspruch nehmen will. Vielleicht kommt er auf Zureden anderer Menschen, oder der Sozialarbeiter wurde aus irgendwelchen Gründen auf ihn aufmerksam. Anfänglich sieht der Betroffene vielleicht gar keine Probleme, die er lösen möchte. Wir fordern jedoch, daß der Klient in einem sehr frühen Stadium der Klient-Sozialarbeiter-Begegnung ein Problem erkennt, das für ihn wichtig ist. Ein Zielproblem in unserem Sinne ist also eines, das der Klient selbst als solches erkennt. Vielleicht ist es nicht das, um das es einer überweisenden Einrichtung ging, oder das, was der Sozialarbeiter für vordringlich hält, es bezieht sich jedoch von der Definition her auf eine Schwierigkeit, die der Klient zu beseitigen wünscht. Unserer Meinung nach rechtfertigt diese Eigenschaft allein die volle Aufmerksamkeit, die wir dem Problem widmen. Aus einer Reihe von Problemen, die der Klient unter Umständen vorträgt, werden die Zielprobleme ausgewählt, wobei dasjenige am schwersten wiegt, das den Klienten am stärksten beunruhigt.

Mit dieser Auffassung versuchen wir, gewisse Praktiken zu vermeiden, die wir als unergiebig, sowohl für den Sozialarbeiter als auch für den Klienten, ansehen. Unter anderem handelt es sich dabei um fruchtlose Bemühungen, die sich manchmal über Monate erstrecken, Klienten in eine helfende Beziehung zu drängen, um die sie nicht gebeten haben, die sie nicht wollen und von der sie wahrscheinlich keinen Gebrauch machen können.

Eine andere Vorgehensweise, die wir vermeiden wollen, ist das, was man mit Einzelhilfe nach „doppeltem Programm" bezeichnen könnte. Hierbei erkennt der Klient tatsächlich ein Problem an, für das er Hilfe sucht, der Sozialarbeiter und seine Einrichtung finden jedoch, daß er andere, meist schwererwiegende Schwierigkeiten hat, die mehr Aufmerksamkeit erfordern. Zum Zielproblem wird also nicht das, was den Klienten bedrückt, sondern vielmehr eine tieferliegende Sache, die dem Klienten nicht bewußt ist, oder für die er jedenfalls keine Hilfe erbeten hat. Der Klient hält sich also an sein Programm, bei dem es vielleicht darum geht, notwendige Mittel zur Lösung eines unmittelbaren Problems zu erhalten, während der Sozialarbeiter unbeirrt nach einem anderen Programm vorgeht und versucht, das wirkliche Problem klarzumachen, das hinter allem steckt.

Da wird zum Beispiel eine Mutter von der Schule an eine soziale Einrichtung verwiesen, weil sich familiäre Schwierigkeiten ungünstig auf die schulischen Leistungen ihres Sohnes auswirken. Während sie zwar einige häusliche Probleme zugibt, erkennt sie andererseits keinen wesentlichen Zusammenhang zwischen ihnen und dem, was ihr Junge in

der Schule tut. Sie schreibt vielmehr seine Schwierigkeiten in der Hauptsache der ungerechten Behandlung in der Schule zu. Der Sozialarbeiter sieht zwar eine gewisse Berechtigung für die Beschwerden der Mutter über die Schule, gleichzeitig öffnet sich ihm jedoch ein weites Feld familiärer Pathologie. Er neigt dazu, wenig Interesse für die Vorgänge in der Schule zu zeigen, umso mehr dagegen für die häusliche Misere und ihre Ursachen. Verweigert der Klient seine Mitarbeit auf dieser letztgenannten Ebene, wird sein Verhalten als Widerstand oder Verleugnung eingestuft. Nach unserer Methode läge der Schwerpunkt auf dem Schulproblem. Nachdem die familiäre Situation mit der Mutter durchgesprochen worden wäre und man festgestellt hätte, daß sie auf diesem Gebiet kein wirkliches Problem sieht, hätte der Sozialarbeiter seine Aufmerksamkeit auf die Schwierigkeiten gelenkt, die die Mutter mit der Institution, nämlich der Schule, hat und seine Intervention auf das beschränkt, was ihr hierbei helfen könnte.
Eine weitere Voraussetzung für ein Zielproblem nach unserem Modell ist folgende: Der Klient sollte in der Lage sein, selbst etwas zur Beseitigung seiner Schwierigkeiten zu tun, wobei ihm der Sozialarbeiter als Vermittler hilft. Das bedeutet, daß das zu bearbeitende Problem im Bereich der vereinten Möglichkeiten von Klient und Sozialarbeiter liegt. Ist dies nicht der Fall, dann gibt es nichts, womit man das Ziel erreichen kann. Sehr häufig kommen Klienten mit Fragen zum Sozialarbeiter, die diese Bedingung nicht erfüllen, und ebenso oft scheinen Sozialarbeiter so zu handeln, als akzeptierten sie solche Problemdefinitionen. Bei Schwierigkeiten in den Beziehungen innerhalb einer Familie zum Beispiel neigen die Klienten allgemein dazu, ihre Probleme primär als Fehler im Verhalten der anderen zu beschreiben und nicht als Mängel in ihrem eigenen. Eine Frau findet das Benehmen ihres Mannes unmöglich und sieht dies als ihr Hauptproblem. Der Mann ist aber genau gegenteiliger Ansicht. Solange die Klienten ihre Schwierigkeiten in diesem Sinne definieren, gibt es bei beiden kaum eine Basis für konstruktives Handeln, da jeder von ihnen erwartet, daß der andere das Notwendige tut. Das stillschweigende Einver-

ständnis mit diesen Definitionen, die er nicht offen in Frage stellt, zwingt den Sozialarbeiter zu einer hoffnungslosen Doppelrolle. Was kann er mit Klienten tun, die nur darauf warten, daß der jeweils andere die Initiative ergreift? Ein Zielproblem wurde noch nicht festgelegt. Ein Beobachter könnte den Eindruck gewinnen, daß die beiden offensichtlich unter einem zwischenmenschlichen Konflikt leiden, sie selbst aber sehen ihre Schwierigkeiten als Ergebnis einer mangelhaften Rollenerfüllung des Partners, und einer erwartet vom anderen das Handeln, das eine Lösung der Probleme bringt.

Bei der üblichen Strategie in der Langzeitbehandlung akzeptiert man eine solche Definition passiv, bis „eine Beziehung aufgebaut ist". Dann versucht man, dem Klienten zu helfen, daß er seinen eigenen Beitrag zum Problem erkennt und Möglichkeiten findet, sich anders zu verhalten. Die Kurzzeitarbeit läßt keine Zeit für ein solches allmähliches Vorgehen, was unserer Meinung nach kein Nachteil ist, weil wir es in jedem Falle für unproduktiv halten. Solange kein angemessenes Zielproblem mit dem Klienten vereinbart wurde, gibt es kaum eine Grundlage für eine sinnvolle Kommunikation zwischen Klient und Sozialarbeiter. Überdies kann das schweigende Einverständnis des Sozialarbeiters mit der Ansicht des Klienten, daß die Ursache des Problems allein in einem anderen Menschen zu suchen sei, diesen in seiner Meinung bestärken und alle Versuche, sich zu ändern, erschweren. Wir schlagen daher vor, daß Sozialarbeiter und Klient sich zu Beginn des Kontaktes auf ein Problem einigen, an dem der Klient arbeiten kann, und zwar spätestens im zweiten Gespräch, und daß die Arbeit erst dann fortgesetzt wird, wenn ein solches Problem festgelegt wurde.

Was wir im Hinblick auf die zweite Voraussetzung sagten, widerspricht in keiner Weise unserer Meinung, daß der Sozialarbeiter dem Zielproblem, das der Klient sieht, Vorrang geben sollte. Die Frage dieser zweiten Voraussetzung stellt sich nur, wenn der Klient tatsächlich kein Problem sieht, das ein angemessenes Interventionsziel bietet. Beide Voraussetzungen zusammen ergeben die Aufforderung an den

Sozialarbeiter, seine Bemühungen auf ein Problem zu richten, an dem der Klient arbeiten möchte und wozu er auch in der Lage ist.
Gelingt es Sozialarbeiter und Klient nicht, in der Eingangsphase ein Problem zu ermitteln, das diesen beiden Bedingungen gerecht wird, dann sehen wir im allgemeinen kaum eine Grundlage für die Fortsetzung irgendeiner Behandlung im Bereich der Sozialen Einzelhilfe. Hatte der Klient Gelegenheit, potentielle Schwierigkeiten in seiner Lebenssituation zu erforschen und zu erfassen und wurde er darüber informiert, welche Art der Hilfe der Sozialarbeiter zu leisten vermag, sollte er in der Lage sein, vernünftig darüber zu entscheiden, ob Einzelhilfe für ihn angebracht ist oder nicht. Fällt seine Entscheidung negativ aus, so sollte dies respektiert werden. Damit bestätigen wir dem Klienten sein Recht, eine solche Entscheidung zu treffen und akzeptieren gleichzeitig die Tatsache, daß wir wahrscheinlich ohnehin nicht viel für einen Klienten tun können, der keine Hilfe will. Wie wir es sehen, ist dies eine eher allgemeine als absolute Regel, und Ausnahmen, von denen einige in anderem Zusammenhang behandelt werden sollen, sind ganz gewiß möglich.
Unsere dritte Voraussetzung ist, daß das Problem seinem Wesen nach verhältnismäßig begrenzt und spezifisch ist. Dies ist in der Kurzzeitbehandlung ein entscheidendes Kriterium und unserer Ansicht nach darüber hinaus wichtig für die gesamte Soziale Einzelhilfe. Solche Forderungen haben jedoch wenig Sinn, wenn sie nicht präzisiert werden können, was auf der abstrakten Ebene schwierig ist. Vielleicht können wir eine Vorstellung von unserer Auffassung des Problemumfangs vermitteln, indem wir uns mit zwei Arten von Problemen beschäftigen, die meistens recht global beschrieben werden. Wir meinen Probleme zwischenmenschlichen Konflikts und solche der Rollenerfüllung. Definitionen wie „ein Zusammenbruch der Kommunikation zwischen den Eheleuten“ oder „Unzulänglichkeiten in der Erfüllung der Mutterrolle“ sind zu global und können in unserem System nicht akzeptiert werden. Wir verlangen, daß Probleme des zwischenmenschlichen Konflikts im einzelnen anhand bestimmter Fragen be-

schrieben werden, an denen sich der Konflikt entzündet, und daß Probleme der Rollenerfüllung im Sinne besonderer Aspekte der betreffenden Rolle definiert werden. Bei einem Zielproblem kann es also zum Beispiel um Unstimmigkeiten zwischen Vater und Mutter im Hinblick auf die Erziehung ihres Sohnes gehen oder um die Unfähigkeit einer Mutter, für das physische Wohlergehen ihres sechzehn Monate alten Kindes zu sorgen. Dabei streben wir nicht einfach eine bestimmte Art der Beschreibung von Problemen an, sondern darüber hinaus eine scharfe Begrenzung der Interventionsziele.

Es könnte der Eindruck entstehen, als nähmen wir es mit unserer Forderung, daß der Klient bereit sein muß, an dem Zielproblem zu arbeiten, daß er mit Hilfe des Sozialarbeiters auch wirklich etwas erreichen kann, und daß die Behandlung zeitlich begrenzt sein muß, allzu genau. Wir meinen aber, daß diese Bedingungen gestellt werden müssen, weil sich darin die Grenzen einer möglichen Veränderung durch Soziale Einzelhilfe ausdrücken.

Wir gehen davon aus, daß Sozialarbeit im Hinblick auf definierte Probleme erfolgreich sein kann, haben aber keine schlüssigen Beweise, daß dies immer der Fall ist. Will man eine größere Wirkungsbreite für die Soziale Einzelhilfe beanspruchen, dann wäre die Beweislast noch größer. So gibt es zum Beispiel wenig Hinweise darauf, daß die Einzelhilfe entscheidende Veränderungen bei Klienten bewirken kann, die keinen deutlichen Wunsch erkennen lassen, an Problemen zu arbeiten, die der Sozialarbeiter behandeln möchte.

Eine Reihe von Problemen scheidet unserer Meinung nach auch deshalb aus, weil wir nicht glauben, daß sie durch Methoden der Kurzzeitbehandlung zu lösen sind. Hierzu gehören ernste Persönlichkeits- und Verhaltensstörungen. Unser Modell eignet sich also nicht für die Behandlung von Neurosen, Charakterstörungen, Alkoholismus, Drogenabhängigkeit und ähnlichem. In Übereinstimmung mit den meisten erfahrenen Sozialarbeitern bezweifeln wir außerdem, daß irgendeine Form der Einzelhilfe, gleichgültig über welchen Zeitraum sie sich erstreckt, bei Problemen dieser Art viel ausrichten kann. Bestimmte

Probleme, die als angemessene Ziele einiger Kurzzeitmodelle anerkannt sind, wurden hier ausgeschlossen, weil wir bis jetzt noch nicht sicher sind, ob unsere Methode auf sie anwendbar ist. In den meisten Fällen handelt es sich dabei um Schwierigkeiten, bei denen nicht klar ist, welche problemlösenden Schritte der Klient unternehmen kann; wo es also schwierig ist, potentielle Aufgaben für ihn zu formulieren. Emotionale Störungen unbekannten Ursprungs, psychische und Verhaltensstörungen sind hierfür Beispiele. Obwohl wir uns in einem der folgenden Kapitel mit der möglichen Adaption des Modells auf die direkte Arbeit mit Kindern beschäftigen, möchten wir hier darauf hinweisen, daß die von uns genannten Zielprobleme, aber auch das Modell als Ganzes, für die Arbeit mit Erwachsenen und Heranwachsenden konzipiert wurden, nicht aber für die mit Kindern.

Es kann vorkommen, daß eine Schwierigkeit zunächst nicht unter unsere Typologie zu fallen scheint, später aber doch in eine ihrer Kategorien eingeordnet werden kann. Anfängliche Klagen über unerklärliche Ängste, Depressionen und ähnliches haben bei näherer Betrachtung manchmal soziale Wurzeln, auf die der Klient selbst stößt oder die er bereitwillig anerkennt, wenn man darauf hinweist. Solche Klagen können sich als für den Klienten weniger wichtig herausstellen, als ein Problem innerhalb seiner sozialen Beziehungen, für das er Hilfe wünscht. Allgemeiner gesagt: es ist wichtig daran zu denken, daß der Ausschluß bestimmter Probleme nicht bedeutet, daß Klienten, die solche Schwierigkeiten haben, nicht wegen anderer sie belastender Dinge behandelt werden können. Auch ein Klient mit einer Psychose oder einer Phobie oder ein Alkoholiker wünschen unter Umständen Hilfe bei der Lösung von Problemen, die in unserer Typologie enthalten sind. Diese Hilfe kann ihm womöglich gewährt werden, während er wegen seiner übrigen Schwierigkeiten an anderer Stelle behandelt wird. Schließlich steht es den Behandelnden frei, unsere Behandlungsmethode auf alle ihnen geeignet erscheinenden Problemen anzuwenden, gleichgültig, ob sie in unser Schema passen oder nicht. Der augenblickliche Anwendungsbereich des Modells, der durch die

Problemkategorien abgegrenzt wird, die wir hier identifizierten, kann ohne Zweifel noch erweitert werden.

Die Erforschung des Problems

Der erste Schritt des Behandelnden, der nach dem hier beschriebenen Modell arbeitet, ist die Untersuchung des Problems, bei dessen Lösung der Klient um Hilfe bittet. Er konzentriert seine Aufmerksamkeit auf das, was den Klienten in seiner augenblicklichen Lebenssituation irritiert, und zwar ohne Rücksicht auf das, was andere Menschen oder Institutionen seiner sozialen Umwelt für das Problem des Klienten halten. Häufig werden dem Sozialarbeiter von dritter Seite Schwierigkeiten geschildert, zum Beispiel von einem Familienangehörigen, einem Arzt oder Lehrer. Die Ansichten, die diese Menschen von dem Problem haben, müssen als wichtige Elemente innerhalb des sozialen Umfelds des Klienten gesehen und als solche bei der Problemerforschung berücksichtigt werden. Sie sind jedoch bei der Bestimmung des endgültigen Schwerpunkts nicht entscheidend. Der Sozialarbeiter wird vielmehr im Laufe seiner Ermittlungen den Klienten fragen, ob er die Ansicht der anderen über seine Schwierigkeiten teilt und ihn auffordern, seine eigene Meinung dazu zu äußern. Vielleicht bemüht sich der Sozialarbeiter sogar, die Richtigkeit der Ansicht eines Dritten nachzuweisen. Das ist jedoch von sekundärer Bedeutung im Vergleich zur Ergründung dessen, was der Klient selbst als seine Schwierigkeit empfindet, da es sich ja beim Zielproblem um etwas handeln muß, das der Klient selbst zu lösen wünscht.

Häufig handelt es sich um zwei Ebenen, die untersucht werden müssen, wenn man die spezifische Art des Problems, das der Klient empfindet, herausfinden will. Die anfängliche Darstellung der Schwierigkeiten, die der Klient zumeist während des ersten Gespräches gibt, kann durch aufgestaute Affekte, durch Hemmungen einem Fremden gegenüber oder durch die Ungewißheit im Hinblick auf die zu erwartende Hilfe gefärbt sein. Auf dieser „ersten Ebene" der Darlegung gibt der Klient das Problem, das ihn am meisten beschäftigt, vielleicht noch gar nicht preis. Im Verlaufe des Gesprächs gelangt der Klient dann erst, unterstützt durch Fragen und Erklärungen des Sozialarbeiters, an den Punkt, an dem er in der Lage ist, von den Schwierigkeiten zu sprechen, die ihn am stärksten belasten. Auf dieser „zweiten Ebene" beginnen sich mögliche Zielprobleme herauszuschälen. Unter Berücksichtigung des Schwergewichts auf dem „Hier und Jetzt" sollte das gewünschte Maß an Spezifizierung entweder im Laufe des ersten Gesprächs (das eine Dauer von ein bis eineinhalb Stunden hat) oder während der zweiten Zusammenkunft erreicht werden. Dieser Vorgang soll an folgendem Beispiel erläutert werden:

Frau Small, eine fünfundvierzigjährige Negerin, Witwe und Wohlfahrtsempfängerin, wurde von einem Arzt an eine soziale Dienststelle überwiesen, weil verschiedene soziale Belastungen näher bestimmt werden sollten, die ihre körperlichen Beschwerden offenbar verstärkten. Ihr ganzes Verhalten verriet eine große Beunruhigung, die sie ihrer Sorge um ein junges Mädchen zuschrieb, für das sie verantwortlich war und das bei ihr lebte. Das Mädchen war zum zweiten Mal schwanger und unverheiratet. Die Frau sah als ihr Problem an, daß etwas mit ihrem Mündel geschehen müsse, daß sie aber nicht wisse was, wenn sie auch stark mit dem Gedanken spielte, das Mädchen woanders unterzubringen.

Während des zweiten Gesprächs, das in der Wohnung von Frau Small und in Anwesenheit des Mädchens stattfand, ergab sich, daß Frau Small die Vormundschaft vom Jugendgericht übertragen worden und daß das Mädchen ihre Nichte war. Mit Ausnahme einer kurzen Zeitspanne hatte Frau Small das Mädchen von frühester Kindheit an betreut. Jetzt fühlte sie sich von einer feindselig eingestellten Bewährungshelferin unter Druck gesetzt, die das Mädchen zur Strafe für sein sexuelles Verhalten in einem Erziehungsheim unterbringen wollte. Dieser Druck verstärkte Frau Smalls Zwiespalt im Hinblick auf ihr Mündel. Sie mochte das Mädchen aber im Grunde sehr und machte

sich ganz uneigennützige Gedanken um dessen Zukunft. Obwohl diese beiden Menschen miteinander lebten und familiäre Vertrautheit zwischen ihnen herrschte, hatten sie noch nie über diese Dinge gesprochen.
Als wirkliches Problem schälte sich heraus, daß diese beiden Frauen nicht genug voneinander und über eine Schwangerschaft wußten, um gemeinsam planen zu können, und weniger war es die Tatsache, daß Frau Small unsicher war, ob das Mädchen bei ihr bleiben sollte oder nicht.
Das eigentliche Zielproblem wird also manchmal nicht auf der ersten Ebene deutlich, da die Sorgen, die der Klient nicht zum Ausdruck bringt, vielleicht diejenigen sind, für die er am dringendsten Hilfe braucht. Ist sich der Klient von Anfang an über das Problem klar, an dem er arbeiten möchte, braucht er die zweite Ebene gar nicht zu erreichen. Zwei Ebenen der Problemdarstellung sind in der großen Zahl von Fällen gegeben, bei denen man zwischen dem Problem, das der Klient anfänglich vorträgt, und dem, bei dem er tatsächlich Hilfe haben möchte, unterscheiden kann.

Die Festlegung des Zielproblems

Bei der ersten Überprüfung der Problemsituation des Klienten stößt der Sozialarbeiter wahrscheinlich auf mehrere Schwierigkeiten, für die der Klient Hilfe wünscht. Die klinischen Testfälle unseres Modells zeigten, daß man eine verhältnismäßig systematische Methode anwenden kann, um das Hauptzielproblem einzukreisen. Der Vorgang läßt sich folgendermaßen schematisieren:

1. *Die Anzahl der Probleme, die den Klienten augenblicklich zu beschäftigen scheinen, wird festgehalten.*

2. *Die verschiedenen Probleme oder Problemaspekte werden im Sinne spezifischer Verhaltensformen definiert.*

3. *Die Probleme werden ihrer Priorität nach geordnet, und zwar der Dringlichkeit nach, die der Klient ihnen beimißt.*

Es gibt Klienten, die in der Lage sind, die Reihenfolge ihrer eigenen Prioritätsvorstellung entsprechend selbst festzulegen. In anderen Fällen ergibt sich die Rangfolge aus bestimmten beobachtbaren Verhaltensweisen, wie zum Beispiel dem Ausmaß der Beunruhigung, die beim Klienten zum Ausdruck kommt, wenn er über ein Problem spricht. Die vom Sozialarbeiter angenommene Reihenfolge der Schwierigkeiten wird dann mit dem Klienten überprüft.

4. *Das Zielproblem wird in Zusammenarbeit mit dem Klienten vorläufig festgelegt.*

Normalerweise wird das Problem ausgewählt, an dessen Lösung der Klient am stärksten interessiert ist, vorausgesetzt es handelt sich dabei um etwas, zu dessen Bearbeitung Sozialarbeiter und Klient gemeinsam die nötigen Mittel und Fähigkeiten besitzen. In einigen Fällen wird mehr als ein Zielproblem ausgewählt, besonders dann, wenn bestimmte Schwierigkeiten miteinander verknüpft sind.

5. *Der Sozialarbeiter klassifiziert das Zielproblem.*

Klassifizierung des Problems bedeutet, daß man entscheidet, unter welche der verschiedenen Problemkategorien die vorliegende Schwierigkeit fällt. Wie wir feststellten, sind diese Problemkategorien nicht genau festgelegt. Soll eine solche grobe Typologie möglichst sinnvoll sein, muß man oft willkürliche Entscheidungen treffen. Der Sozialarbeiter muß das Problem in die Kategorie einordnen, die den vom Klienten empfundenen Lebensschwierigkeiten am nächsten kommt. Dabei kann seine Auffassung ganz oder teilweise von der wichtiger dritter Personen abweichen. Will man bei diesem Modell systematisch vorgehen, ist eine solche Entscheidung jedoch wesentlich, weil, wie wir später sehen werden, die Problemeinordnung die Grenzen der Ermittlungen festlegt und als Richtschnur für die Aufgabenwahl und die Behandlungsstrategie dient.

6. *Das Zielproblem wird durch weiteres Erforschen im einzelnen herausgearbeitet.*

Die besonderen Merkmale der Schwierigkeiten werden umrissen, und wenn es notwendig ist, wird der Umfang des Problems verringert und damit praktisch bearbeitbar gemacht.

Zwei Beispiele sollen diese Prozesse verdeutlichen:

Frau E.* war Patientin in einem Krankenhaus und wurde wegen einer schweren Leberkrankheit stationär behandelt. Da sie unter großer Angst litt, und weil man ihren chronischen Alkoholismus für die Ursache ihrer Krankheit hielt, wurde sie an die Sozialstation des Krankenhauses überwiesen. Die behandelnden Ärzte hofften, daß eine soziale Betreuung dem Problem des destruktiven Trinkens entgegenwirken könnte.

Beim ersten Gespräch wurde festgestellt, daß es sich um eine vierzigjährige unverheiratete Negerin handelt, die öffentliche Unterstützung bezieht. Eine achtzehnjährige geistig stark zurückgebliebene Tochter hat immer bei ihr gelebt. Während ihres Krankenhausaufenthaltes hatte man die Tochter vorübergehend bei den Großeltern mütterlicherseits untergebracht.

Die Beschreibung ihrer drückendsten Sorgen, die Frau E. auf der ersten Ebene gab, betraf die Unzulänglichkeit der Wohlfahrtsunterstützung, die sie erhielt. Sie berichtete ausführlich über diese Schwierigkeiten und zeigte dabei starke Verärgerung und Angst. Danach sprach sie weinend über ihre Sorgen wegen der zukünftigen Versorgung ihrer Tochter und drückte ihren Wunsch aus, sie bei sich zu behalten, da sie von ihr liebevoll betreut würde. Eine tiefe emotionale Bindung an die Tochter wurde deutlich. Ihr Bericht über die Tochter

* Frau E. und andere der Erläuterung dienenden Fälle, die mit Hilfe eines alphabetischen Codes gekennzeichnet wurden, stammen aus einem Forschungsprojekt.

benötigte weniger Zeit als der über ihre finanziellen Schwierigkeiten, war aber von stärkeren Emotionen begleitet. Als nächstes äußerte sie ärgerlich, daß sie ihr Leben lang benachteiligt gewesen sei, weil ihre strenge Mutter stets ihre Geschwister offen vorgezogen habe. Außerdem sagte Frau E., sie wisse, daß sie vielleicht an ihrer jetzigen Krankheit sterben müsse. Darüber sprach sie ruhig und sachlich und verband diese Gedanken mit dem Wunsch, daß gut für ihre Tochter gesorgt werden solle. Sobald sie die Tochter wieder erwähnte, kamen ihre Gefühle stärker hervor. Schließlich sprach Frau E. auch über ihre schon lange anhaltende Trunksucht und daß sie sich über deren ungünstige Auswirkungen auf ihr ganzes Dasein klar sei. Sie äußerte den Entschluß, nie wieder zu trinken, wenn sie aus dem Krankenhaus entlassen würde.

Die Probleme lauten, in der ungefähren Reihenfolge, in der sie von Frau E. geäußert wurden, folgendermaßen:

1. Mangel an Kleidung und Nahrung	erste Ebene der Darlegung
2. Versorgung der Tochter 3. Eigene Vernachlässigung, besonders in der Vergangenheit 4. Angst zu sterben 5. Trunksucht	zweite Ebene der Darlegung

Wegen der starken und bedenklichen Affekte im Zusammenhang mit der Tochter stellte die Sozialarbeiterin das Problem der Versorgung der Tochter an die erste Stelle. Die Klientin stimmte dem zu. Das Problem wurde als eines der *Rollenerfüllung* klassifiziert und als Bedürfnis der Mutter spezifiziert, Möglichkeiten einer besseren Betreuung der Tochter zu Hause zu entwickeln.

Frau Murphy, dreißig Jahre alt, Angehörige der unteren Mittelklasse, wurde von ihrem Privatarzt an eine psychotherapeutische Einrichtung überwiesen. Er machte sich über ihre offenbar depressive Reaktion auf die Nachricht Gedanken, daß sie an einer Frauenkrankheit leide und sich einer langwierigen Behandlung unterziehen müsse. Das Leiden war zwar schmerzhaft, aber heilbar und nicht behindernd. Das Ausmaß ihrer Depression schien daher unangemessen. Während des ersten Gesprächs in der psychotherapeutischen Einrichtung sprach Frau Murphy zunächst von ihrer Depression über die medizinische Diagnose, weil der Arzt sie nachdrücklich zur entsprechenden Behandlung aufgefordert hatte und auch der Sozialarbeiter das Gespräch in diesem Sinne eröffnete. Während des Gesprächs stellte sich dann heraus, daß ihre Depressionen weniger mit ihrer Krankheit zusammenhingen als mit Konflikten, die sie mit ihrem Mann und ihrem Arbeitgeber hatte, die ihr Vorwürfe wegen übermäßigen Trinkens machten. Sie fürchtete, möglicherweise die Liebe ihres Mannes zu verlieren und litt unter den gespannten Beziehungen zu Hause und am Arbeitsplatz.

Frau Murphy hatte – nach der Dringlichkeit, in der sie während des Gesprächs offenbar wurden – folgende Sorgen:

1. Depressionen wegen ihrer Krankheit	erste Ebene der Problemdarstellung
2. Übermäßiges Trinken 3. Konflikte in der Ehe und am Arbeitsplatz	} zweite Ebene der Problemdarstellung

Als Hauptproblem hätte das übermäßige Trinken, ihre Verzweiflung über ihre Krankheit oder über ihre Entfremdung von ihrem Manne bezeichnet werden können. Da jedoch in dem Bericht der Patientin die weitaus größte Betonung auf dem Konflikt mit dem Ehemann lag, wurde das Hauptzielproblem als das eines zwischenmenschlichen Konflikts klassifiziert. Daneben wurde ein zweites Zielproblem – ihre Rollenerfüllung am Arbeitsplatz – identifiziert.

Wie dieses Beispiel zeigt, ist es bei der aufgabenzentrierten Sozialen Einzelhilfe möglich, mehr als ein Zielproblem zu behandeln. Allerdings haben die bisherigen Erfahrungen mit dem Modell deutlich gemacht, daß es nur wenig Fälle gibt, in denen mehr als zwei verschiedene Arten von Zielproblemen anvisiert werden. Selten betreffen die wesentlichen Sorgen des Klienten mehr als zwei Kategorien der Problemtypologie, und in den meisten Fällen konzentrieren sie sich auf nur eine. Normalerweise lenken also Sozialarbeiter und Klient ihre Aufmerksamkeit auf einen einzigen Problemkomplex. Innerhalb der gleichen Kategorie kann mehr als ein Zielproblem identifiziert werden, es besteht aber meist die Neigung, sich mit einem zentralen Problem innerhalb einer jeden Kategorie zu befassen.

In einigen Fällen jedoch wird der Sozialarbeiter mit einer beachtlichen Vielfalt von Problemen konfrontiert. Ein Klient möchte vielleicht Hilfe bei mehreren Schwierigkeiten, oder – was wahrscheinlicher ist – er kann seine Anliegen keinem Schwerpunkt unterordnen, so daß der Sozialarbeiter zunächst die Zielrichtung nicht erkennen kann. Der schwierigste Fall dieser Art ist wohl die Familie mit einer Mischung von Beziehungsschwierigkeiten und mit unzulänglichem, materiellen Hintergrund – Probleme, unter denen mehrere Familienmitglieder zu leiden haben. Zahlenmäßig gibt es weit weniger Fälle dieser Art als man erwarten könnte. Man muß bedenken, daß solche Familien, trotz einer Vielzahl von Problemen, die Hilfe des Sozialarbeiters häufig nur im Hinblick auf ein spezifisches Bedürfnis oder eine besondere Frage wünschen. Einige Familien aber bringen eine solche Fülle von Schwierigkeiten zur Sprache, daß die Möglichkeiten eines jeden Kurzzeitmodells dafür nicht ausreichen. Bis jetzt können wir nicht sagen, wie solchen Familien innerhalb der Grenzen unseres Modells am besten geholfen werden könnte oder wie das Modell zu modifizieren wäre, um ihnen gerecht zu werden.

Es können durchaus mehrere Probleme in Angriff genommen werden. Man muß sich dabei auf die kritischsten konzentrieren. Die Zielprobleme sollten dann in ihrem Umfang begrenzt und wenn irgend möglich, miteinander verknüpft werden, um eine Verzettelung der Anstrengungen und – parallel dazu – eine Verwässerung der Probleme zu vermeiden.

Auch der Einsatz eines Teams von Behandelnden könnte eine Möglichkeit sein, einzelnen Menschen oder Familien, die eine Vielzahl von Schwierigkeiten haben, innerhalb der Grenzen einer Kurzzeitbehandlung zu helfen. Das Behandlungsschema, das Schwartz und Sample anwendeten, und in dem graduierte Sozialarbeiter Arbeitsgruppen von Assistenten anleiteten, die bei den einzelnen Fällen jeweils spezifische Verantwortung übernahmen, war offensichtlich eine wirksamere Methode, Familien zu helfen, die von öffentlicher Unterstützung leben, als das konventionelle Vorgehen, bei dem ein einzelner Sozialarbeiter die gesamte Verantwortung für alle Anliegen einer Familie trägt. Wenn man das Schwartz-Sample-System auf unser Modell überträgt, könnte ein Sozialarbeiter mit einem oder mehreren Assistenten mit einer Familie an der Lösung vielfältiger Aufgaben arbeiten, wobei verschiedene Aufgaben jeweils unter die Verantwortung verschiedener Teammitglieder fielen. Carol Meyer beschreibt einige Möglichkeiten, „professionell-technische Sozialarbeiterteams" zu organisieren (S. 213–220). Ihre Vorstellungen bieten eine Grundlage für die Entwicklung verschiedener Abwandlungen der kurzen aufgabenzentrierten Einzelhilfe, in der Arbeitsgruppen anstelle von einzelnen für die Arbeit mit Klienten, die für die Lösung einer Vielzahl von Problemen um Hilfe bitten, eingesetzt werden könnten.

Menschen, die keine Probleme anerkennen

Es gibt zahlreiche Einzelpersonen und Familien, die von einem Sozialarbeiter aufgesucht werden sollen oder die zu ihm kommen, die sich aber nicht zu Problemen bekennen, bei denen sie Hilfe möchten. Eltern gehen zu einer Familienberatungsstelle, weil ihnen der Schulpsychologe dringend dazu geraten hat. Er ist der Meinung, ihr Kind sei wegen familiärer Schwierigkeiten leistungsschwach, die Eltern jedoch (die zwar pflichtschuldig die Einrichtung aufsuchen, um dem Wunsch der Schule nachzukommen) halten ihr Kind nur für „faul" und sehen nichts in ihrem häuslichen Leben, was mit den schlechten

Noten zu tun haben könnte. – Ein lediges junges Mädchen, das schwanger ist, wird an einen Sozialarbeiter verwiesen, weil dieser mit ihm die Zukunft des Kindes besprechen soll. Es stellt sich jedoch heraus, daß das Mädchen entschlossen ist, das Kind zu behalten und den Rat des Sozialarbeiters nur in einigen medizinischen Fragen braucht. – Ein junger Mann, der nach einem Selbstmordversuch in die Notaufnahmeabteilung eines Krankenhauses eingeliefert wurde, sagt dem Sozialarbeiter, daß er lieber allein mit seinen Schwierigkeiten fertig werden möchte.

Im hier vorgestellten Modell ist der Sozialarbeiter verpflichtet, den möglichen Klienten über die Art der Hilfe, die er geben kann und will, zu unterrichten. Dies sollte auf ganz offene Weise am Beginn des Kontaktes geschehen. Wenn der Überwiesene im Angebot des Sozialarbeiters nichts sieht, was ihm von Nutzen sein könnte, dann schlägt dieser vielleicht vor, daß sie gemeinsam überlegen, ob es eine Schwierigkeit gibt, bei deren Lösung die angebotene Hilfe sich empfehlen könnte. Eine solche „Problemsuche" sollte nur dann unternommen werden, wenn der Klient damit einverstanden ist und wenn er versteht, was es damit auf sich hat. Sie sollte zeitlich begrenzt sein, sich im allgemeinen höchstens über zwei Gespräche erstrecken, und die Grenzen sollten klar abgesteckt sein. Der Klient muß wissen, daß der Sozialarbeiter nichts weiter unternehmen wird, wenn sich innerhalb der verabredeten Zeit kein Problem lokalisieren läßt. Lehnt es der Überwiesene ab, seine Situation mit dem Sozialarbeiter zu erörtern, dann sollte der Kontakt nicht sehr viel länger fortgesetzt werden, es sei denn, der Sozialarbeiter hätte eine klar umrissene „Schutzfunktion" zu erfüllen (siehe Kapitel 10).

Der Fall C. ist das Beispiel einer erfolgreichen Problemsuche. Frau C. war operiert worden, und zwar hatte man ihr eine Geschwulst an der rechten Hand entfernt, die sie sich nach dreißig Jahre langer Arbeit im eigenen Frisiersalon durch den ständigen Umgang mit Chemikalien zugezogen hatte. Auch die linke Hand war betroffen und sollte operiert werden, nachdem die andere geheilt war. Sie würde ihre gewohnte Arbeit monatelang oder vielleicht gar nicht mehr ausüben können. Frau C. war Angehörige der Mittelklasse und fünfundfünfzig Jahre alt. Ihr Mann, sechzigjährig, hatte ein halbes Jahr vor ihrer Operation einen zweiten Herzanfall erlitten. Er war ohne Arbeit und erhielt im Monat 185 Dollar Invalidenrente. Früher war er Vorarbeiter in einer Maschinenfabrik gewesen. Er würde nie wieder arbeiten können, es sei denn, er fände eine Beschäftigung, die er im Sitzen ausüben könnte, wofür er aber nicht ausgebildet und die zudem schwer zu finden war. Man hatte Frau C. zum Sozialdienst einer Klinik geschickt, weil sie unter Depressionen zu leiden schien.

Während des ersten Gesprächs nannte man ihr den Grund der Überweisung. Obwohl sie einen niedergeschlagenen Eindruck machte, beherrschte sie sich und sagte, daß sie überhaupt nichts wolle oder brauche. Da man annehmen konnte, daß dieses Ehepaar unter einer schweren Belastung stand und da unklar war, wie es sich finanziell über Wasser halten wollte, schlug man vor, zu einem weiteren Gespräch zusammenzukommen, um festzustellen, ob es doch ein Gebiet gäbe, auf dem man etwas tun könne. Nach einigem Zögern willigte Frau C. in einen Hausbesuch ein. Ihr Widerstand war so stark, daß zunächst nur *ein* weiteres Gespräch vorgeschlagen wurde.

Der Hausbesuch brachte zutage, daß Herr und Frau C. hinter dem jetzt ungenutzten und verlassenen Frisiersalon wohnten. Das Haus gehörte Frau C.s altem Vater, der im oberen Stockwerk lebte. Nach einigen allgemeinen Bemerkungen fragte die Sozialarbeiterin, was die Eheleute denn für Pläne hätten. Herr C. konnte dazu wenig sagen. Es ging ihm zwar körperlich besser, aber er würde nicht wieder arbeiten können. Frau C. dachte daran, ihr Geschäft wieder zu eröffnen und darin weiter zu arbeiten, gleichgültig welche Schmerzen ihr das verursachen und welche Folgen es haben würde. Beide schienen den Ernst ihrer Lage, in der sie sich hilflos fühlten, zu verdrängen.

Die Sozialarbeiterin sagte daraufhin, sie hoffe, man würde ihre Einmischung nicht mißverstehen, aber sie könne sich nicht vorstellen, wie Frau C. mit einer geschienten Hand Haare waschen wolle, zumal die andere Hand ja demnächst im gleichen Zustand sein würde. Da die medizinische Prognose sehr vorsichtig abgefaßt war, zweifelte die Sozialarbeiterin, daß es der Zustand ihrer Hände Frau C. erlauben würde, ihre Tätigkeit weiter auszuüben. Sie fügte hinzu, daß sie außerdem nicht verstehen könne, daß Herr C. sich zufrieden gäbe, einfach nur dazusitzen und aus dem Fenster zu sehen, während seine Frau unter Schmerzen Kundinnen bediene, die wegen der Zustände im Geschäft ohnehin bald wegbleiben würden.

Danach herrschte äußerste Niedergeschlagenheit bei den beiden. Die Sozialarbeiterin sagte, sie bedauere, daß sie solchen Kummer bereitet habe und fragte, ob sie vielleicht die Lage übertrieben pessimistisch beurteilt habe. Herr und Frau C. verneinten dies. Danach fragte die Sozialarbeiterin, wie sie denn finanziell zurechtkämen. Reiche ihnen die Fürsorgeunterstützung? Ja, gerade eben, und sie müßten sich damit abfinden, war die Antwort. Sie waren jedoch entsetzt darüber, daß sie nach all den Jahren der Arbeit und Mühe und nachdem sie zwei Kinder aufgezogen hatten, hilflos und überflüssig sein sollten, noch ehe sie eigentlich richtig alt waren. Ihre Niedergeschlagenheit wurde hier sehr deutlich, sie dachten eine ganze Weile darüber nach und sahen keinen Ausweg.

Die Sozialarbeiterin sagte, sie unterschätze die Schwierigkeiten keineswegs, und sie glaube auch nicht, daß es jemals wieder so werden würde wie früher, aber sie hielte sie beide für tüchtige Menschen, die etwas zur Besserung ihrer Lage tun könnten, wenn sie sich nicht davon unterkriegen ließen. Nun wollten Herr und Frau C. wissen, welche Fähigkeiten sie denn in ihnen sähe, und sie zählte auf, was sie beobachtet und als positiv erkannt hatte – sie könnten hart arbeiten und wüßten sich im allgemeinen zu helfen. Beide gaben zu, daß sie wahrscheinlich eine Möglichkeit finden müßten, etwas zu tun, irgendeine Arbeit oder Beschäftigung, bis Frau C. vielleicht wieder in der Lage wäre, ihre gewohnte Arbeit auszuüben. Es war nun möglich, ein Zielproblem zu bestimmen, das als eines des *sozialen Übergangs* klassifiziert wurde.

Dieser Fall verdeutlicht auch die Anwendung diagnostischer Hypothesen, wenn Klienten geholfen werden soll, ihre Probleme zu lokalisieren. Die Sozialarbeiterin war in ihren Nachforschungen von der Hypothese ausgegangen, daß Herrn und Frau C.s Depressionen zum großen Teil das Ergebnis ihres Rollenverlustes als arbeitende Menschen waren. Natürlich gab es ganz offensichtlich noch andere Gründe für die Niedergeschlagenheit der beiden, ihre körperlichen Leiden zum Beispiel, aber der Verlust ihrer Erwerbsrollen wurde zur „manipulierbaren Ursache", zu etwas, an dem die Sozialarbeiterin und die Klienten arbeiten konnten und das dadurch besondere Bedeutung gewann.

Nicht alle Bemühungen, Probleme zu lokalisieren, sind erfolgreich, wie der folgende Fall deutlich macht:

Frau Dale ist Negerin, eine vierundvierzig Jahre alte Witwe, Mutter von elf Kindern und Wohlfahrtsempfängerin. Sie suchte ärztliche Hilfe, weil sie sich häufig müde und schwindlig fühlte. Die medizinische Untersuchung ergab einen etwas zu hohen Blutdruck, dem mit Medikamenten nicht beizukommen war. Sie wurde an den Sozialdienst der Klinik, an die sie sich gewendet hatte, verwiesen. Dort sollte festgestellt werden, ob soziale oder zwischenmenschliche Probleme schuld an ihrem Zustand waren.

Während des ersten Gesprächs traten viele offensichtliche Schwierigkeiten zutage. Chronische Armut zog sich durch das ganze Leben von Frau Dale. Ihr Dasein bestand aus Haushalt und Kindererziehung. Es gab keine Anzeichen dafür, daß die Kinder Schwierigkeiten machten, auch schien es keine Probleme in den Beziehungen zwischen Mutter und Kindern zu geben. Die beiden Ältesten waren erwachsen und aus dem Hause, die restlichen neun jedoch forderten ihr schwere körperliche Arbeit und ihre gesamte Aufmerksamkeit ab. Sie hatte während ihrer siebenjährigen Witwenschaft keine Männerbekanntschaften gemacht und schien alles Interesse an der Gesellschaft von Männern verloren zu haben.

Man erklärte Frau Dale, daß man sie zu einem Sozialarbeiter geschickt habe, weil es häufig vorkomme, daß hinter dem Bluthochdruck, der auf keine Medikamente anspricht, persönliche oder familiäre Spannungen stünden. Sie meinte, diese Erklärung klinge ganz vernünftig und hatte sofort ihre eigene Medizin für die von ihr beschriebenen familiären Lasten bereit: Sie würde gern einmal Ferien in einer deren Stadt machen, wo sie Verwandte habe und wo sie glaubte, ausspannen zu können. Es waren aber keine Mittel vorhanden, um einen solchen Plan auszuführen. Sie konnte nichts anderes vorbringen, was man tun könne, als ihr diese Reise zu ermöglichen. Dies würde ihr das Gefühl nehmen, überlastet zu sein und sie von dem Zwang befreien, stur alles das weiterzumachen, was sie zu tun hatte.

Das sofortige Angebot einer Haushaltshilfe, die sie entlasten und ihr eine Art Ferien daheim ermöglichen sollte, lehnte sie mit dem Hinweis ab, daß dies mit mehr Mühe verbunden wäre, als die ganze Sache wert sei. Alle Versuche, mit ihr zu besprechen, wie sie sich ihr beschwerliches Leben etwas erleichtern könnte, stießen gegen eine Mauer. Es wurden zwei weitere Gespräche mit dem ausdrücklichen Zweck geführt, die Problemsuche fortzusetzen. Sie ergaben zwar weitere Gebiete, auf denen Frau Dale Schwierigkeiten hatte, aber keine Probleme, an deren Lösung sie mit dem Sozialarbeiter arbeiten wollte. Der Kontakt wurde daher nach Beendigung der Problemerkundungsphase, in diesem Fall nach drei Gesprächen, beendet.

Dieses Beispiel ist in verschiedener Hinsicht typisch für die allgemeine Praxis der Sozialen Einzelhilfe: Der Sozialarbeiter versuchte, der Klientin bei der Lokalisierung eines Problems zu helfen, bei dem sie Unterstützung gebrauchen könnte, hatte aber keinen Erfolg. Trotzdem wurden gewisse charakteristische Züge der aufgabenzentrierten Einzelhilfe deutlich. Die Problemsuche wurde im gegenseitigen Einvernehmen hinsichtlich Zweck, Art und Grenzen durchgeführt. Die Klientin wurde nicht gebeten, zu Gesprächen zu kommen, nur weil sie Schwierigkeiten zu haben schien, bei denen ihr der Sozialarbeiter eventuell helfen könnte, oder weil der Arzt meinte, daß sie es tun sollte. Wenn Soziale Einzelhilfe als Anhängsel an eine Betreuung durchgeführt wird, die der Klient braucht, in diesem Falle an die ärztliche Versorgung, dann geschieht es zuweilen, daß Sozialarbeiter mit halbfreiwilligen Klienten langwierige, aber unproduktive Beziehungen eingehen, bei denen es um vage definierte Probleme geht, für deren Lösung der Klient keine Hilfe wünscht und bei denen man ihm folglich auch nicht helfen kann. Dies geschah jedoch im Falle von Frau Dale nicht.

Wie steht es aber mit den vermuteten psychogenetischen Faktoren im Zusammenhang mit Frau Dales medizinischer Diagnose? Zweifellos beeinflußten die Persönlichkeitsstruktur, der Lebensstil und die laufenden Probleme der Klientin ihren physischen Zustand. Dieses Wissen gibt uns aber nicht unbedingt die Möglichkeit, einem solchen Menschen durch Soziale Einzelhilfe oder andere Formen interpersonaler Behandlung zu helfen. Offensichtlich bietet auch unser Modell hierfür keine Handhabe, und wir kennen überhaupt keine Methode der Einzelhilfe, bei der dies der Fall ist.

Selbstverständlich ist der Sozialarbeiter dafür verantwortlich, daß Klienten, denen er selbst nicht genügend Hilfe geben kann, auf andere Möglichkeiten hingewiesen werden, die sie nützen können. Im Falle von Frau Dale gelang dies zwar nicht, aber es gibt zweifellos viele Klienten, für die aufgabenzentrierte Einzelhilfe nicht geeignet ist, denen aber durch viele andere Methoden, zum Beispiel Langzeitpsychotherapie, Gruppenbehandlung, Chemotherapie oder Verhaltensmodifizierung, geholfen werden kann.

Frau Dale war eine intelligente und besonnene Frau, die sich ausdrükken konnte und die freimütig mit dem Sozialarbeiter sprach. Sie war sich all ihrer Probleme bewußt und glaubte selbst, daß ihre Alltagsbelastungen sich ungünstig auf ihr körperliches Befinden auswirkten. Auf der Ebene ihrer Selbstkenntnis wollte und brauchte sie nicht krank oder eine Märtyrerin zu sein. Spekulationen darüber, daß ihre Selbständigkeit zu einem großen Teil nicht echt war und daß sie ein starkes unterdrücktes Verlangen nach Abhängigkeit habe, sind zwar, besonders im Hinblick auf das, was man im allgemeinen über die Ursachen ihrer Erkrankung weiß, nicht von der Hand zu weisen. Trotzdem war Frau Dale diesen Einsichten gegenüber immun und an dem Thema nicht interessiert. Sie hielt Lebensprobleme für Ergebnisse von Ereignissen ihrer Umwelt. Würden diese Zustände zu drückend, wäre sie vielleicht bereit, von Sozialarbeitern oder von anderen Stellen, die greifbare Unterstützung bieten können, Hilfe anzunehmen. Im übrigen hielt sie sich jedoch für durchaus in der Lage, ihre Angelegenheiten selbst zu regeln.

Es wurde deutlich, daß eine Behandlung von Frau Dales psychologischen Schwierigkeiten unmöglich war, da ihr die Motivation dazu fehlte und sie ihre Einwilligung verweigerte. Dieser Fall zeigt ein Dilemma des Sozialarbeiters, der häufig von überweisenden Stellen abhängig und zur Zusammenarbeit mit anderen Fachkräften verpflichtet ist (in diesem Falle mit dem Arzt), die unter Umständen auch noch einen höheren Status haben.

Manche Sozialarbeiter scheinen auch bei widerwilligen Klienten aus einem Gefühl der Verpflichtung gegenüber der überweisenden Stelle auf einer unproduktiven Beziehung zu bestehen, vielleicht auch, weil sie den Vorwurf befürchten, sie entzögen sich der Arbeit mit schwierigen Klienten. Solches Verhalten ist unserer Meinung nach nicht angebracht. Die an die Einzelhilfe überweisenden Stellen und die zahlende Öffentlichkeit verstehen vielleicht besser als mancher Sozialarbeiter, daß man bei Klienten, die keine Hilfe wollen, kaum etwas erreichen kann.

Andere Fachkräfte oder Bürger, die vom Sozialarbeiter erwarten, daß er auch widerspenstigen Klienten hilft, sollten die Grenzen seiner Stellung und seines Könnens bedenken, über die er selbst am besten aufklären kann. Nehmen wir zum Beispiel an, ein Sozialarbeiter überweist einen Patienten mit einem körperlichen Gebrechen an einen Arzt, der eine Operation vornehmen soll. Der Klient geht zum Arzt, wird darüber informiert, was getan werden kann und welche Vorteile der Eingriff ihm bringt. Trotzdem verweigert er die Einwilligung zur Operation. Der Arzt hat in diesem Falle bestimmt nicht das

Gefühl, seiner Aufgabe nicht gerecht geworden zu sein, und auch wir machen ihn nicht für die Weigerung des Patienten verantwortlich. Das gleiche sollte gelten, wenn ein Arzt einen Patienten an einen Sozialarbeiter verweist, damit dieser mit ihm an einem sozialen Problem arbeitet. In unserem Bestreben, die Soziale Einzelhilfe zu rechtfertigen, verwischen wir leicht die entscheidende Grenze zwischen dem, was man vernünftigerweise als erreichbar ansehen kann, und dem, was zu erreichen wünschenswert wäre. Diese Grenzen sollten jedoch unserer Meinung nach eher schärfer gezogen werden.

Die Verständigung über das Zielproblem

Normalerweise ergibt sich der Schwerpunkt der Arbeit aus dem Prozeß der Definition und der Einordnung der Probleme. Der Sozialarbeiter sollte aber überprüfen, ob zwischen ihm und dem Klienten Übereinstimmung in bezug auf die Zielprobleme besteht. Dieser Schritt ist besonders dann sehr wichtig, wenn es zahlreiche mögliche oder sehr komplexe Zielprobleme gibt.

Eine ausdrückliche Übereinkunft zwischen Sozialarbeiter und Klient ist notwendig. Im allgemeinen trägt der Sozialarbeiter dem Klienten den Kern dessen vor, worüber er sich mit ihm geeinigt hat, und fragt diesen dann, ob seine Formulierung dem entspricht, was sich der Klient unter den zu bearbeitenden Problemen vorstellt. Wenn mehrere Schwierigkeiten in Angriff genommen werden sollen, muß herausgestellt werden, was mit dem größten Nachdruck und was zuerst bearbeitet werden soll. Alle hierbei womöglich auftretenden Mißverständnisse zwischen Klient und Sozialarbeiter sollten anschließend besprochen werden. Über wenigstens ein Problem ist zwischen den Beteiligten weitgehende Übereinstimmung erwünscht, ehe die Arbeit fortgesetzt wird, jedoch können zu diesem Zeitpunkt gewisse Unstimmigkeiten oder Unsicherheiten in Kauf genommen werden, wenn sie gegenwärtig noch nicht beseitigt werden können. Solche ungeklärten

Fragen sollten benannt werden. Der Sozialarbeiter und eine Klientin vereinbaren zum Beispiel, daß das Hauptaugenmerk zunächst auf die Schwierigkeiten des Sohnes mit dem Lehrer gerichtet werden soll. Außerdem können sie absprechen, daß die Probleme, die die Klientin mit ihrem Sohn hat, aber vorläufig bezweifelt, vielleicht zu einem späteren Zeitpunkt behandelt werden, wenn die Klientin sich dafür entscheidet, daran zu arbeiten.

Die Analyse des Problems

Will man eine Strategie zur Lösung eines Problems entwickeln, dann ist es gut, wenn man dessen Ursachen einigermaßen kennt. Die Analyse des Problems dient der Lokalisierung der unmittelbaren Ursachen als Grundlage für die Wahl der Aufgabe. *Der Schritt der Problemanalyse folgt in unserem Modell der Übereinkunft über die Zielprobleme,* wenn auch zumeist ein großer Teil der Analyse bereits während der Problemerforschung stattfindet. Die Problemanalyse ist ein gemeinsames Vorgehen von Sozialarbeiter und Klient. Ihr Gerüst sind im wesentlichen Fragen des Sozialarbeiters. Der Umfang der Analyse, die zu Beginn jeder Fallbearbeitung möglich ist, hängt ausschließlich vom Zielproblem ab. Für einige Probleme werden die Gründe sehr schnell sichtbar: Ein Mann findet keine Arbeit, weil ihm die Fertigkeiten fehlen, die auf dem Arbeitsmarkt verlangt werden; eine Frau ist deprimiert, weil ihr Mann, von dem sie sehr abhängig ist, sie verlassen hat. Komplexere Probleme erfordern eine ausgedehntere Analyse. Ein Ehepaar, das ständig Streit mit den Schwiegereltern hat, leidet vielleicht unter einem Problem, bei dem die Auffassungen und Motivationen der beiden und ihre Bindung an die Verwandten ziemlich intensiv ausgelotet werden müssen. Bei jedem Problem, und besonders bei den komplizierteren, kann man nur einen Teil der Analyse in ein oder zwei Gesprächen erledigen; der Prozeß der Analyse bildet nach unserem Modell auch einen Teil der nachfolgenden Schritte. Wie wir sehen werden, bedingt die Arbeit an der Aufgabe, besonders, wenn dem Klienten geholfen wird, Hindernisse bei der Aufgabenerfüllung zu überwinden, notwendigerweise eine Fortsetzung der Problemanalyse.

In der Initialphase werden die Bemühungen, das Problem zu verstehen, nur soweit vorangetrieben wie es nötig ist, um festzulegen, was der Klient allgemein tun kann, um seine Schwierigkeiten zu beseitigen. Der Plan für das Handeln muß unter Umständen im Licht späterer Erkenntnisse über das Problem überarbeitet werden, was aber kein Grund ist, dem Klienten nicht erst einmal zu helfen, seine problemabbauenden Anstrengungen zu organisieren. In den meisten Fällen sind derartige Bemühungen bereits im Gange, ehe der Sozialarbeiter eingreift, und sie werden unabhängig davon fortgesetzt, wieviel der Sozialarbeiter oder der Klient bereits über die Hintergründe der Probleme begreifen.

Kenntnis der Ursachen des Problems ist zwar als Grundlage für Abhilfe schaffendes Handeln wünschenswert, wir schließen uns jedoch der Auffassung von Briar und Miller an, daß „man nicht nur wirkungsvolle Behandlungsstrategien auch ohne Kenntnis der Ursache entwickelte, sondern daß solche Kenntnis manchmal nicht ausreicht, ja in manchen Fällen sogar hinderlich für die Entwicklung von Interventionsmaßnahmen sein kann“ (S. 154). Vielleicht wird Verständnis der Ursachen eines Problems nur dann notwendig, wenn man davon ausgeht, daß der Behandelnde den Schlüssel zur Lösung in der Hand hält. Dann muß er „diagnostizieren“, ehe er behandeln kann, weil er sonst nicht weiß, welcher Schlüssel paßt. Wenn man jedoch wie wir der Überzeugung ist, daß eine Lösung primär aus dem erwächst, was der Klient zu tun willens und fähig ist, ändert sich die Perspektive. Ungeachtet problemlösender Verhaltensmodelle können Menschen sinnvoll handeln, um ihre Probleme zu lösen, auch wenn sie offensichtlich nicht viel über deren Ursachen wissen und auch kaum darüber nachdenken. Ein Schüler, der bisher versagte, beschließt zum Beispiel eines Tages, „sich am Riemen zu reißen“ und tut dies auch, ohne daß ihm bewußt wurde, daß seine schlechten Leistungen vielleicht auf seine „Erfolgsangst“ zurückzuführen waren. Ähnlich kann es sein, wenn sich ein Ehepaar scheiden läßt, was ja auch die Lösung eines Problems wäre, auch wenn man nicht weiß, warum die Ehe scheiterte.

Das diagnostische Urteil des Behandelnden

In den vorangegangenen Ausführungen über das Zielproblem arbeiteten wir zwei ganz verschiedene Aspekte der *Rolle des Sozialarbeiters* heraus: Der eine ist die Kommunikation des Sozialarbeiters mit dem Klienten während des Explorationsprozesses und der Identifizierung und Analyse des Zielproblems; der andere betrifft die kognitiven Vorgänge auf der Seite des Sozialarbeiters – das, was in seinem Kopf vorgeht, wenn er versucht, die Daten, die er über das Problem des Klienten erhält, zu ordnen und zu deuten. Während er spricht und zuhört, beurteilt der Sozialarbeiter ständig das, was er über den Klienten und sein Problem erfährt. Diese Urteile, die ein Produkt aus zum Fall gesammelten Informationen und seinem fachlichen Wissen sind, fallen ins Gewicht, weil sie wesentlich bestimmen, was der Behandelnde zu einem bestimmten Zeitpunkt in einem bestimmten Fall tut.

In unserem Modell beziehen sich die Urteile des Sozialarbeiters zunächst auf Fragen zum Problem des Klienten: Wie wird das Zielproblem am besten klassifiziert und spezifiziert? Wie läßt es sich optimal erklären? Sein diagnostisches Denken ist im doppelten Sinne problemorientiert. Erstens besteht seine Datengrundlage hauptsächlich aus Informationen, die er im Verlaufe seiner Exploration und Analyse des Klientenproblems sammelte. Zweitens handelt es sich bei seiner Beurteilung zumeist um eine Definition und Erklärung des Problems und betrifft nur am Rande die Persönlichkeit oder die Situation des Klienten.

Die diagnostische Beurteilung entwickelt sich in der aufgabenzentrier-

ten Sozialen Einzelhilfe zunehmend aus dem ständigen Informationsfluß, den der Sozialarbeiter erhält, während die Phasen des Modells ablaufen. Es gibt keine eigentliche diagnostische Phase, wenn es auch sein kann, daß der Sozialarbeiter aufgefordert wird, seine diagnostischen Beurteilungen von Zeit zu Zeit aus verwaltungstechnischen Gründen zu fixieren, oder weil Lehrmaterial oder Forschungsunterlagen gesammelt werden sollen. Sein Vorgehen hängt zwar von den empfangenen Informationen und der Deutung ab, die er ihnen gibt, das Gegenteil trifft jedoch genauso zu: sein diagnostisches Denken wird durch die Richtung seines Handelns geleitet. Wenn die Entscheidung getroffen wurde, den Schwerpunkt auf ein bestimmtes Problem zu legen, dann wird diese Wahl zur Richtschnur für die folgende diagnostische Arbeit. Die Diagnose geht der Behandlung also nicht unbedingt voraus, vielmehr verlaufen die diagnostischen und die behandelnden Vorgänge parallel, sie beeinflussen sich gegenseitig und sind Quellen des Feedback für einander.
Die diagnostische Arbeit der Fachkraft hat jedoch in den einzelnen Phasen unterschiedliche Funktionen. Zunächst dient sie der Problemdefinition und der Exploration, danach dient sie dem Sozialarbeiter, wie wir noch sehen werden, bei der Aufgabenwahl und -durchführung.
Wie bereits erläutert, können die diagnostischen Urteile zu diagnostischen Hypothesen geordnet werden. In den Arbeitsphasen, bei denen es um Problemexploration und -identifikation geht, sind diese Hypothesen Antworten auf die Frage, welche Probleme der Klient sieht, welche ihm am wichtigsten sind, welche Faktoren dazu beitragen und so weiter. Wie jede Hypothese, so ist auch die diagnostische eine Aussage, die überprüft werden muß. Sie kann beschreibend sein („Frau Green scheint am meisten über ihre Beziehung zu ihrem Mann beunruhigt zu sein") oder erklärend („Herrn Whites Angst, abgelehnt zu werden, scheint einer der Gründe dafür zu sein, daß er sich nicht um die Stelle bewirbt"). Die Hypothesen werden durch Daten vom Klienten oder von anderen überprüft und überarbeitet. Großes Ge-

wicht wird dabei auf phänomenologische Daten gelegt, mit anderen Worten: auf die Äußerungen des Klienten über sich und seine Umwelt. In den oben genannten Beispielen testet der Sozialarbeiter also seine Hypothese, indem er Frau Green fragt, wie wichtig ihr das Problem mit ihrem Mann ist, und Herrn White, ob er fürchtet, zurückgewiesen zu werden. Im wesentlichen negative Reaktionen der Klienten (vorausgesetzt, ihre Antworten wurden ausreichend sondiert) stellen die Brauchbarkeit, wenn nicht gar die Gültigkeit der Hypothese in Frage. In beiden Fällen kann es sein, daß der Klient seine wahren Gefühle verbirgt oder sich ihrer nicht bewußt ist. Dann ergibt sich die Frage, wie der Sozialarbeiter diese neuen Hypothesen anhand seiner begrenzten Unterlagen testen kann.

Selbst wenn der Sozialarbeiter beweisen könnte, daß sich die Klienten anders verhalten als sie selbst es schildern, müßte er sich fragen, welchen Nutzen er aus einer solchen Hypothese ziehen könnte, wenn er dem Klienten helfen will, seine Probleme zu definieren und Wege zu suchen, um sie zu lösen. Die diagnostischen Hypothesen dieses Modells dienen vor allem der pragmatischen Funktion einer Hilfe bei der Erfüllung von problemlösenden Aufgaben durch den Klienten. Wenn die Hypothesen des Sozialarbeiters dem Klienten unverständlich sind, so ist ersterer gut beraten, wenn er andere Hypothesen aufstellt, die der Klient durch eigene Äußerungen stützen und sich zu eigen machen kann.

4 Dauer der Einzelhilfe und Problemveränderung

In diesem Kapitel wollen wir unsere Gründe vorbringen, warum wir die kurze, aufgabenzentrierte Soziale Einzelhilfe für die breitgefächerte Fülle von Aufgaben auf unserem Gebiet für am besten geeignet halten. Unsere Argumente, so glauben wir, sprechen ganz allgemein für die Anwendung der Kurzbehandlung, gleichgültig, in welcher spezifischen Form sie durchgeführt wird.

Merkmale der Problemveränderung

Man kann die Suche nach einer theoretischen Begründung für die geplante Kurzbehandlung sehr wohl mit der Frage beginnen: Wie lange dauert es, bis die Art von Veränderung erreicht ist, die im allgemeinen durch die Einzelhilfe ermöglicht wird? Natürlich hängt die Antwort von dem ab, was wir als unser Zielgebiet ansehen. Geht es in einem Fall um eine Persönlichkeitszerrüttung, dann dauert die Behandlung selbstverständlich sehr viel länger, als wenn es sich um eine spezifische Verhaltensweise handelt, die verändert werden soll. Grundlage unserer Position ist, daß der Klient selbst primär dafür zuständig ist, das zu behandelnde Problem zu identifizieren. Unter diesem Aspekt richtet sich die Aufmerksamkeit des Behandelnden nicht auf hypothetische Störungen, sondern in erster Linie auf das, worüber der Klient klagt und für das er Hilfe haben möchte. Unsere Bemühungen um Veränderung richten sich also auf manifeste Schwierigkeiten auf dem Gebiet des zwischenmenschlichen Konflikts, der Rollenerfüllung und so weiter und nicht so sehr auf die ihnen zugrunde liegenden Konditionen, wie sie der Kliniker definiert. Dies bedeutet nicht, daß unsere Diagnose auf die vom Klienten geäußerten Probleme beschränkt bleiben muß, daß wir uns bei der Behandlung nicht um die Ursachen der Schwierigkeiten kümmern, oder daß es nicht unsere Aufgabe ist, dem Klienten zu helfen, damit er Probleme, deren er sich nicht unmittelbar bewußt ist, oder die er nicht ausdrükken kann, erkennt und zur Sprache bringt. Es heißt vielmehr, daß unsere Definition dessen, was wir verändern möchten, sich möglichst eng an das anlehnen sollte, für das der Klient vordringlich eine Veränderung sucht. Der Hauptgrund für diesen Standpunkt ist ganz einfach, daß uns der Klient sowieso nicht viel anderes tun lassen wird. Seine Auffassung von dem, was er anders haben möchte, setzt unseren Bemühungen zu helfen, enge Grenzen, gleichgültig, ob diese innerhalb unserer Wert- und Theoriesysteme gerechtfertigt sind oder nicht.

Wenn es sich bei den Zielgebieten um bestimmte Arten von psychosozialen Problemen handelt, dann müssen die Veränderungsprozesse, die für solche Schwierigkeiten charakteristisch sind, bei den therapeutischen Bemühungen berücksichtigt werden. Das heißt, unsere Aufmerksamkeit gilt mehr einer Theorie der Problemveränderung als Theorien der Persönlichkeits- oder der Verhaltensänderung, obgleich diese Theorien natürlich sehr viel mit Problemveränderung zu tun haben.

Die Art, in der die Zielgebiete therapeutischer Intervention in unserem System definiert wurden, dient als Grundlage für einige Feststellungen zu der Frage, wie sich Probleme mit oder ohne die Hilfe von Fachkräften verändern. Wir gehen davon aus, daß die Veränderung bei den Problemen, mit denen wir uns befassen, drei charakteristische Merkmale hat: Erstens ist es wahrscheinlicher, daß sie sich verändern, als daß sie bleiben, wie sie sind; zweitens verläuft die Veränderung wahrscheinlich in Richtung auf eine Problemminderung; und drittens ist die Zeitspanne, innerhalb der wahrscheinlich die große Veränderung zu erwarten ist, verhältnismäßig kurz. Sie dauert im allgemeinen nicht länger als einige Monate.

Auf theoretischer Ebene kann man diese Merkmale als Spiegelung der systematischen Eigentümlichkeiten menschlichen Verhaltens und des sozialen Umfelds, in dem die Probleme entstehen, betrachten. Der Mensch, der sich eines Problems bewußt ist, befindet sich im Zustand des Ungleichgewichts, der ihn veranlaßt, etwas zur Lösung dieses Problems zu unternehmen. Dieser Anstoß zum Handeln ist ein entscheidender Zug der homöostatischen Mechanismen, die auf den Plan gerufen werden, wenn Schwierigkeiten auftreten. Da das Handeln des Menschen auf Problemreduzierung gerichtet ist, und da in seiner Umgebung meistens Kräfte vorhanden sind, die in die gleiche Richtung zielen, werden die meisten Probleme tatsächlich gelöst, das heißt, wenigstens bis zu dem Punkt, an dem das Gleichgewicht wieder hergestellt ist, und wir sind der Meinung, daß dies recht schnell geschieht. Ist das Gleichgewicht dann vorhanden, läßt der Druck in Richtung auf Veränderung nach, da er ja seinen Zweck erfüllt hat. Häufig ist das neue Gleichgewicht ein festgefahrener Problemzustand – zum Beispiel eine chronisch konfliktbelastete zwischenmenschliche Beziehung –, mit der der Betreffende nun zu leben gelernt hat. Sobald jedenfalls seine Probleme eine vertraute Form angenommen haben, läßt das Streben nach Veränderung nach.

Wir schlagen eine breitere Anwendung der Systemtheorie auf die Problemveränderung vor, als sie sich in der Krisentheorie findet (L. Rapoport). Dabei sind wir nicht grundsätzlich Gegner der Krisentheorie, bemängeln aber ihre Voraussetzung, daß das Gleichgewicht eines Menschen durch ein erkennbares widriges Ereignis gestört wurde, das bei dem Betroffenen eine deutliche, wenn auch zeitlich begrenzte Irritation hervorruft. Solche Krisen bilden natürlich einen Teil der Probleme, mit denen wir uns befassen.

Wir wissen jedoch, daß viele Probleme, mit denen Klienten zu einer sozialen Einrichtung kommen, ihrem Wesen nach chronisch sind. Schwierigkeiten in den Beziehungen zwischen Familienmitgliedern fallen zum Beispiel in diese Kategorie. Ein Klient mit einem schon lange andauernden Problem macht sich zwar Sorgen, scheint sich aber häufig nicht direkt in einer Krise zu befinden. Oft ist es geradezu schwierig festzustellen, was seinem Entschluß, um Hilfe zu bitten, vorausgegangen ist. Es fällt schwer, solche Fälle – und ihre Zahl ist Legion – mit der Krisentheorie in Einklang zu bringen, wie es als für sie typisch beschrieben wird. Wir meinen, daß ein Klient, der schon lange Zeit mit einem Problem lebt, für gewöhnlich einen vielleicht nur leichten Zusammenbruch seiner problembewältigenden Fähigkeiten durchgemacht hat, wenn er sich an eine soziale Einrichtung wendet. Seine Motivationen zielen wahrscheinlich eher auf eine Reduzierung der Schwierigkeiten auf ein erträgliches Maß, als auf eine grundlegende Änderung. In jedem Fall meinen wir, daß eine verhältnismäßig geringe Problemminderung, die sich wahrscheinlich recht bald einstellt, im allgemeinen das Gleichgewicht des Klienten einigermaßen wiederherstellt, und sein Interesse an weitreichenderen Veränderungen soweit absinkt, daß seine Bereitschaft für zusätzliches problemlösendes Handeln schwindet. Als Kliniker können wir dieses Maß an Veränderung nur als Begleiterscheinung einstufen und es für genügend oder belanglos halten, und selbst der Betroffene gibt vielleicht zu, daß er immer noch ein ernstes Problem hat. Entscheidend ist jedoch, daß er gar nichts mehr in der Sache tun möchte, nachdem eine leichte Veränderung den motivierenden Druck von ihm genommen hat.

Wenn das oben Gesagte auf die Mehrzahl der Klienten zutrifft, die in unseren sozialen Einrichtungen Hilfe suchen, dann haben wir das gegebene Modell des individuellen Hilfeersuchens und der Problemreduktion, für das Kurzbehandlungen sehr viel besser geeignet sind als Langzeitmodelle. Ist die Zeitspanne, in der eine Veränderung sehr wahrscheinlich eintritt, das kurze Intervall, das nötig ist, um die problembewältigenden Mechanismen des Klienten wieder ins Gleichgewicht zu bringen, dann sollte die Kurzbehandlung logischerweise die dominierende Behandlungsform sein.

Empirische Belege

Welche Beweise gibt es für diese Behauptungen? Leider liegt nicht viel vor, was einen direkten Bezug hat, da die Problemveränderung an sich bisher nur sehr wenig untersucht wurde. Überdies haben die meisten Arbeiten, die angeführt werden könnten, mit Veränderungen zu tun, die mit bestimmten Interventionsprogrammen verknüpft sind, so daß es nicht möglich ist, die Merkmale der Problemveränderung sozusagen in ihrer natürlichen Form herauszuarbeiten und von den durch die Behandlung hervorgerufenen Auswirkungen zu trennen. Nichtsdestoweniger ist das vorhandene Material unserer Meinung nach geeignet, unsere Ansicht zu stützen.

Zunächst dürfte es nützlich sein, einige recht bekannte Tatsachen über die wirkliche Behandlungsdauer im Hinblick auf unsere Hypothese zu überprüfen, daß eine Problemveränderung verhältnismäßig schnell eintritt. Ist unsere Hypothese gültig, so sollte man annehmen, daß die meisten Klienten, die zwischenmenschliche Hilfe suchen, die entsprechenden Kontakte innerhalb weniger Monate wieder abbrechen. Dies scheint auch der Fall zu sein.

Nach der Durchsicht von Untersuchungen über die Dauer von Behandlungen folgert Garfield: „Offensichtlich beenden die meisten Klienten, im Gegensatz zur üblichen Vorstellung von der Dauer einer Psychotherapie, ihre Behandlung nach wenigen Gesprächen. In praktisch allen Fällen, in denen Untersuchungen durchgeführt wurden, war dieses Muster ... nicht das Ergebnis einer vorsätzlichen Kurztherapie. *In den meisten Fällen erschien vielmehr der Patient einfach nicht mehr zu einem geplanten Gespräch*“ (S. 275, kursiv im Original).

Unter den Quellen, die Garfield als Beweise für seine Behauptungen heranzieht, sind zehn repräsentative Untersuchungen an psychiatrischen Kliniken und ein Bericht, der vom National Center for Health Statistics 1966 veröffentlicht wurde. Unter den von Garfield benutzten repräsentativen Untersuchungen waren nur drei von zehn, die an Kliniken durchgeführt worden waren, in denen die durchschnittliche

Dauer der Behandlung mehr als sechs Gespräche ausmachte. Der Bericht ergab, daß fast eine Million Amerikaner während einer zwölfmonatigen Periode von Juli 1963 bis Juni 1964 einen Psychiater konsultierten mit durchschnittlich fünf Besuchen pro Person. Garfield bemerkt außerdem, daß es „aufgrund des begrenzten Beweismaterials den Anschein hat, daß diejenigen, die eine Therapie frühzeitig beenden, selten an anderer Stelle Hilfe suchen“ (S. 275).

Fowler kommt zu ähnlichen Schlüssen in bezug auf die Länge der Behandlung in „Einzelhilfe- und Beratungseinrichtungen“: Der Prozentsatz der nicht zu einem zweiten Gespräch kommenden Klienten (15–66 %) pendelt sich auf etwa 33 % ein. Etwa 33 % der akzeptierten Klienten scheiden nach zwei oder drei Gesprächen aus, und ungefähr 33 % haben vier oder mehr Interviews“ (S. 271).

Diese Schätzungen kommen den Daten sehr nahe, die die Family Service Association of America über die Beendigung von Einzelhilfe in Familienberatungsstellen mitteilt. Die Daten sind von besonderem Interesse, da sie sich ausschließlich auf Soziale Einzelhilfe beziehen und auf den Statistiken mehrerer hundert Einrichtungen basieren. Im Jahre 1969 berichtete die FSAA, daß in ihren typischen (mittleren) Einrichtungen 72 % der Familien, die in Einzelgesprächen betreut wurden, die Behandlung noch vor dem sechsten Treffen beendeten.

Derartig unterschiedliche Quellen sind sehr schwer auf einen Nenner zu bringen, da ihren Berichten abweichende Definitionen von „Ausfällen“, „Behandlung“ und so weiter zugrunde liegen. Einige Verallgemeinerungen sind jedoch möglich. Setzt man Gespräche in Zeiteinheiten um, kann man fairerweise sagen, daß die Mehrzahl der Menschen, die bei sozialen und psychologischen Fragen professionelle Hilfe sucht – wahrscheinlich sogar die große Mehrheit – nicht länger als drei Monate aktiv an einer interpersonalen Behandlung beteiligt ist. Man ist es gewöhnt, daß die Ergebnisse von Berichten über Behandlungsfortsetzung mit Sorge, wenn nicht gar mit Bestürzung verfolgt werden. Der festgestellte Abschluß einer Behandlung wird vielfach als ein verfrühtes Ausscheiden aus der Behandlung bezeichnet, in

der noch nicht viel erreicht wurde. Diese Interpretation basiert auf der Vorstellung, daß ein beachtliches Maß an Zeit nötig ist, wenn interpersonale Behandlung wirksam sein soll. Eiduson vertritt den vorherrschenden Standpunkt, wenn sie von dem „erschreckend großen Problem der Ausfälle“ spricht, das nach ihrer Meinung ein „akutes Zurückweichen vor der Hilfe“ signalisiert (S. 919).
Man kann die Untersuchungsergebnisse über die Behandlungsdauer aber auch anders interpretieren. Daß die meisten Menschen früh aus einer Behandlung wieder ausscheiden, kann als Ergebnis eines natürlichen, raschen Prozeßverlaufs gesehen werden, durch den das Unbehagen, das zum Hilfeersuchen führte, gemildert wird. Man hat oft gesagt, daß den „Ausscheidenden“ die Motivation für anhaltende Hilfe fehlt. Wir stimmen dieser etwas tautologischen Behauptung durchaus zu, meinen aber, daß der Grund für den Mangel an Motivation in Problemveränderungen liegen kann, die zeitlich zwischen der Bitte um Hilfe und der Beendigung des Kontaktes mit der sozialen Einrichtung stattfanden. Diese Deutung wird durch die Ergebnisse von Nachuntersuchungen gestützt, die bei Klienten durchgeführt wurden, die nach nur wenigen Gesprächen die Behandlung beendeten. In einer Untersuchung von 166 Kurzkontaktfällen zum Beispiel, die noch drei bis sechs Monate nach der Beendigung weiterverfolgt wurden, stellte Kogan fest, die Mehrheit der Klienten berichte, daß sich ihre ursprünglichen Probleme zumindest teilweise gelöst hätten.
Betrachten wir nun eine weitere Art von Hinweisen: Wenn die wesentlichen Veränderungen hinsichtlich psychologischer Probleme in kurzer Zeit vor sich gehen, kann man bestimmte Resultate erwarten, wenn man Behandlungsergebnisse bei bestimmten Problemen, an denen nur wenige Monate gearbeitet wurde, mit Ergebnissen vergleicht, in denen vergleichbare Fragen über einen längeren Zeitraum hinweg Gegenstand der Behandlung waren. Man sollte nämlich meinen, daß die an einer kurzen Behandlung Beteiligten eine mindestens genauso starke Problemminderung erfahren wie diejenigen, die länger behandelt werden. Es liegen nur von wenigen Versuchen dieser Art Berichte

vor, aber alle – es sind uns keine Ausnahmen bekannt – haben Ergebnisse, die dieser Erwartung voll entsprechen.

In einer sich über vier Jahre erstreckenden Untersuchung, über die Reid und Shyne berichten, wurden zum Beispiel bei 120 Familien, die wegen zumeist chronischer Probleme in den Beziehungen ihrer Mitglieder soziale Einrichtungen aufgesucht hatten, zwei Behandlungsarten durchgeführt: einmal eine geplante Kurzzeiteinzelhilfe, die auf acht Gespräche innerhalb von drei bis vier Monaten beschränkt war, und zum anderen Langzeiteinzelhilfe ohne vorausbestimmten Abschlußtermin. Im Kurzzeitprogramm wurde die Hilfe fast einheitlich innerhalb der vorgesehenen Grenzen beendet, während Familien, die eine Langzeitbetreuung erhielten, im Durchschnitt doppelt so lange Hilfe in Anspruch nahmen. Die Daten über die Ergebnisse, die bei Abschluß der Fälle erzielt worden waren, bestanden aus der Beurteilung der Klienten selbst, aus Einstufungen durch Wissenschaftler, die die Klienten befragten, und sie wurden durch unabhängige Prüfer ermittelt, die die Tonbänder der wissenschaftlichen Interviewer auswerteten. Schließlich wurden noch die Beurteilungen der Behandelnden selbst gewertet, die alle erfahrene, in der Einzelhilfe voll ausgebildete Sozialarbeiter waren. Die Bewertung erstreckte sich nicht nur auf Veränderungen der familiären Probleme, sondern auch auf Modifizierungen in psychologischer Hinsicht und im Sozialverhalten. Die Ergebnisse aus den verschiedenen Datenquellen waren sehr einheitlich. Bei unterschiedlichen Schlüsselmaßstäben für Problem- und individuelle Veränderung waren bei den Klienten, die die kürzere Behandlung erhalten hatten, entscheidend mehr Veränderungen eingetreten, als bei denen, mit denen länger gearbeitet worden war. Es gab keine gegenteiligen Ergebnisse. Bei keinem der fast einhundert angelegten Vergleichsmaßstäbe waren bei Klienten mit längerer Behandlungszeit wesentlich bessere Ergebnisse erzielt worden. Diese Resultate lassen vielerlei Schlüsse zu, der folgende ist jedoch für unsere Argumentation entscheidend: Die längere Frist, die den Klienten in der Langzeitbehandlung zur Verfügung stand, versetzte sie nicht in die

Lage, in irgendeiner Weise größere Veränderungen zu erzielen, als dies bei den Kurzzeitklienten in sehr viel kürzerer Zeit möglich war. Die Veränderungskurve, die man aufgrund der Gesamtergebnisse zeichnen könnte, würde ein starkes Ansteigen beim Einsetzen der problemlösenden Bemühungen der Klienten zeigen und danach eine Abwärtsbewegung innerhalb weniger Monate.

Ergebnisse anderer experimenteller oder experimentähnlicher Untersuchungen in diesem Bereich, z. B. von Phillips und Johnston, Blenkner, Muench und Schlien, lassen die gleichen Schlüsse zu. Bei jeder dieser Untersuchungen (über die Reid und Shyne ausführlicher berichteten) erzielten die Klienten und Patienten, die eine geplante Kurzbehandlung erhielten, ebenso gute oder auch bessere Ergebnisse wie die andere Gruppe, die länger behandelt wurde.

Nichtvergleichende Untersuchungen über die Kurzbehandlung (Murray und Smitson, Avnet, Bellak und Small, Kaffman, Hare, Gottschalk, Meyerson und Gottlieb, Parad und Parad, b, Shaw, Blumenfeld und Senf, Uhlenhuth und Duncan stützen weitgehend die Annahme, daß die Milderung von Lebensschwierigkeiten meistens ein schneller und kein langsam verlaufender Prozeß ist. Diese Untersuchungen befaßten sich insgesamt mit den Ergebnissen, die bei über 4 000 einzelnen und Familien erzielt wurden, die kurze, zeitlich begrenzte Einzelhilfe und Psychotherapie wegen psychologischer und zwischenmenschlicher Probleme erhielten, wie sie bei sozialen Einrichtungen und Kliniken von Erwachsenen vorgebracht werden. Die Behandlung umfaßte bei der großen Mehrzahl der Fälle weniger als fünfzehn Gespräche und dauerte, soweit man dies feststellen konnte, keine vier Monate. Wenn auch die Maßstäbe, die zur Ermittlung der Veränderungen angelegt wurden, häufig grob und schwer miteinander zu vergleichen waren, so lag der Gesamtanteil der als „gebessert" eingestuften Fälle bei 70 %, also günstig im Vergleich zu den Ergebnissen, die von Langzeitbehandlung berichtet werden (Eysenck, Bergin). Nach der Behandlung durchgeführte Überprüfungen, die in den meisten dieser Untersuchungen noch vorgenommen wurden, deuten ebenso wie die oben zitierten vergleichenden Untersuchungen darauf hin, daß Veränderungen, die durch eine kurze Behandlung erzielt wurden, relativ stabil sind. Außerdem lassen diese Untersuchungsergebnisse den Schluß zu, daß nur ein verhältnismäßig kleiner Teil von Menschen, die eine kurze Behandlung erhalten, sich nach deren Abschluß um eine längerfristige Form der Hilfe bemühen.

Eine dieser Untersuchungen ist von besonderem Interesse (Uhlenhuth und Duncan), weil sie Daten über Veränderungen der Patienten im Verlauf der Kurzbehandlung und präzisere Maßstäbe enthält, als man sie gewöhnlich im Hinblick auf Umfang und Richtung der Veränderung findet: Patienten (n = 128) hatten sich wegen emotionaler Probleme wie Angst und Depression, die zumeist durch zwischenmenschliche Schwierigkeiten ausgelöst wurden, an eine ambulante Einrichtung gewandt. Die Patienten füllten in den Pausen zwischen den Gesprächen Symptomkontrollbögen aus. Gegen Ende der Behandlung, die durchschnittlich sechs Interviews in einwöchentlichen Abständen umfaßte, empfanden 72 % der Patienten eine gewisse Erleichterung. Für die Gruppe als Ganzes nahm die Veränderung des Leidensdrucks die Form einer Abwärtskurve an, wobei die größte Erleichterung zwischen der ersten und zweiten Woche empfunden wurde. Diese Ergebnisse, die auf etwa sechs im Verlauf der Zeit wiederholten Messungen beruhen, sprechen sehr stark dafür, daß homöostatische Mechanismen schnell und beständig wirksam waren, um das emotionale Gleichgewicht wiederherzustellen. Gegen Ende der Behandlung betrug die Gesamtminderung des symptomatischen Kummers 22 %. Wir möchten behaupten, daß eine solche Reduzierung der Belastung ausreichend ist, den Betreffenden wieder in einen Zustand der Ausgeglichenheit zu versetzen, oder zumindest seine Motivation, weitere Hilfe zu suchen, zu eliminieren. Die Messungen bezogen sich zwar weitgehend auf das vom Patienten empfundene Unbehagen, es ist jedoch nach unserer Meinung genau dieses Empfinden, das primär den motivierenden Anstoß zur Behandlung auslöst. Da es sich bei den Therapeuten um Medizinstudenten ohne intensive Ausbildung oder große Erfahrung auf dem Gebiet der Psychotherapie handelte, ist es unwahrscheinlich, daß die Veränderungen das Ergebnis außergewöhnlichen therapeutischen Geschicks waren.

Aufgrund dieser Unterlagen, mit denen wir uns eingehend befaßten, plädierte man für die Kurzbehandlung als Standardform der Behandlung (Phillips und Wiener, Parad und Parad, b, Reid, c). Grundlage der Argumentation ist die pragmatische Erkenntnis, daß eine kurze Behandlung wirksamer zu sein scheint als eine längere, weil dabei mit geringeren Mitteln vergleichbare Ergebnisse erzielt werden. Die Anwendung von Methoden der Kurzbehandlung im großen Maßstab wird durch praktische Erfahrungen hervorragend gerechtfertigt, die Forschungsergebnisse, die wir überprüften, stützen jedoch außerdem eine Theorie der Veränderung, mit der sich erklären läßt, warum die kurze Behandlung die wirksamere Methode sein kann.

Wir gehen davon aus, daß mehrere Tausende von Patienten und Klienten, die in den Projekten behandelt wurden, den typischen Klienten der Sozialen Einzelhilfe eher ähneln, als daß sie sich von ihnen unterscheiden. In den meisten Untersuchungen wurde die Anzahl der Fälle durch bestimmte Auswahlkriterien beeinflußt, aber diese Kriterien schienen angewendet worden zu sein, um eine Minderheit von Fällen auszuklammern, für die man eine Kurzbehandlung nicht für angemessen hielt, nicht aber, um eine kleine Anzahl von Fällen auszuwählen, die man für besonders geeignet für diese Methode hielt. Überdies zeigte sich, daß die Untersuchungsergebnisse, bei denen keine Auswahlkriterien angewendet wurden, ähnliche Gesamtergebnisse erbrachten wie die, bei denen es der Fall war.

Nimmt man nun an, daß die berichteten Veränderungen eine Wirkung der angewandten therapeutischen Maßnahmen waren, so ergibt sich ein starkes Argument für die Kurzbehandlung. Diese Annahme ist jedoch dann unrealistisch, wenn man bedenkt, was allgemein über die Effektivität interpersonaler Behandlung bekannt ist. Es ist sinnvoller anzunehmen, daß die Behandlung in einem nicht näher bestimmten Maß zum natürlichen Prozeß der Veränderung beiträgt. Die vorliegenden Daten können dann so interpretiert werden, daß in den meisten Fällen eine Problemminderung innerhalb der relativ kurzen Zeitspanne stattfand, die sich aus unserer Theorie ergab, daß die Erleichterung meistens von Dauer war und ausreichend schien, um das Bedürfnis, weitere Hilfe zu suchen, zu beseitigen.

Wir wissen nicht sicher, auf welche Art von und auf welches Ausmaß an Problemen diese Formulierungen anwendbar sind, müssen aber einen Punkt ständig im Auge behalten: Wir sprechen von Problemen, wie sie der Klient selbst versteht, und nicht von Problemdefinitionen, die der Kliniker gibt. Die erwähnten Untersuchungen ergeben daher, daß die meisten Klienten, die mit Schwierigkeiten intrapsychischer oder zwischenmenschlicher Ursache zu uns kommen, auf die eine oder andere Weise innerhalb kurzer Zeit Erleichterung finden.

Einen letzten Beweis liefern uns Untersuchungen über Behandlungen ohne einen vorher festgelegten zeitlichen Abschluß. Wenn Probleme sich schnell und in positiver Richtung verändern, sollte man erwarten, daß bei einer Langzeitbehandlung der größte Teil einer Entwicklung zum Besseren verhältnismäßig früh vor sich geht. Es gibt tatsächlich Beweise, daß dies so ist. In ihrer ausführlichen Übersicht über psychotherapeutische Forschung sagen Meltzoff und Kornreich, daß „Psychotherapie, wenn sie erfolgreich ist, ihre Hauptfortschritte relativ früh erzielt“ (S. 357). Auf der Grundlage einer Nachuntersuchung von 131 ambulanten Patienten stellen Strupp, Fox und Lessler fest, daß „die Patienten die therapeutische Veränderung dort, wo sie stattfand, ziemlich bald nach Beginn der Behandlung und als offenbar dauerhaft empfanden“ (S. 91). Sacks, Bradley und Beck untersuchten den Fortschritt bei Klienten, mit denen kein Abschlußtermin vereinbart war, nach nur fünf Gesprächen in einer Familienberatungsstelle. Ihre Auswertung von detaillierten Einschätzungen durch Sozialarbeiter und Klienten ließ sie schließen, daß es „wesentliche und beständige Beweise für einen Fortschritt in der Problembewältigung und im Verhalten während der ersten fünf Gespräche bei ungefähr der Hälfte der Fälle gab" (S. 84). In nur einem von zehn Fällen ging die Veränderung in eine negative Richtung.

Fassen wir also zusammen: Während es an Untersuchungen über Problemveränderung mangelt, die frei von Behandlungsauswirkungen ist, deuten die Untersuchungsergebnisse von Veränderungen bei einzelnen und Familien im Zusammenhang mit einer Behandlung darauf hin, daß in der Mehrheit der Fälle eine Problemerleichterung ziemlich bald nach dem Auftreten der Schwierigkeit einsetzt. Das bedeutet natürlich nicht, daß alle von Klienten empfundenen Probleme diesem Muster folgen. Unser zentrales Argument ist, daß das größte Maß an Problemveränderung im allgemeinen früh eintritt und meistens ausreicht, ein Gleichgewicht herzustellen und dem Klienten den Anreiz zu nehmen, auf weitere Veränderung hinzuarbeiten.

Diese Überlegungen brachten uns dazu, Soziale Einzelhilfe als anregend, beschleunigend und ergänzend im Hinblick auf jene Art von Prozessen zu sehen, die im allgemeinen eine Problemveränderung charakterisieren. Mit nur wenigen Ausnahmen ist der Erfolg der Einzelhilfeintervention vom Vorhandensein dieser Prozesse ähnlich abhängig, wie die ärztliche Behandlung von den regenerierenden Kräften des Körpers und die Pädagogik von der Lernfähigkeit des Schülers. Wenn der Drang zur Veränderung nur kurz anhält, ist die maximale Effektivität der Einzelhilfeintervention von ähnlich kurzer Dauer.

Es gibt Klienten, die in einer Einzelhilfebeziehung bleiben, auch nachdem eine entlastende Problemveränderung und damit eine verminderte Wirksamkeit der Behandlung eintrat. Es kann sich dabei um eine gewisse Motivation des Klienten zur Bearbeitung größerer Probleme handeln. Der Sozialarbeiter stellt vielleicht in Aussicht, daß noch viel mehr erreicht werden kann, wenn der Klient durchhält, und unter Umständen gibt die Beziehung selbst beiden, dem Sozialarbeiter und dem Klienten, eine gewisse psychologische Befriedigung. Es sind auch Situationen denkbar, in denen das Interesse an einer Veränderung über längere Zeit hinweg lebendig gehalten werden kann. Vielleicht handelt es sich dabei um den gelegentlich vorkommenden

Langzeitfall, an den sich jeder von uns, der einmal in der Einzelhilfe tätig war, stolz und befriedigt erinnert. Vielleicht ist es diese Genugtuung, die wir bei solchen Fällen empfinden, die uns die weitaus größere Anzahl von Fällen übersehen läßt, bei denen eine verlängerte Behandlung zu keinem weiteren Fortschritt führte und bei denen wir die Tatsache ignorierten, daß eine Behandlung, die über den Punkt der Problemerleichterung hinaus fortgeführt wird, meist Nachteile mit sich bringt: erfolglose Bemühungen von Sozialarbeiter und Klient, Unzufriedenheit des Klienten und das Gefühl des Versagens, nicht zu bewältigende Übertragungsprobleme und fragwürdige Abhängigkeiten. Wir neigen außerdem dazu, an der Realität vorbeizusehen, daß es nämlich das Streben des Klienten nach Veränderung ist, das dem Sozialarbeiter ermöglicht, neue Erkenntnisse und Handlungen anzuregen. Wenn dieses Bestreben erlischt, erschöpft sich das technische Repertoire des Sozialarbeiters rasch, und er stellt fest, daß er sich dem Klienten gegenüber mit seinen Interpretationen, Zusicherungen und Ratschlägen wiederholt. Vielleicht ist dies der Grund dafür, daß es in einer der erwähnten Untersuchungen den Auswertenden unmöglich war, zwischen frühen und späten Gesprächen bei Langzeitbehandlungen zu unterscheiden (Reid und Shyne).

Die Dauer einer Behandlung läßt sich natürlich auch dann kurz halten, wenn man keine Grenzen setzt, die von vielen als willkürlich und hemmend empfunden werden. Wozu sind diese Grenzen gut, und wenn wir sie schon haben müssen, wie können wir am sinnvollsten Gebrauch von ihnen machen? Die Hauptaufgabe, die ihnen in unserem Behandlungssystem und vielleicht in der Kurzbehandlung allgemein, zufällt, besteht darin, daß sie eine Handhabe zur Regulierung der Dauer von Behandlungsbeziehungen bieten, die keine natürlichen Schlußpunkte haben. Selbst wenn Kurzzeitbehandlung auf verhältnismäßig spezifische Ziele gerichtet ist, kann man häufig nur schwer feststellen, wann diese Ziele in einem befriedigenden Umfang erreicht wurden, ganz besonders dann, wenn die Probleme zwischenmenschliche Konflikte oder Rollenausübung betreffen. Die Versuchung ist immer groß, den Klienten noch ein Stück weiterbringen zu wollen.

Eine Begrenzung der Dauer hat noch andere Vorteile: Sie zwingt zur Konzentration der Bemühungen auf erreichbare Ziele, führt zu besserer Einteilung der zur Verfügung stehenden Zeit und stimuliert den Behandelnden und den Klienten zu größerer Anstrengung. Für die empirische Untermauerung des zuletzt genannten Vorteils haben Goldstein, Heller und Sechrest umfangreiche Versuche gemacht, um wissenschaftlich fundierte Hypothesen für die Therapie zu entwikkeln. Sie sind der Meinung, daß das Setzen von Zeitgrenzen einen „zeitlichen Zielgradienten" in die Behandlungsbeziehung einbringt. Entsprechende Untersuchungen ergaben, daß sich die Leistung eines Menschen steigert, wenn ein vorauszusehender Endpunkt näherkommt. Die oben genannten Forscher folgern, daß „die Wirkung eines zu erwartenden Endpunktes in einer Steigerung der Anstrengungen von Patient und Therapeut bestehen sollte, das therapeutische Ziel, das heißt die Veränderung des Patienten, zu erreichen" (S. 281).

Abschließend muß noch gesagt werden: Die Anwendung von Zeitgrenzen als Standardmethode zur Kontrolle der Behandlungsdauer verhindert nicht das Angebot einer Langzeitbehandlung an Klienten, die eine Kurzbehandlung beendeten und zum Weitermachen motiviert sind. Wenn von Anfang an eine zeitliche Begrenzung festgelegt wurde und die Behandlung mit der ständigen Erwartung durchgeführt wird, daß sie, abgesehen vielleicht von einigen Korrekturen, eingehalten wird, so beweist das dazu vorhandene Material, daß nur wenige Klienten für eine Langzeitbehandlung optieren. Wir können also durch eine solche Festlegung die wenigen Klienten ermitteln, die willens und fähig sind, ausgedehntere Hilfe in Anspruch zu nehmen, ohne daß dadurch die Gesamtzahl der Fälle über den optimalen Endpunkt hinaus in die Länge gezogen würde.

5 Die Aufgabe des Klienten

Ein Mensch, der in seinem Leben mit Schwierigkeiten konfrontiert wird, kann darauf verschieden reagieren: Vielleicht tut er einfach gar nichts und wartet darauf, daß die Zeit ihre berühmte heilende Wirkung ausübt; oder er verschärft die Probleme, wenn er sich zum Beispiel in einen zwischenmenschlichen Konflikt immer mehr hineinsteigert. Eine Schwierigkeit kann auch so überwältigen, daß sie einen allgemeinen Zusammenbruch auslöst. Die meisten Menschen aber beginnen früher oder später, konstruktiv zu handeln, um ihre Probleme zu lösen: Eheleute sind des Streitens müde und suchen nach einem Kompromiß, ein schüchterner Mann zwingt sich dazu, Frauen gegenüber die Initiative zu ergreifen, ein deprimierter Mensch spricht sich mit einem Freund aus, ein Vater besinnt sich auf seine Pflichten und beginnt, seinen Kindern mehr Zeit zu widmen. Solche Versuche, Probleme zu bewältigen, kann man als natürliches Verhalten ansehen, durch das Menschen sich selbst Aufgaben stellen, um ihrer Schwierigkeiten Herr zu werden. Ihre Ausführung ist nicht leicht und nur selten von einem vollen Erfolg gekrönt, sie sind jedoch in der turbulenten sozialen Umwelt des Durchschnittsmenschen eine Voraussetzung zum Überleben. Unser Behandlungssystem ist auf dieser Art der konstruktiven Reaktion auf Lebensprobleme aufgebaut. Auf weite Strekken ist das Modell der Versuch, die natürlichen Fähigkeiten des einzelnen zu stärken, sich in schwierigen Situationen Aufgaben zu stellen und sie zu lösen.

Der Gebrauch des Begriffes „Aufgabe" zur Beschreibung menschlicher Reaktionen auf schwierige Lebenssituationen ist nicht neu. Bei ihrem Versuch, seine Verwendung in der Sozialarbeit zu beschreiben, stellt Bartlett fest: „Das Aufgabenkonzept (ist) geeignet, die Anforderungen zu beschreiben, die sich in verschiedenen Lebenssituationen an die Menschen stellen. Diese ergeben sich aus dem täglichen Leben, zum Beispiel Aufwachsen in einer Familie, Lernen in der Schule, Eintritt in die Arbeitswelt, Unterhalt einer eigenen Familie, und auch aus allgemeinen traumatischen Lebenssituationen wie z. B. Tod eines Angehörigen, Trennung, Krankheit oder finanzielle Not" (S. 99). Rhona Rapoport, Lydia Rapoport und andere Krisentheoretiker benutzen den Begriff in ähnlicher Weise und beschreiben damit die Notwendigkeiten des Handelns, die in Krisensituationen gegeben sind. Wir verwenden die Bezeichnung „Aufgabe" als Verhaltensbegriff in einem etwas weiteren Sinne. Aufgaben sind bei uns nicht auf Übergangssituationen oder Krisen beschränkt, sondern betreffen allgemein die Bemühungen des einzelnen um die Lösung irgendeiner Lebensschwierigkeit.

„Aufgabe" als Behandlungsgerüst

Im Zusammenhang mit interpersonaler Behandlung bezieht sich der Begriff „Aufgabe" manchmal auf das Tun des Behandelnden, manchmal auf das des Klienten und manchmal auf das von beiden. Schwartz und Sample betrachten das, was der Sozialarbeiter tut, als eine Reihe von Aufgaben. Studt faßt die Aufgabe als das „gemeinsame Ziel von Sozialarbeiter und Klient" auf und sieht „unterschiedliche Arten von Unteraufgaben für jeden von ihnen". Studt folgert, daß „man keine andere Wahl hat, als den Zielen des Klienten Priorität einzuräumen, wenn man die Aufgaben und die Unteraufgaben definiert, und zu erkennen, daß es Aufgabe des Sozialarbeiters ist, eine gemeinsame Basis zu errichten, auf der sich seine professionellen Ziele verwirklichen lassen, indem der Klient seine eigenen verfolgt" (S. 24).

Studts Auffassung von „Aufgabe" kommt der unseren sehr nahe. Der Hauptunterschied ist, daß wir den Gebrauch des Ausdrucks auf die

Ziele und Handlungen des Klienten beschränken. In unserem Sprachgebrauch ist eine Aufgabe das, was der Klient willens ist zu versuchen, um an einem Problem zu arbeiten. Für gewöhnlich läßt sich die Aufgabe eines Klienten in einem einzigen Satz ausdrücken: Frau Allen soll sich um ein besseres Verständnis für das Verhalten ihres Kindes bemühen; Herr Cardo soll eine Arbeit annehmen, mit der er sich und seine Familie ernähren kann; Henry soll Vereinbarungen mit seiner Schule treffen, die es ihm ermöglichen, während seines Krankenhausaufenthaltes weiter zu lernen. Gleichzeitig oder nacheinander können mehrere Aufgaben in Angriff genommen werden. Bei der Arbeit mit Paaren und Familien kann es sich um gegenseitige oder gemeinsame Aufgaben handeln.

Diese Konstruktion ist aus mehreren Gründen für unser Behandlungssystem gut geeignet. Am wichtigsten ist dabei, daß sie theoretisch ein Bindeglied zwischen dem Problem des Klienten und der Intervention des Sozialarbeiters herstellt. Von der Definition her ist ein Zielproblem etwas, an dem der Klient entweder selbständig und direkt arbeiten kann oder indirekt über den Sozialarbeiter. Außerdem sind nach unserem Verständnis die Aktionen des Klienten das zentrale Mittel zur Problemveränderung. Es ist daher wesentlich, daß man mit dem Klienten zusammen definiert, welcher Handlungsablauf am wirkungsvollsten sein könnte, um sein Problem zu lösen. Die Behandlungsstrategie des Sozialarbeiters ist dann darauf ausgerichtet, dem Klienten bei der Durchführung der vereinbarten Aktionen, die als „Aufgabe“ bezeichnet werden, zu helfen.

Das trägt dazu bei, daß der Sozialarbeiter seine Intervention auf ein spezifisches Ziel konzentriert, was bei der geplanten Kurzzeitbehandlung von entscheidender Bedeutung ist. Dem Klienten vermittelt unsere Konzeption ein Gefühl der Selbstbestimmung bei der Problemlösung. Die Aufgabe wurde zwar vielleicht mit Hilfe des Sozialarbeiters formuliert, sie manifestiert jedoch ein Handeln, das für den Klienten sinnvoll ist und das er selbst durchzuführen hat. Er kann dabei die Hilfe des Sozialarbeiters intensiv in Anspruch nehmen, sie dient jedoch nur dazu, seine eigenen Ziele zu verwirklichen. Schließlich bekommt der Klient eine klare Vorstellung von den Zielen und Strategien der Behandlung und von seiner eigenen Rolle, die er dabei spielt. Das ist von besonderem Vorteil bei Klienten, die Sinn und Zweck der Sozialen Einzelhilfe nicht so leicht begreifen. Die Aufgabe, die Klient und Sozialarbeiter formulieren, legt fest, was zu tun ist, und die Intervention des Sozialarbeiters bezieht sich ausdrücklich auf die Unterstützung, die er dabei leistet.

Die allgemeine Nützlichkeit der Aufgabe als Behandlungsgerüst wird an Studts Arbeit mit erwachsenen Straffälligen deutlich. Ihr Kommentar dazu ist allgemein übertragbar:

„Da die Frage, welches die Aufgabe des Klienten sei, Priorität erhielt, hatten wir einen Prüfstein, mit dessen Hilfe wir zwischen professioneller Hilfe für einen *Klienten* und dem wohlwollenden Aufdrängen von Werten und Perspektiven eines Experten dem *Hilfeempfänger* gegenüber unterscheiden konnten. Die Würde des Klienten und seine rechtmäßige Stellung als primär Handelnder bei der Aufgabenerfüllung wurde theoretisch und praktisch wiederhergestellt. Im zugrundeliegenden begrifflichen Rahmen wurde die Tatsache ausdrücklich anerkannt, daß nur der Klient selbst Aufgaben lösen kann, die seine spezifische Situation und das Lebensstadium, in dem er sich befindet, erfordern. Außerdem wurde die sekundäre und indirekte Eigenart des ‚Helfens' richtig betont und damit die natürliche menschliche Tendenz korrigiert, daß der Experte seine eigenen Maßstäbe für fundierter und weiser hält, als die des Klienten. Und schließlich erwies sich, daß diese Auffassung eine heilsame Wirkung auf unsere eigene Vorstellung vom professionellen Helfer ausübte. An die Stelle der etwas arroganten und wenig flexiblen Annahme, es bestehe ein direkter kausaler Zusammenhang zwischen spezifischem professionellem Handeln und Änderungen im Leben des Klienten trat bescheidene Erwartung in bezug auf das, was durch professionellen Eingriff in natürliche Lebensläufe erreicht werden kann" (S. 42).

Wir gehen, wie die meisten Befürworter von Kurzzeitmethoden, davon aus, daß die Fortschritte, die Klienten in einer kurzen, zeitlich begrenzten Behandlung machen, als Stimulans für weitere konstruktive Veränderungen nach Beendigung der Behandlung dienen können. Die Konzentration der Behandlungsbemühungen auf die Aufgabenerfüllung des Klienten kann solche Nachwirkungen verstärken. Löst der Klient die vereinbarten Aufgaben oder legt er wenigstens wesentliche Schritte auf dem Wege dahin zurück, dann hat er sich selbst bewiesen, daß er in der Lage ist, Veränderung zu bewirken, und hat vielleicht auch gemerkt, wie sie am besten herbeigeführt werden kann.

Man fragt uns häufig, wie sich die Vorstellung von der „Aufgabe" zur allgemein gebräuchlichen Auffassung von Behandlungszielen verhält. Bei unseren Formulierungen bezieht sich „Aufgabe" sowohl auf die Mittel als auch auf die Ziele. Man kann jedes Ereignis durch eine solche Doppellinse betrachten. Sehen wir etwas als zukünftiges Stadium, das wir anstreben, dann wird es zum Ziel. Wir können es aber auch als Mittel betrachten, um ein weiteres künftiges Stadium zu erreichen. Dabei greifen wir auf die Vorstellung einer „Mittel-Ziel-Kette" zurück (H. A. Simon). Ob man ein Ereignis als Ziel oder als Instrument bezeichnet, hängt ausschließlich davon ab, wie es ausgelegt wird.

Nehmen wir einmal an, die Aufgabe einer Klientin besteht darin, sich aus dem Haushalt ihrer Mutter zurückzuziehen. Ihr Weggang kann dann zum unmittelbaren und beherrschenden Ziel der Behandlung werden. Gleichzeitig kann die Durchführung dieser Aufgabe das Mittel dazu sein, ein Problem des zwischenmenschlichen Konflikts zwischen Mutter und Tochter zu lösen. Man könnte nun sagen, es sei das Ziel der Behandlung gewesen, der Klientin beim Auszug aus der mütterlichen Wohnung zu helfen. Dabei würde jedoch die Tatsache ignoriert, daß dieser Wegzug auch ein Mittel zur Erreichung eines anderen Zieles war, nämlich dem, den zwischenmenschlichen Konflikt zu mildern. Sagt man jedoch, daß die Durchführung der Trennung nur ein Mittel war, dieses Problem zu lösen, dann läßt man die Tatsache unberücksichtigt, daß dies etwas ist, was erreicht werden soll, also ein Ziel. Die Aufgabenkonstruktion ermöglicht die Spezifizierung und Bestimmung entscheidender Klientenaktionen, deren Durchführung man als wesentliches Ziel der Behandlung betrachten kann, die aber auch als wichtigstes Mittel zur Erfüllung des übergeordneten Zieles der Problembeseitigung zu sehen ist.

Aufgabe und Zielproblem

Der Verlauf der Handlungen, wie sie vom Klienten gefordert werden, damit seine Probleme gelöst werden können, ergibt sich aus der Definition seiner Schwierigkeiten. Wird das Problem eines Klienten als mangelhafte Leistung am Arbeitsplatz bezeichnet, dann würde seine Aufgabe normalerweise mit einer Leistungsverbesserung zu tun haben. Problem und Aufgabe können selbstverständlich auf der gleichen Ebene verallgemeinert definiert werden. Die Schwierigkeiten eines Ehepaares könnten so als Konflikt in finanziellen Dingen bezeichnet werden, und es wäre seine Aufgabe, diesen Konflikt zu lösen. Geschähe dies, dann wäre der Unterschied zwischen Problem und Aufgabe im wesentlichen eine Formulierungsfrage. Die Aufgabenformulierung wäre dann gegenüber der Problemfeststellung nur ein geringer Fortschritt. Deshalb fordern wir, daß die Aufgabe spezifischer definiert wird als das Problem. Ist das Problem eines Ehepaares also der Konflikt im Hinblick auf finanzielle Angelegenheiten, dann könnte seine Aufgabe darin bestehen, gemeinsam einen Haushaltsplan auszuarbeiten.

Die spezifischen Probleme und Aufgaben sind zwar von Fall zu Fall verschieden, aber einige Verallgemeinerungen im Hinblick auf die Art der Aufgaben, die mit einer bestimmten Problemkategorie verknüpft sind, lassen sich herausarbeiten. Diese Verallgemeinerungen müssen zwar noch sehr viel weiter entwickelt werden, sie können jedoch bereits als nützliche Richtlinien dienen und für die weitere Arbeit am

Modell wertvoll sein. Aufgaben, die der Lösung von zwischenmenschlichen Konflikten dienen, sind vielleicht die komplexesten, da ja von der Definition her mindestens zwei Menschen am Problem beteiligt sind. Als allgemeine Regel gilt daher, daß auch an der Aufgabe oder den Aufgaben zwei Menschen arbeiten sollen. Wir wiesen bereits darauf hin (Kapitel 3), daß es ratsam ist, wenn bei einem Problem, dem *anscheinend* ein zwischenmenschlicher Konflikt zugrunde liegt, ein Partner nicht bereit ist, an der Behandlung teilzunehmen, das *Ziel*problem als Problem der Rollenerfüllung desjenigen Klienten zu definieren, der in Behandlung ist.

Aufgaben, an deren Erfüllung Konfliktpartner beteiligt sind, beinhalten, daß jeder sein Verhalten so ändert, daß es für den anderen leichter zu akzeptieren ist. In dem Ausmaß, in dem sie dazu in der Lage sind, sollte sich der Konflikt verringern. Solche Aufgaben können *gemeinsam* oder auch durch *wechselseitiges* Handeln durchgeführt werden. Eine gemeinsame Aufgabe erfordert eine enge Zusammenarbeit der Partner, die ein unmittelbares Ziel erreichen wollen: Man fordert sie zum Beispiel auf, eine Vereinbarung darüber auszuarbeiten, wie die Kinder erzogen werden sollen oder wie das Familieneinkommen eingeteilt werden soll. Wechselseitige Aufgaben sind miteinander verknüpft und werden zwischen den Partnern aufgeteilt. Ein Ehemann soll sich zum Beispiel bemühen, den Anweisungen, die seine Frau den Kindern gibt, nicht zu widersprechen, während die Frau versuchen soll, den Kindern gegenüber konsequenter zu sein (der Grund für die Einmischung des Mannes war ihre Inkonsequenz). Oder die Aufgabe eines Vaters besteht darin, seinem Sohn mehr Zeit zu widmen, während dieser sich bemühen soll, sich dem Vater gegenüber weniger provokativ zu verhalten. Die Aufgaben können so gestellt werden, daß sie während der Behandlungsgespräche oder außerhalb oder auch wechselnd auf beide Arten durchgeführt werden. Man kann sie auch so formulieren, daß man unter den normalen Lebensbedingungen an ihnen arbeitet, also in der Wohnung des Klienten, aber in Gegenwart des Sozialarbeiters. Die Aufgabe für ein Ehepaar kann etwa darin bestehen, eine bestimmte Streitfrage durch ein Gespräch zu klären, in dem provokative und irrelevante Aussagen, wie zum Beispiel Bemerkungen über die gegenseitigen „Persönlichkeitsprobleme“, vermieden werden. Das Paar kann an dieser Aufgabe zwar außerhalb des Behandlungsgesprächs arbeiten, die aktive Beteiligung des Sozialarbeiters ist jedoch möglicherweise erforderlich, damit Fortschritte erzielt werden. Die Aufgabe wird dann also hauptsächlich während des Gesprächs in Angriff genommen. Eine Aufgabe, bei der es sich um einen Konflikt der Eltern im Hinblick auf das Verhalten eines Kindes handelt, kann in einer Reihe von Zusammenkünften im Hause der Familie gelöst werden, wobei die *in-vivo*-Interaktionen zwischen den Eltern, die durch das Verhalten des Kindes ausgelöst werden, eine Rolle spielen.

Es gibt Familien, die ineinandergreifende Konfliktprobleme haben, an denen mehr als zwei Mitglieder beteiligt sind. So mißbilligen vielleicht Eltern das Verhalten einer heranwachsenden Tochter, während gleichzeitig ein Konflikt zwischen Mutter und Tochter vorhanden ist. Für eine solche Verzahnung von Schwierigkeiten kann man eine Reihe von wechselseitigen Aufgaben für jedes Familienmitglied ausarbeiten.

Bei Problemen, die aus Unzufriedenheit mit sozialen Beziehungen entstehen, sind im allgemeinen Aufgaben am Platze, die vom Klienten eine Modifizierung gewisser Verhaltensmuster in seinem sozialen Umgang erfordern. Häufig geht es dabei um für den Klienten neuartiges Verhalten, das mit gewissen Risiken verbunden ist. Die Aufgabe legt fest, welches Verhalten geübt werden soll. Herr Drew, zum Beispiel, dessen Problem die Einsamkeit ist, soll Initiativen ergreifen, um Freunde zu gewinnen, vielleicht indem er einem Klub beitritt. Man geht davon aus, daß ein großer Teil der Behandlung dazu dient, Hindernisse, die zumeist in der betreffenden Person liegen, zu beseitigen, weil sie den Klienten daran hindern, seine Unzufriedenheit zu bekämpfen. Die entsprechenden Aufgaben haben zwar seelische Aspekte, ihr Schwerpunkt liegt jedoch auf der Veränderung des äußeren Verhaltens. Man vermeidet also Aufgaben, die primär auf die Entdeckung der Gründe für die unbefriedigenden sozialen Beziehungen des Klienten ausgerichtet sind.

Schwierigkeiten, die Klienten mit Institutionen haben, treten in einer Vielzahl von Formen auf, aus denen sich zahlreiche Aufgabenmöglichkeiten ergeben. Häufig geht es darum, daß der Klient Schritte unternimmt, um bestimmte Leistungen oder Dienste zu erhalten. (Vermutlich hat sich der Klient bereits in der entsprechenden Richtung bemüht und ist dabei auf Schwierigkeiten gestoßen. Wäre dies nicht der Fall, dann fiele das Problem des Klienten nicht unter die Kategorie der inadäquaten Beziehungen zu Institutionen, sondern wäre eines der mangelhaften Versorgung.) Bei Aufgaben dieser Art müssen die weiteren Aktionen des Klienten häufig durch den Sozialarbeiter, der dem Klienten als Vermittler oder Anwalt dient, vorangetrieben werden. Obgleich sich so der Klient das Geschick und die Kenntnisse des Sozialarbeiters zunutze macht, bleibt es doch seine, des Klienten, Aufgabe. Eine ganz andere Art von Aufgabe ergibt sich aus Spannungen zwischen Institutionen und „stationären" Klienten, zum Beispiel Krankenhauspatienten, Heiminsassen oder Straffälligen mit Bewährung. Hier weicht das Verhalten des Klienten vielleicht von den Regeln oder Normen der Institution ab, oder die Institution setzt ein Verhalten voraus, das nicht den Wünschen des Klienten entspricht. Die Aufgabe des Klienten besteht in solchen Situationen zumeist darin, daß er sich um eine Verbesserung seiner Position der Institution gegenüber bemüht. Dazu kann die Änderung seines eigenen Verhaltens erforderlich sein, aber auch die Institution muß vielleicht nachgeben, wenn der Klient mit Hilfe des Sozialarbeiters versucht, den Standpunkt der Institution in bezug auf das Verhalten derer, die mit ihm zu tun haben, zu modifizieren. Um eine unerwünschte Versetzung zu vermeiden, muß sich ein Soldat vielleicht „zusammenreißen", unter Umständen muß jedoch der Kompaniechef gleichzeitig seine Meinung über diesen Soldaten, den er als „hoffnungslosen Trottel" einstufte, revidieren. Das einzige Problem eines jugendlichen Straffälligen kann die Einschränkung seiner Bewegungsfreiheit durch Bewährungsauflagen sein. Seine Aufgabe in der Kurzbehandlung würde darin bestehen, mit diesen Einschränkungen besser fertigzuwerden, sie könnte aber auch den Versuch einschließen, eine Änderung der Auflagen zu erreichen.

In jedem Fall orientiert sich die Initiative des Sozialarbeiters am Klienten, und er bemüht sich, seine Interessen in Verbindung mit der Institution wahrzunehmen. Es ist nicht Aufgabe des Sozialarbeiters, den Klienten zur Konformität mit den Forderungen der Institution zu bringen, wenn auch ein größeres Maß an Konformität ein Ergebnis der Bemühungen auf seiten des Klienten sein kann. Selbst wenn der Sozialarbeiter bei der Institution beschäftigt ist, mit der sein Klient Schwierigkeiten hat, sollte er sich eher als Vertreter des Klienten verstehen, denn als Schützer der Interessen seiner Institution.

Schwierigkeiten mit der Rollenerfüllung führen wahrscheinlich zu Aufgaben, die die Kluft zwischen den Erwartungen und dem tatsächlichen Verhalten eines Klienten überbrücken sollen. Die Aufgaben werden zwar im Sinne von Verhaltensbegriffen formuliert – ein Vater soll zum Beispiel mehr Zeit mit seinem Sohn verbringen –, sie müssen aber Erwartungen des Klienten an sich selbst berücksichtigen, da diese offensichtlich die Grenzen der Aufgaben bestimmen. Wenn sich eine Mutter ihrem Sohn gegenüber weniger dominierend verhalten soll, ist es wichtig zu klären, was sie für das erwünschte Verhalten hält, und es ist mit ihr zusammen zu überlegen, ob diese Erwartungen verändert werden sollten, um Fortschritte bei der Lösung der Aufgabe zu erzielen. Bereits an anderer Stelle dieses Buches haben wir über Aufgaben gesprochen, die mit der Rollenerfüllung zusammenhängen. Hier möchten wir nur auf Perlman (s. Literaturverzeichnis) hinweisen, die sich dem Thema der Formulierung und Durchführung von Aufgaben, mit dem Zielproblem Rollenerfüllung, besonders gewidmet hat.

Da bei Problemen des sozialen Übergangs der Kern in einer tatsächlich zu erwartenden oder möglichen Veränderung der sozialen Situation des Klienten liegt, geht es bei den hier in Frage kommenden Aufgaben darum, ob gewisse Maßnahmen getroffen werden sollen oder nicht, oder wie Veränderungen sonst bewältigt werden können. Muß sich der Klient für oder gegen eine potentielle Veränderung entscheiden, dann ist es seine Aufgabe, die entsprechende Wahl zu treffen. Die Aufgabe für ein unverheiratetes schwangeres Mädchen ist also zum Beispiel, zu entscheiden, ob sie ihr Kind behalten oder es abgeben soll. Eine Frau, die erfahren hat, daß ihr Mann sie verlassen will, hat die Aufgabe, zu überlegen, ob sie darum kämpfen will, daß er bleibt, oder ob sie eine befriedigende Möglichkeit finden kann, ohne ihn zu leben.

Hat sich der Klient bereits für eine bestimmte Veränderung entschieden oder hat er gar keine Wahl, dann besteht seine Aufgabe hauptsächlich darin, Pläne zu machen, wie die Dinge am besten geregelt werden können. Beispiele sind der Patient eines Krankenhauses oder der Heiminsasse, die nach Hause entlassen werden sollen. In anderen Situationen muß der Klient Aufgaben lösen, die mit bereits eingetretenen oder gerade stattfindenden Veränderungen zu tun haben. Eine Familie, die ihren Wohnort gewechselt hat, muß an Aufgaben arbeiten, die in Hilfen für die einzelnen Familienmitglieder bestehen, sich in die neue Umgebung befriedigend einzugewöhnen.

Wir wiesen bereits darauf hin, daß das Klassifizierungsschema der Probleme, das in diesem Modell verwendet wird, unvollkommen und nicht ohne Überschneidungen ist. Von der Einordnung des Problems hängt das Gebiet ab, auf dem die entsprechende Aufgabe zu suchen ist. Das große Maß an Zweifeln und Unsicherheiten, das mit der Situation gegeben ist, macht es erforderlich, daß sowohl der Klient als auch der Sozialarbeiter eine Entscheidung darüber treffen, welches Element im gesamten Problemgefüge dem Klienten zur Zeit am wichtigsten erscheint. Dabei müssen sie sich klar darüber sein, daß weder die Klassifizierung des Problems noch die Formulierung der Aufgabe unabänderlich ist. Bei Problemen emotionaler Belastung ergeben sich zusätzliche Fragen. Die meisten Klienten, die Schwierigkeiten des täglichen Lebens bewältigen müssen, machen sich Sorgen. Manchmal ist es schwer zu unterscheiden, ob der Klient vor allem Hilfe haben möchte, um seine Verzweiflung zu bekämpfen oder ob er an dem Problem arbeiten will, durch das sie ausgelöst wurde. Ist eindeutig klar, daß der Klient etwas gegen seinen Kummer tun möchte, dann besteht, allgemein gesprochen, seine Aufgabe darin, seine beunruhigenden Gefühle zu bekämpfen. Für bestimmte Arten des Kummers bilden die Zeit oder der Fortgang der Ereignisse die wesentlichen Faktoren der Veränderung, wenn es auch dem Klienten Erleichterung bringen mag, seine Gefühle überhaupt einmal auszusprechen. Wenn ein Klient über den Verlust eines lieben Menschen verzweifelt ist oder Angst vor einer bevorstehenden Operation hat, kann es seine spezifische Aufgabe sein, mit dem Sozialarbeiter über seine Gedanken und Gefühle zu sprechen. Im allgemeinen jedoch richtet sich die Aufmerksamkeit auf das, was der Klient darüber hinaus tun kann, um seine Sorgen zu verringern. Manchmal besteht die Aufgabe darin, daß er sich bemüht, ein bevorstehendes und gefürchtetes Ereignis und seine eigenen Reaktionen darauf besser zu verstehen. In anderen Fällen kann ein aktives Eingreifen in die Sorge bereitenden Ereignisse, soweit sie noch im Gange sind, angezeigt sein, oder Aktivitäten, die dem Klienten halfen, seine Gefühle auszudrücken und zu ordnen, können zur Grundlage seiner Aufgabe werden.

Probleme, die mit ungenügender materieller Versorgung zusammenhängen, führen in den meisten Fällen geradewegs zu Aufgaben, durch die die benötigten Mittel beschafft werden sollen. Ähnlich wie bei Aufgaben, die bei Problemen im Zusammenhang mit Institutionen gestellt werden, kann der Sozialarbeiter auch hier dem Klienten als Vermittler dienen und die benötigte Hilfe feststellen und beschaffen. Verfügen der Sozialarbeiter oder seine Dienststelle über das Erforderliche, kann der Klient seine Aufgabe dadurch erfüllen, daß er sich an der Erledigung der notwendigen Formalitäten beteiligt. In Kapitel 10 werden wir darauf hinweisen, daß der Klient diese Art von Aufgaben besser mit Hilfe von Verwaltungs- und Schreibkräften löst, als mit der des Sozialarbeiters. Dieser sollte sein Können sinnvoller bei

Aufgaben einsetzen, die durch größere Schwierigkeiten gekennzeichnet sind: Wenn zum Beispiel die erforderlichen Mittel nur schwer zu erlangen sind, wenn überhaupt fraglich ist, ob sie zur Verfügung stehen, oder wenn nicht klar ist, welche Art der Hilfe gewünscht wird, und in welchem Umfang sie der Klient erwartet.

Richtlinien für die Aufgabenstellung

Normalerweise ergibt sich die Aufgabe aus den problemlösenden Anstrengungen und Absichten des Klienten selbst. Aufgabe des Sozialarbeiters ist es, ihm zu helfen, den bestmöglichen Weg zur Beseitigung der Schwierigkeiten zu finden. Bei der Erfüllung dieser Funktion wird der Sozialarbeiter von bestimmten Kriterien geleitet, die wir im folgenden behandeln wollen.

Die Motivation des Klienten. Was der Klient im Hinblick auf sein Problem tun kann und wie sehr er dies will, sind die dualen Aspekte der Motivation (Ripple), die bei der aufgabenzentrierten Arbeit berücksichtigt werden müssen. Die Gestaltung der Aufgabe folgt im allgemeinen der Richtung und der Stärke der Motivation des Klienten. Wir gehen davon aus, daß die Motivation des Klienten der stärkste Faktor bei der Problemreduzierung ist und daher voll ausgeschöpft werden muß. Die stärkste empirische Stütze dieser Ansicht findet sich bei Ripple, die nachwies, daß Motivationsfaktoren sich besser für die Voraussage von Fallergebnissen eigneten als andere Faktoren, die untersucht wurden.

Man kann jedoch nicht vom Klienten erwarten, daß er sich sein eigenes Rezept schreibt. In manchen Fällen ist er nicht in der Lage, sich ein sinnvolles Vorgehen vorzustellen, in anderen schwankt er zwischen mehreren Möglichkeiten. Es gibt auch Klienten, deren Vorstellungen unrealistisch sind, oder deren Ziele Mittel zur Verwirklichung erfordern, die der Sozialarbeiter nicht beschaffen kann. Im allgemeinen lassen sein Wissen und seine Erfahrung den Sozialarbeiter die Art von

Aufgaben erkennen, die zur Lösung eines bestimmten Problems besonders erfolgversprechend sind, und die dem Klienten helfen, einen Weg einzuschlagen, der sicherer zum Ziele führt als alles, was er sich selbst zurechtgelegt hat. Der Beitrag des Sozialarbeiters kann bei Problemen zwischenmenschlicher Art besonders dann notwendig sein, wenn zunächst Widersprüche in der Motivation der Partner ausgeglichen werden müssen, und wenn die Klienten wegen ihres subjektiven Engagements nicht in der Lage sind zu erkennen, welches Vorgehen von ihrer Seite am fruchtbarsten wäre.

Wir sind jedoch bereit, dem Klienten mehr als nur halbwegs entgegenzukommen und – wenn keine schwerwiegenden Gründe dagegen sprechen – anzunehmen, daß sein Aktionsplan eine gültige Grundlage für seine Aufgabe bildet, auch wenn wir vielleicht gewisse Zweifel haben. Lenken wir ihn in eine andere Richtung, so sollten wir dafür sehr gute Gründe haben und ihn über diese informieren.

Es ist unbedingt erforderlich, daß man sich auf eine Aufgabe einigt, für die der Klient bereit ist, sich einzusetzen. Wurde die Aufgabe vom Sozialarbeiter vorgeschlagen, gehen wir davon aus, daß sie dem Klienten verständlich ist und daß er sie ausführen will, auch wenn er gewisse Bedenken hat.

Es gibt Klienten, deren Motivation über das hinauszugehen scheint, was von ihnen im Verlauf einer aufgabenzentrierten Einzelhilfebehandlung erwartet wird. Ein Ehepaar ersucht vielleicht um Hilfe bei Konflikten, die sich auf alle Aspekte ihrer gegenseitigen Beziehungen erstrecken, oder ein schüchterner gehemmter Mensch möchte plötzlich zum Mittelpunkt von Geselligkeiten werden. Viele dieser Klienten zeigen sich durchaus bereit, ihre Bemühungen auch auf ein eingegrenztes Ziel zu richten, einige jedoch werden ihre globalen Vorstellungen nicht aufgeben. Es ist zwar richtig, daß der Prozeß der Problembeschreibung und die ihn begleitende Erklärung der Art und der Grenzen der Behandlung dazu dienen sollten, den Klienten auf die Arbeit an spezifischen Aspekten seiner Schwierigkeiten vorzubereiten, aber ein Klient mit weitgesteckten Zielen kann trotzdem zögern, seine

Anstrengungen auf eine bestimmte Aufgabe zu konzentrieren, besonders wenn ihm klar wird, daß die Arbeit an dieser Aufgabe mehr oder weniger den gesamten Inhalt der Behandlung ausmachen wird. Wie verträgt sich dann, wenn wir es mit einem solchen Klienten zu tun haben, die aufgabenzentrierte Behandlung mit dem Wert, den wir seinen Wünschen beimessen? Wenn wir kein Recht haben, dem Klienten mehr Hilfe zu geben, als er haben möchte, ist es dann richtig, ihm weniger zu geben, als wir könnten? Es ließe sich natürlich das bereits Gesagte und an anderer Stelle Belegte wiederholen, daß nämlich in den meisten Fällen durch eine konzentrierte, zeitlich begrenzte Arbeit an einem spezifischen Problem genauso viel, wenn nicht mehr erreicht werden kann, als durch eine ausgedehnte Behandlung einer ganzen Reihe von Problemen. Diese Auffassung und ihre Begründung kann dem Klienten dargelegt werden. Läßt er sich damit nicht überzeugen, können wir ihm zwei Möglichkeiten anbieten: daß er es mit der aufgabenzentrierten Methode versucht, und die Möglichkeit hat, zusätzliche Hilfe zu bekommen, wenn er die Kurzbehandlung für unzureichend hält oder daß er unmittelbar zu einer Behandlungsform überwechselt, die seinen eigenen Wünschen mehr entspricht. Aus den Unterlagen, die wir in Kapitel 4 heranzogen, ergibt sich, daß nur wenige Klienten den zweiten Weg wählen. Ein offenes Gespräch über die Alternativen sollte dem Klienten, der Bedenken gegen die Kurzbehandlung hat, helfen, eine sachliche Entscheidung zu treffen.

Durchführbarkeit der Aufgabe. Eine Aufgabe kann dem Zielproblem weitgehend entsprechen, und die Motivation des Klienten, daran zu arbeiten, kann groß sein, trotzdem erweist sie sich manchmal als undurchführbar. Vielleicht erfordert sie bestimmte Verhaltensänderungen, die der Klient nicht vornehmen kann, oder die Hindernisse in seinem sozialen Umfeld sind zu groß, oder es fehlt dem Sozialarbeiter und seiner Einrichtung an den nötigen Mitteln, so daß er nicht bei der Lösung der Aufgabe helfen kann.

„Unmögliche“ Aufgaben können natürlich modifiziert oder gestrichen werden, es hat jedoch wenig Sinn, etwas anzufangen, was nur geringe Aussicht auf Erfolg hat. Der Sozialarbeiter ist verpflichtet, sein Wissen so einzusetzen, daß dem Klienten geholfen wird, eine durchführbare Aufgabe zu übernehmen, und ihn zu informieren, wenn er glaubt, daß etwas nicht realisierbar ist.

Bei der Beurteilung der Durchführbarkeit von Aufgaben benutzt der Sozialarbeiter Daten, die er im Verlauf der Problemfeststellung und -erforschung vom Klienten und anderen erhalten hat. Er wird das Verhalten des Klienten intensiv beobachtet haben und sich ein gewisses Urteil über dessen intellektuelle Fähigkeiten, sein Planungs- und Durchhaltevermögen, die Art, in der er seine Emotionen äußert, und über sein Verhalten anderen gegenüber gebildet haben. Eigentümlichkeiten, die mit seiner sozioökonomischen Stellung und seiner ethnischen Identifikation zu tun haben, werden vermerkt, ebenso eventuelle Behinderungen aufgrund schwerer körperlicher Leiden oder deutliche Tendenzen zu mangelnder Anpassung. In Fällen, in denen es um die Beziehungen innerhalb einer Familie geht, wird der Sozialarbeiter, besonders wenn er mit mehreren Mitgliedern sprechen konnte, einen gewissen Eindruck von der Familieninteraktion bekommen haben.

Diese Informationen sind selektiv und unvollständig, da sie aus dem Gespräch über das Problem des Klienten gewonnen wurden und nicht durch eine systematische Auswertung einer festgelegten Reihe von Fragen. Dennoch sollten sie für den Sozialarbeiter eine Grundlage für seine Beurteilung abgeben, ob die Aufgaben durchführbar sind. Überdies kann er sich, da er sich zumeist auf eine begrenzte Anzahl von Aufgabenmöglichkeiten konzentriert, die notwendigen ergänzenden Daten mit einem Minimum an Befragung beschaffen.

Wahrscheinlich stehen alle Beobachtungen in einem Zusammenhang mit dem allgemeinen Wissen und Können des Sozialarbeiters und ergeben für ihn eine bestimmte diagnostische Hypothese in bezug auf den Erfolg bei der Arbeit an einer Aufgabe. Es bleibt ihm zwar bei der Anwendung unseres Modells völlig überlassen, welche Wissensgebiete er heranzieht, um seine Beobachtungen zu ordnen und auszuwerten, doch geben wir im allgemeinen „einfachen“ Konzeptionen den Vorzug, die sich weitgehend auf das beobachtbare Verhalten des Klienten stützen. In diesem Sinne möchten wir einen vorsichtigen Umgang mit so globalen Begriffen wie Egostärke, Realitätsprüfung, Charakterstörung und dergleichen empfehlen, weil sie ziemlich umfassende Kenntnisse über das Verhalten eines Menschen voraussetzen. Wie Stuart (b) meint, gibt es recht deutliche Hinweise darauf, daß solche „dispositionalen“ Begriffe nicht zuverlässig sind (das heißt, daß sich Experten über ihre Anwendung selten einig sind), und zwar auch dann, wenn umfangreiche Informationen zur Verfügung stehen. Bei unserem Modell, und das gilt für Kurzbehandlungsmethoden allgemein, sind die zur Verfügung stehenden Daten über den Klienten sehr begrenzt. Meistens weiß man nicht genug über sein allgemeines Verhalten, um die Anwendung von Begriffen zu rechtfertigen, die einer Beschreibung seines Ego, seiner Persönlichkeit oder seiner Psychopathologie dienen. Selbst wenn derartige Begriffe für die Deutung von Klientenverhalten nützlich sind, können sie, wie Dubin beobachtete, im Zusammenhang mit einer Voraussage häufig versagen. Die Beurteilung der Durchführbarkeit von Aufgaben basiert aber zum großen Teil auf Voraussagen in bezug auf das Handeln des Klienten. Der Begriff der „paranoiden Tendenzen“ kann etwa zur Erklärung des übermäßigen Mißtrauens eines Klienten dienen, hilft uns aber nicht weiter, wenn wir wissen wollen, ob er bei einer Arbeit Erfolg haben wird.

Unserer Meinung nach sollte sich der Sozialarbeiter bei seiner Beurteilung dessen, was der Klient zu leisten imstande ist, so eng wie möglich an seine Beobachtungen oder an einigermaßen zuverlässige Daten halten, die er gesammelt hat. Spekulative Schlußfolgerungen sollten auf ein Minimum beschränkt bleiben. Ein Sozialarbeiter kann sehr wohl der Meinung sein, daß eine Klientin mit einer ungenügenden Deutschnote und einem deutlichen Mangel an sprachlicher Ausdrucksfähigkeit kaum Aussicht hat, eine Ausbildung in Gerichtsstenographie erfolgreich abzuschließen, und er sollte ihr seine Bedenken auch mitteilen. Andererseits hoffen wir, daß einer Klientin der Wunsch, von ihrer Mutter wegzuziehen, nicht ausgeredet wird, nur weil die Sozialarbeiterin den Eindruck hat, „das Bedürfnis nach Abhängigkeit" sei bei dem Mädchen für eine solche Trennung zu stark. In den meisten Fällen dienen Fragen bezüglich der Durchführbarkeit einer Aufgabe dazu, dem Klienten zu helfen, sie zu klären oder zu modifizieren und nicht dazu, ihm den Mut zu nehmen. Bei diesem Prozeß empfehlen wir, die Möglichkeiten eines Klienten optimistisch zu beurteilen und seine Fähigkeiten zu konstruktiver Arbeit hervorzuheben, nicht aber seine Schwächen oder seine krankhaften Züge. Worte wie „warum nicht" und „versuchen wir es" kommen dem Geist unseres Modells näher als: „man sollte nicht zuviel erwarten, denn ..."

Ist die Aufgabe wünschenswert? Überlegungen über die Durchführbarkeit einer Aufgabe basieren letztlich auf der Frage: „Kann sie gelöst werden?" Wenn wir beurteilen wollen, ob sie wünschenswert ist, muß es heißen: „Soll sie gelöste werden?" Diese zweite Frage stellt sich mit Sicherheit, wenn der Sozialarbeiter glaubt, daß die Durchführung einer bestimmten Aufgabe negative Folgen für den Klienten oder für andere haben kann. Wenn man einem Klienten hilft, sein Ziel der sofortigen Entlassung aus einer Heilanstalt zu erreichen, fragt man sich, ob sich seine Situation dadurch verbessern wird oder nicht. Eine Alkoholikerin möchte ihre Kinder, die sich zur Zeit in einer Pflegestelle befinden, wieder bei sich haben. Wird dies aber für die Kinder gut sein? Die Antworten auf solche Fragen und das entsprechende Handeln des Sozialarbeiters hängen nicht nur von seinem Wissen über die Folgen bestimmter Handlungen ab, sondern auch von dem Wert, den er dem Recht des Klienten, eine eigene Entscheidung zu treffen, beimißt, und davon, ob er diesen Wert hoch ansetzt, selbst wenn die Entscheidungen Folgen haben, die dem Sozialarbeiter, der Einrichtung, für die er arbeitet, und anderen Menschen unerwünscht erscheinen.

Wenn wir daran festhalten, daß die Bemühungen des Sozialarbeiters

darauf gerichtet sein sollen, die geäußerten und gemeinsam überdachten Wünsche des Klienten zu realisieren, dann gehen unsere Lösungswege in solchen Zwangslagen in eine bestimmte Richtung. Zunächst geben wir dem Sozialarbeiter die Möglichkeit, und fordern es zugleich von ihm, daß er Aufgaben, die der Klient vorschlägt, und deren Konsequenzen er für nachteilig hält, in Frage stellt. Das sollte ganz offen geschehen, indem der Sozialarbeiter die Folgen, die er voraussieht, darlegt und sagt, weshalb er sie für unerwünscht hält. Der Klient hat einen Anspruch darauf, genau zu erfahren, wo der Sozialarbeiter steht, denn nur dann hat er die Möglichkeit, über seine Vorschläge situationsgerecht zu diskutieren.
Nehmen wir einmal an, ein Klient besteht auch nach seinem Gespräch mit dem Sozialarbeiter auf seiner Forderung – es handelt sich also jetzt um eine überdachte Forderung –, daß eine Aufgabe in Angriff genommen wird, von der der Sozialarbeiter noch immer überzeugt ist, daß sie unerwünschte Folgen haben kann. Wir hoffen, daß der Sozialarbeiter in diesem Falle die Unsicherheit seiner Voraussagen bedenkt und in bezug auf die Fähigkeiten des Klienten optimistisch ist. Seine Vorbehalte sollten ihn jedenfalls nicht daran hindern, dem Klienten bei der Erfüllung seiner Aufgabe zu helfen. Es mag dabei Risiken geben, denen er, wenn sie eintreten, gemeinsam mit dem Klienten entgegentreten muß.
Andererseits kann man vom Sozialarbeiter nicht erwarten, daß er bereit ist, einem Klienten bei der Verwirklichung eines Zieles zu helfen, dessen Wert er ernsthaft in Frage stellt. Ist das der Fall, sollte er den Klienten darüber informieren, der dann vielleicht den Wunsch hat, an anderer Stelle um Hilfe nachzusuchen. Es gibt noch weitere Ausnahmen und selbstverständlich auch zahlreiche Grauzonen. Der Sozialarbeiter kann vom Klienten vorgeschlagene Aufgaben dann nicht unterstützen, wenn sie ihn oder den Klienten mit illegalen Dingen in Verbindung bringen. Bestimmte Klientengruppen, wie Kinder, geistig schwer Behinderte und ausgesprochen psychotische Menschen sind manchmal einfach nicht in der Lage, selbstverantwortlich Ent-

scheidungen zu treffen oder die Folgen ihres Handelns zu überblicken. Außerdem gibt es natürlich zahlreiche Zwangslagen, für die allgemeine Grundsätze nicht anwendbar scheinen, zum Beispiel bei Fällen, in denen das Ziel eines Familienmitgliedes unerwünschte Folgen für ein anderes haben kann, und in denen beide Betroffene Klienten des Sozialarbeiters sind.

Komplexe Aufgaben – Unteraufgaben. Wir haben darauf hingewiesen, daß in bestimmten Fällen mehr als nur eine Aufgabe entwickelt werden kann. Hier nun einige allgemeine Überlegungen im Zusammenhang mit der Wahl und der Organisation von mehreren Aufgaben.

Auf der untersten Ebene der Aufgabengestaltung sind die Fälle angesiedelt, in denen es sich um nur ein Zielproblem und um nur eine Aufgabe handelt. Von jeder einzelnen Aufgabe lassen sich *Unteraufgaben* oder Aktionen des Klienten ableiten, die nötig sind, um die Hauptaufgabe zu lösen. Ein Klient zum Beispiel, dessen Aufgabe darin besteht, ein passendes Altersheim zu finden und dort aufgenommen zu werden, muß verschiedene Dinge unternehmen, die mit der Hauptaufgabe in Zusammenhang stehen. Dazu kann gehören, daß er sich für ein Heim entscheidet, nachdem er sich anhand von Unterlagen informiert hat, die ihm der Sozialarbeiter besorgte. Daneben muß er sich um den Verbleib von Möbeln und anderem kümmern, chc er umzieht. Hier wird die Nützlichkeit des Begriffes der Unteraufgabe deutlich, weil er Sozialarbeiter und Klient hilft, ihre Bemühungen bei der Erfüllung komplexer Aufgaben zu ordnen und zu koordinieren. Er kann auch von Wert sein, wenn es darum geht, die verschiedenen Dinge zu skizzieren, die ein Klient bei bestimmten allgemeinen Aufgaben, zum Beispiel beim Eintritt in oder der Entlassung aus Heimen und Krankenhäusern, zu tun hat.

Da im allgemeinen für jedes Zielproblem eine eigene Aufgabe gestellt werden muß, ergeben sich komplexe oder *Mehrfachaufgaben*, wenn man es mit mehr als einem Problem zu tun hat. Außerdem können auch für ein einzelnes Problem mehr als nur eine allgemeine Aufgabe entwickelt werden. Zwei Arten von Mehrfachaufgaben lassen sich unterscheiden: *parallel laufende* und *aufeinander folgende.* Parallel laufende Aufgaben werden gleichzeitig bearbeitet, zum Beispiel im Falle eines Klienten, der auf verschiedenen Gebieten Probleme hat, und der nun seine Anstrengungen auf zwei oder mehrere Aufgaben verteilt. Aufeinander folgende Aufgaben werden nacheinander gelöst. In manchen Fällen wird von Anfang an eine Folge von Aufgaben geplant, die mit einem oder mehreren Problemen zusammenhängen. In anderen Fällen entwickelt sich eine Folge, wenn die ursprüngliche Aufgabe so weit, wie es ratsam scheint, abgewickelt ist und von einer anderen abgelöst wird.

Bei jedem Kurzzeitmodell sieht man sich ständig der Frage gegenüber, was man innerhalb eines relativ kurzen und festgelegten Zeitabschnittes erreichen kann. Von dieser Frage hängen alle anderen Überlegungen ab, die man im Zusammenhang mit Mehrfachaufgaben anstellt. Auf der einen Seite beschränken sich Sozialarbeiter und Klient vielleicht auf eine einzige Aufgabe, auch wenn es vorteilhaft wäre, zusätzliche Dinge anzupacken. Auf der anderen Seite können sich beide von einem Übermaß an Aufgaben bedrängt fühlen und erreichen dadurch bei keiner ein befriedigendes Ergebnis. Dieser letzten Gefahr begegnet man meistens dann, wenn Klienten eine ganze Reihe von Problemen vorlegen.

Unsere Erfahrungen mit Aufgabenfolgen sind bisher zu begrenzt, als daß wir dazu endgültige Aussagen machen könnten. Wir glauben, daß die Wünsche der meisten Klienten (soweit sie überhaupt im Rahmen der Sozialen Einzelhilfe zu erfüllen sind) innerhalb der oben genannten Aufgabenstruktur befriedigt werden. Unserer Meinung nach entstehen Probleme im Hinblick auf ein Übermaß an Aufgaben wahrscheinlich dann, wenn der Sozialarbeiter den Klienten veranlaßt, mehr Aufgaben in Angriff zu nehmen, als sie beide bewältigen können. In der Kurzzeitarbeit muß der Fachkundige damit zufrieden sein, wenn er dem Klienten auf einem begrenzten Gebiet eine wesentliche Hilfe bieten kann, und er muß auf die Fähigkeiten des Klienten bauen, Probleme auf anderen Gebieten selbst zu bewältigen.

Offene und geschlossene Aufgaben. Bei den klinischen Versuchen mit unserem Modell hat es sich bewährt, Aufgaben als „offen" und „geschlossen" zu klassifizieren. Eine offene Aufgabe hat keinen natürlichen Abschluß. „Neue Freunde gewinnen" ist ein Beispiel für eine offene Aufgabe, denn man kann ja immer wieder Freundschaften schließen. Im Gegensatz dazu findet die geschlossene Aufgabe einen bestimmten und eindeutigen Schlußpunkt. „Einem Klub beitreten" oder „sich in einer Schule anmelden" sind Beispiele für geschlossene Aufgaben. Die Unterscheidung ist von gewisser Bedeutung, wenn zeitliche Grenzen gesetzt werden sollen. Paradoxerweise können sie bei offenen Aufgaben leichter gezogen werden, da diese von der Definition her unvollendbar sind, und es daher sinnvoll ist, von vornherein nach eigenem Ermessen einen Schlußpunkt zu setzen. Bei geschlossenen Aufgaben kann größere Flexibilität am Platze sein, da der Sozialarbeiter nach Möglichkeit die zeitliche Begrenzung der Behandlung mit einem organischen Abschluß in Einklang bringen möchte. Wenn etwa die Aufgabe des Klienten darin besteht, eine Arbeit zu finden, dann kann man die geplante Dauer der Behandlung in Beziehung dazu setzen, wie lange es schätzungsweise dauern kann, bis der Klient bei der Arbeitssuche Erfolg hat, wobei man mit einer Verschiebung des abschließenden Gesprächs rechnen muß. Natürlich möchte man eine Behandlung nicht beenden, wenn ein erfolgreicher Abschluß in greifbarer Nähe gerückt zu sein scheint. Auf der anderen Seite gibt es keinen Grund, bei geschlossenen Aufgaben überhaupt ohne zeitliche Begrenzung zu arbeiten. Da die meisten Aufgaben dieser Art normalerweise innerhalb der Zeitspanne durchführbar sind, die das Modell vorsieht, kann die zeitliche Begrenzung dazu dienen, den Abschluß bewußt zu machen und dadurch sowohl beim Klienten wie auch beim Sozialarbeiter übermäßige Verzögerungen und Aufschubversuche zu vermeiden.

Aufgabenformulierung. Man kann auf vielen Wegen zur Formulie-

rung der Aufgaben gelangen. So kann der Sozialarbeiter einfach eine Aufgabe bestätigen, die der Klient vorschlägt, oder er selbst bringt etwas vor, was der Klient akzeptiert. Meistens entsteht die Festlegung der Aufgabe aus einem Prozeß des Gebens und Nehmens zwischen Sozialarbeiter und Klient, indem beide gemeinsam überlegen, was in bezug auf bestimmte Schwierigkeiten getan werden könnte. Welcher Weg aber auch eingeschlagen wird, in jedem Falle muß der Sozialarbeiter deutlich festlegen, was nach seiner Meinung die Aufgabe des Klienten ist und sicherstellen, daß zwischen ihm und dem Klienten Einigkeit über die Formulierung besteht. Normalerweise kann man die Aufgabe in ein oder zwei Sätzen zusammenfassen:
„Es ist also Ihre Aufgabe, Ihre unterschiedlichen Meinungen darüber auszugleichen, wie Sie sich dem schwierigen Verhalten Ihres Sohnes gegenüber verhalten sollten." (Im Falle eines Ehepaares.) „Sie möchten fähig werden, anderen gegenüber Ihre berechtigten Wünsche durchzusetzen: Daran werden wir arbeiten."
„Ich werde Ihnen zu helfen versuchen, daß jemand gefunden wird, der sich nach Ihrer Operation um Sie und die Kinder kümmert."
In jedem dieser Beispiele wird die Aufgabe des Klienten festgelegt. Danach läßt sich der Sozialarbeiter die Abmachung vom Klienten bestätigen und geht auf eventuelle Mißverständnisse ein. Jede dieser Formulierungen muß natürlich erklärt und erläutert werden. Dieser Prozeß beginnt normalerweise schon, wenn man sich über die allgemeine Art der Aufgabe geeinigt hat.
Das letzte Beispiel bedarf einer besonderen Erläuterung, denn aus der Formulierung an sich geht nicht klar hervor, welches Handeln vom Klienten erwartet wird. Es gibt Situationen, in denen die größere Aktivität vom Sozialarbeiter ausgeht, weil das Problem sein Eingreifen in besonderem Maße erfordert. Trotzdem wird die Aufgabe als die des Klienten formuliert, wobei klargemacht wird, daß der Klient die Hilfe des Sozialarbeiters als wesentliches Mittel zur Lösung der Aufgabe benutzt.
Nimmt der Sozialarbeiter, wie es sich natürlich empfiehlt, den Fä-

higkeiten des Klienten gegenüber einen optimistischen Standpunkt ein, und ist der Klient zur Durchführung der gewählten und realisierbaren Aufgabe motiviert, dann sollte aus den Äußerungen des Sozialarbeiters dem Klienten gegenüber hervorgehen, daß er sich von dessen Bemühungen Erfolg verspricht.

Aufgabenwahl und -formulierung: Fallbeispiele. Herr Todd ist zweiundzwanzig Jahre alt. Er kommt zu einer psychiatrischen Klinik, weil er Hilfe braucht, um die Gründe für sein ständiges Versagen in der Ausbildung und am Arbeitsplatz herauszufinden. Da er an einem sehr streng geführten Managementausbildungsprogramm teilnahm, war es ihm besonders wichtig, gut abzuschneiden. Gleichzeitig jedoch war er gar nicht so sicher, ob er sich solche Sorgen um seinen Erfolg machen sollte, denn er hatte noch andere, von ihm selbst hoch eingeschätzte Interessen, nämlich seine Freude an zwischenmenschlichen Beziehungen zu gleichaltrigen Frauen und Männern, und sein Bestreben, in Gruppen mitzuarbeiten, die sich um die Verbesserung sozialer Verhältnisse bemühen. Man stellte fest, daß Herr Todd überdurchschnittlich intelligent war, eine gute Selbsterkenntnis besaß und einigermaßen planvoll vorgehen konnte. Er litt unter der Unsicherheit in bezug auf seine Selbsteinschätzung und unter seinem Versagen im Unterricht und an seinen bisherigen Arbeitsplätzen. Er ließ sich leicht ablenken, vernachlässigte seine Pflichten zugunsten ausgedehnter sozialer Kontakte am Arbeitsplatz, wodurch er in komplexe und belastende Beziehungen außerhalb der Arbeitszeit geriet. Trotz der Befriedigung, die sie ihm gewährten, waren seine sozialen Beziehungen mit verschiedenen Problemen befrachtet. Dazu gehörte, daß er die Abhängigkeit seiner Freundin von ihm und auch seine eigene Tendenz, sich stark an ältere Männer anzulehnen, mißbilligte.

Herr Todd sagte, daß er sich am meisten Sorge über seine Schwierigkeiten bei der Arbeit mache, deshalb wurde sein Problem als eines der Rollenerfüllung klassifiziert und mit „mangelnder Arbeitsleistung" näher bezeichnet. Diese Einordnung und Spezifizierung veranlaßten den Sozialarbeiter, sich im Gespräch in bezug auf die Aufgabenwahl auf die Frage zu konzentrieren, was getan werden könnte, um die Arbeitsleistung von Herrn Todd zu steigern. Probleme in Zusammenhang mit seinen sozialen Beziehungen sollten nur dann berücksichtigt werden, wenn sie in einer deutlichen Beziehung zu seinen Schwierigkeiten am Arbeitsplatz stünden. Mit dieser Hilfe entschied sich Herr Todd dafür, seine aufgabenzentrierte Behandlung dazu zu benutzen, eine positivere Beurteilung seiner Arbeit zu erreichen. Seine Aufgabe hieß: Verbesserung der Arbeitsleistung durch Verringerung der Ablenkungen. Die Situation hatte eine natürliche zeitliche Begrenzung, weil nach vierzehn Wochen ein neuer Leistungsbericht über ihn fällig war. Man bot ihm also ein Maximum von zwölf Sitzungen in wöchentlichem Abstand an. Die Aufgabe erfüllte die allgemeinen Voraussetzungen einer Einzelaufgabe.

Ein Beispiel für mehrere, nebeneinander herlaufende Aufgaben ist der Fall von Fräulein L., neunzehn Jahre alt, die wegen eines schweren Leberleidens, das ihre Aktivitäten in Zukunft wesentlich einschränken würde, im Krankenhaus war. Sie wurde an die Sozialabteilung des Krankenhauses verwiesen, weil sie übermäßig erregt und deprimiert war. Die Problemexploration ergab, daß Fräulein L. zwar wegen der Folgen ihrer Krankheit unglücklich war, daß sie aber die Aussicht, aus dem Krankenhaus zurück in eine zerrüttete Familie mit einer ewig nörgelnden Mutter, die sie ablehnte, gehen zu müssen, ebenso belastete. Sie überlegte, ob sie in ein Heim oder eine Pension ziehen solle, wo sie unabhängiger leben könnte. Außerdem fürchtete sie, daß ihr Freund sie wegen ihrer Krankheit verlassen würde und machte sich Gedanken, was sie im Hinblick auf ihren körperlichen Zustand wohl für eine Arbeit finden werde.

Durch alle diese Sorgen zog sich ein roter Faden: Fräulein L.s Bedürfnis nach Unabhängigkeit und zugleich nach befriedigenden Beziehungen zu den beiden wichtigsten Menschen in ihrem Leben, ihrer Mutter und ihrem Freund. Sie war ein intelligentes, tüchtiges junges Mädchen, benachteiligt durch Krankheit und den Mangel an Ausbildung und stammte aus ärmlichen und zerrütteten Familienverhältnissen. Da sie nun bald Entscheidungen treffen mußte, klassifizierte man ihr Problem als das eines sozialen Übergangs. Man legte fest, daß ihre Aufgabe darin bestehen sollte zu überlegen, ob sie nach Hause zurückgehen wolle oder nicht, welche Haltung sie dem Freund gegenüber klar einnehmen wolle und wie sie Arbeit finden könne, wenn ihr Zustand es erlaube.

Im Falle von Frau J. wurde eine Folge von Aufgaben entwickelt: Sie war eine gebildete Negerin in mittleren Jahren, die während des letzten Jahres ihren zweijährigen Enkel versorgt hatte. Die Eltern des Kindes, die in einer anderen Stadt lebten, hatten ihr den Jungen anvertraut, weil sie selbst mit dessen Verhalten nicht fertig wurden. Die Familie glaubte, das Kind sei stark zurückgeblieben. Frau J. war eine tüchtige Frau, die sich gern helfen lassen wollte, aber nicht in der Lage war, sich ihren Zorn über ihren Mann und die Eltern des Kindes, die nicht klar festgelegt hatten, wieviel Autorität sie in bezug auf das Enkelkind haben sollte, bewußt zu machen. Die erste Aufgabe war, eine Diagnose und Empfehlungen einer Kinderklinik einzuholen. Sehr bald wurde deutlich, daß Frau J. ihren Ärger über ihre Familie loswerden und das Recht erhalten mußte, verantwortlich für das Kind zu handeln. Die zweite Aufgabe war daher, alle beteiligten Erwachsenen dazu zu bringen, daß sie sich offen äußerten, welche Absichten sie in bezug auf das Kind hatten, wo es ihrer Meinung nach leben sollte, und wer für es verantwortlich sein sollte. Die Eltern des Kindes nahmen daraufhin an der Familienberatung teil, was dazu führte, daß Frau J. Vollmacht erhielt, die nötigen Schritte zu unternehmen. Es war noch nicht sicher, ob die Klinik das Kind in ein Therapieprogramm aufnehmen würde. Die letzte Aufgabe war also, mit der Klinik zu verhandeln, um eine Behandlung oder eine Überweisung an eine andere Stelle zu erreichen.

6 Systematische und einfühlsame Kommunikation

In der aufgabenzentrierten Sozialen Einzelhilfe werden die Interaktionen zwischen Klient und Behandelndem letztlich durch einen Kommunikationsbezugsrahmen bestimmt. „Kommunikation" in unserem Sinne bezieht sich auf alles Verhalten, mit dem etwas ausgedrückt wird. Es besteht meistens aus mündlichen Äußerungen, manchmal aber auch aus Gesten, einem Gesichtsausdruck oder allgemeinen Körperbewegungen. Unser Interesse gilt besonders den Bedeutungen und Wirkungen der Kommunikation oder dem, was man als ihre semantischen und pragmatischen Aspekte bezeichnet hat (Watzlawick).
Kommunikative Vorgänge bilden die empirischen Referenten aller Aussagen über die Tätigkeiten des Sozialarbeiters innerhalb und außerhalb des helfenden Gesprächs. Wenn wir also behaupten, daß eine seiner Behandlungsmethoden dem Klienten hilft, Hindernisse auf dem Weg der Aufgabenlösung besser zu erkennen, so gehen wir davon aus, daß wir die spezifischen Formen der Kommunikation, deren sich der Behandelnde bedient und die diese Methode ausmachen, produzieren können.
Einer der Hauptgründe für die Benutzung eines Bezugsrahmens sind beobachtbare, meßbare Einheiten, die zur Beschreibung dessen dienen können, was in der Sozialarbeiter-Klient-Interaktion vor sich geht. Außerdem zwingt er uns zu einer nützlichen Unterscheidung zwischen dem, was auf der einen Seite der Sozialarbeiter tut, und dem, was er andererseits beabsichtigt, fühlt, welches seine Haltungen sind und so weiter. Diese Unterscheidung machte uns eine Studentin sehr überzeugend, wenn auch unbeabsichtigt klar: Ihre Kommilitonen hatten gerade den Grad der Empathie bewertet, den sie im Gespräch mit einem Klienten zum Ausdruck gebracht hatte, und fanden, daß nur

sehr wenig dieser kostbaren Eigenschaft festzustellen gewesen sei. Nachdem die Studentin der Beurteilung der anderen zögernd zugestimmt hatte, rief sie aus: „Aber ich *empfand* Empathie!" Unserer Meinung nach hat der innere Zustand des Sozialarbeiters nur soweit Bedeutung, als er dem Klienten übermittelt wird, und selbst diese Bedeutung ist nur sekundär im Vergleich zu dem, was tatsächlich kommuniziert wird. Wenn das, was ein Sozialarbeiter mitteilt, von dem empfangenden Klienten und von einem unabhängigen Beobachter als „warm" empfunden wird, können wir sagen, daß „Wärme" mitgeteilt wurde, gleichgültig, was der Sozialarbeiter gerade dabei fühlte. Der innere Zustand des Sozialarbeiters beeinflußt offensichtlich das, was er mitteilt, und aus diesem Grunde ist er wichtig. Kenntnis dieser Gefühle ist aber für eine Analyse seiner Kommunikation nicht von zentraler Bedeutung.

Schließlich liefert uns der Bezugsrahmen der Kommunikation ein umfangreiches System von Begriffen und Termini, mit denen wir das gemeinsame Tun von Sozialarbeiter und Klient beschreiben können. Unsere Aufmerksamkeit gilt mehr der Kommunikation des Sozialarbeiters als der des Klienten, da wir ja Richtlinien für den Behandelnden geben wollen. Eine solche Einseitigkeit widerspricht dem Bezugsrahmen der Kommunikation nicht unbedingt. Man kann sich dafür entscheiden, ein bestimmtes Element intensiver als andere zu studieren, solange man dabei nicht aus den Augen verliert, wie dieses ausgewählte Element mit anderen interagiert.

Zwei Aspekte der Kommunikation des Sozialarbeiters sind in der aufgabenzentrierten Einzelhilfe von besonderer Bedeutung: *die unmittelbaren und offensichtlichen Ziele,* auf die sich sein kommunikatives Handeln richtet, und *bestimmte Qualitäten* dieses Handelns. Die Klassifizierung der Kommunikationen des Behandelnden entsprechen ihren unmittelbaren Zielen, münden in die vertraute Typologie von Aktivitäten, die man normalerweise als „Behandlungstechniken" bezeichnet – in unserem Modell sind es Exploration, Strukturierung, Schärfung des Bewußtseins, Ermutigung und Führung (die Techniken des Sozialarbeiters sollen im folgenden Kapitel ausführlich behandelt werden). Wir wollen nun zuerst bestimmte Eigenschaften der Kommunikation des Behandelnden betrachten, für die diese einzelnen Techniken charakteristisch oder die ihnen gemeinsam sind.

Man hat zahllose Eigenschaften identifiziert, die als wünschenswert für die Kommunikation des Sozialarbeiters gelten können. Man rät ihm, Wärme, Wohlwollen, Toleranz, Empathie, Annahmebereitschaft und so weiter zu vermitteln. Klinische Erfahrung, gesunder Menschenverstand und Forschungsergebnisse beweisen, daß diese Qualitäten tatsächlich wünschenswert für die Kommunikation des Sozialarbeiters sind. Leider jedoch werden sie selten in eine praktisch anwendbare Form gefaßt, so daß ihre Bedeutung vage bleibt und der Sozialarbeiter nur selten eine klare Vorstellung davon bekommt, wie er sie in die Praxis übersetzen soll.

Schließlich erwartet man die meisten dieser Eigenschaften bei denen, die eine zwischenmenschliche Behandlung durchführen, einfach weil es zum Wesen ihrer Arbeit gehört, ähnlich wie wir vom Mathematiker erwarten, daß er eine Vorliebe für Zahlen hat. Wenn man ein Behandlungsmodell aufbaut, ist es sinnvoller, jene Eigenschaften hervorzuheben, die für das geplante Modell charakteristisch sind, oder die innerhalb dieses Modells eine bestimmte Form annehmen. Auf diese Weise kann sich derjenige, der das Modell ausarbeitet, darauf konzentrieren, spezifische Eigenschaften zu messen, deren Wert dann mit Hilfe empirischer Methoden getestet werden kann.

Wir wollen unsere Aufmerksamkeit nun auf zwei Kommunikationseigenschaften richten, die wir bei unserem Modell für besonders wichtig halten. Wir werden sehen, daß beide besondere Ausprägungen bestimmter Aspekte der allgemeinen Eigenschaften sind, von denen wir sprachen.

Systematische Kommunikation

Wenn man die Ziele der aufgabenzentrierten Sozialen Einzelhilfe verwirklichen will, muß die Kommunikation des Behandelnden systematisch sein. Wir benutzen diesen Ausdruck gewissermaßen als stenographisches Kürzel für einen komplexen Begriff. Unser Modell ist so angelegt, daß es schrittweise durchgeführt wird: Die Probleme des Klienten werden erforscht, ein Zielproblem wird festgelegt, eine Aufgabe formuliert, zeitliche Grenzen werden gezogen, es wird an der Aufgabe gearbeitet, und schließlich wird ein Abschluß erreicht. Man erwartet vom Behandelnden, daß er sich bemüht, immer erst einen Schritt zu vollziehen, ehe er zum nächsten übergeht. In dem Ausmaß, in dem er dies tut, ist seine Kommunikation in unserem Sinne systematisch. Man kann diese Eigenschaft messen, indem man feststellt, welcher Anteil an der Gesamtkommunikation des Sozialarbeiters direkten Bezug zu dem Schritt hat, der gerade an der Reihe ist. So sollte sich zum Beispiel nach der Identifizierung des Zielproblems die Kommunikation auf die Aufgabenformulierung konzentrieren. Der systematische Charakter seiner Kommunikation wird geringer, wenn der Sozialarbeiter sich in dieser Phase erneut der Exploration der gesamten Problemsituation des Klienten widmet. Auch eine schwerpunktmäßige Exploration des möglichen Zielproblems ist nicht genug. Der Sozialarbeiter muß vielmehr versuchen, sich mit dem Klienten auf eine Definition des Problems zuzubewegen, dem ihre gemeinsame Aufmerksamkeit gelten soll.
Unterschiedliche Ebenen dieser Qualität werden durch die folgende Situation deutlich. Nehmen wir an, es ist die Aufgabe einer Klientin, konsequentere Regeln für das Verhalten ihrer Kinder durchzusetzen. Sie hat außerdem noch eheliche Schwierigkeiten, aber sie ist mit der Sozialarbeiterin übereingekommen, daß der Schwerpunkt der Arbeit auf ihren Beziehungen zu den Kindern liegen soll. Trotzdem bringt sie von Zeit zu Zeit ihre ehelichen Probleme zur Sprache. Wenn die Sozialarbeiterin die Diskussion dieser Dinge großzügig zuläßt oder

weitere Enthüllungen in dieser Richtung durch den Ausdruck ihres Interesses oder durch aktive Befragung anregt, würden wir dieses Kommunikationsmuster als verhältnismäßig unsystematisch einstufen. Die Kommunikation würde dagegen als relativ systematisch beurteilt, wenn eine begrenzte Diskussion dieser Probleme zwar gestattet, die Klientin dann aber wieder zur eigentlichen Aufgabe zurück gebracht würde. Die Kommunikationen der Sozialarbeiterin wären dann äußerst systematisch, wenn sie das Gespräch streng auf die Beziehungen der Klientin zu ihren Kindern beschränken und wenig oder gar keine Erwähnung der ehelichen Schwierigkeiten zulassen würde.

In Kurzbehandlungsmodellen wie dem unseren muß der Sozialarbeiter verhältnismäßig systematisch vorgehen, da ihm nur begrenzte Zeit zur Verfügung steht. Er hat wahrscheinlich mehr Erfolg, wenn sich seine Kommunikation darauf konzentriert, bestimmte Ziele zu bestimmten Zeitpunkten zu erreichen. Hinzu kommt, daß ein solches Vorgehen dem Klienten hilft, das Wesen der Behandlung und die Rolle, die er dabei spielt, besser zu begreifen. Allerdings würde es negative Auswirkungen haben, wenn man dem Grundsatz mit extremer Strenge folgte. Wie wir gleich sehen werden, legt die zweite Eigenschaft der Kommunikation des Sozialarbeiters der übermäßigen Konzentration auf den jeweiligen Schwerpunkt der Arbeit gewisse Beschränkungen auf. So ist ein emotional erregter, von den verschiedensten Problemen bedrängter Mensch unter Umständen nicht in der Lage, die verschiedenen Phasen des Modells ordnungsgemäß und zielstrebig zu durchlaufen. Häufig werden Zielprobleme und Aufgaben in der Anfangsphase nicht völlig geklärt und erfordern später noch weitere Aufmerksamkeit, auch ist es möglich, daß latente Probleme zum Vorschein kommen, daß sich neue entwickeln, daß der Klient in seinem Gesprächsbeitrag auf andere Themen ausweicht, wenn die Arbeit an den vereinbarten Aufgaben schwierig wird, und so weiter. Solche Komplikationen setzen dem Ausmaß, in dem die Kommunikation systematisch durchgeführt werden kann, natürliche Grenzen.

Einfühlsame Kommunikation

Die Kommunikation eines Behandelnden darf die Gefühle des Klienten nicht außer acht lassen. Die strikte Verfolgung bestimmter Ziele mag in der Kurzzeitarbeit erforderlich sein, sie richtet aber wenig aus, wenn der Klient sich dabei abgelehnt oder unverstanden empfindet. Wir fordern daher vom Sozialarbeiter nicht nur, daß er systematisch vorgeht, sondern auch, daß seine Kommunikation *verständnisvoll und einfühlsam* ist.

Ganz allgemein liefert einfühlsame Kommunikation dem Klienten die Art von Feedback, die ihn ermutigt, sich auszudrücken, die ihn fühlen läßt, daß er akzeptiert und verstanden wird, und die ihn befähigt, den Beitrag des Sozialarbeiters zu verstehen und zu nützen. Im engeren Sinne erwarten wir, daß die Kommunikation des Sozialarbeiters so sensibel ist, daß sie erstens Interesse an den Äußerungen des Klienten und Anerkennung ihres Wertes erkennen läßt, zweitens empathisches Verständnis, das heißt Begreifen und Anerkennung der wesentlichen Bedeutung, die den verbalen und nichtverbalen Botschaften des Klienten zukommt, zum Ausdruck bringt, und drittens auf der Kommunikation des Klienten aufbaut. Es gibt zwar noch keine anerkannten Maßstäbe, um Verständnis zu messen, vorbereitende Untersuchungen lassen jedoch erkennen, daß man eine Messung dieser Variablen auf eine Kombination der genannten drei Komponenten gründen kann. Zur Zeit jedenfalls haben wir noch keine Möglichkeit, genau zu sagen, wie verständnisvoll die Kommunikation des Sozialarbeiters sein muß, um den Anforderungen des Modells gerecht zu werden. Klar ist, daß es schwierig sein wird, ein sehr großes Maß an Einfühlung zu vermitteln, wenn die Kommunikation gleichzeitig systematisch sein soll. Auf dieses Dilemma kommen wir noch zurück.

Bisher war unsere Arbeit im wesentlichen auf den Versuch beschränkt, unsere Konstruktion klar herauszuarbeiten und praktikabel zu machen. Die erste Komponente des Verständnisses, die darin besteht, daß man den Klienten wissen läßt, daß seine Kommunikation von Wert und Interesse ist, bildet vielleicht den ersten Schritt zu den beiden verbleibenden Komponenten. Dieser Schritt erfordert aufmerksames Zuhören (das als eine Art nichtverbaler Kommunikation zum Ausdruck gebracht werden kann) und Reaktionen in Form von bestimmten Lauten und einem Gesichtsausdruck, die Interesse und Aufnahmebereitschaft signalisieren. Auf dieser Ebene braucht der Sozialarbeiter nicht mit dem Inhalt der Klientenkommunikation einverstanden zu sein, um Verständnis zu zeigen, er muß jedoch auf die eine oder andere Weise spüren lassen, welchen Wert die Äußerungen des Klienten haben. Er reagiert nicht gelangweilt oder gleichgültig, und er tut das vom Klienten Geäußerte nicht als unwichtig ab. Ein Reagieren auf den Inhalt der Klientenkommunikation durch relevante Fragen oder Bemerkungen ist gewiß ein Hinweis auf diesen Aspekt der einfühlsamen Kommunikation. Auf der anderen Seite würden Randbemerkungen des Sozialarbeiters, das Einführen neuer Themen von seiner Seite, sein Vorschlag, der Klient möge von etwas anderem sprechen oder eine Interpretation der Äußerungen des Klienten als Ausweichen oder Widerstand einen Mangel an Verständnis bedeuten.

Die entscheidende Komponente einer verständnisvollen und einfühlsamen Kommunikation ist wahrscheinlich der Ausdruck der Empathie. Eine ganze Anzahl von Autoren, sowohl inner- wie außerhalb des Fachgebietes der interpersonalen Behandlung, haben versucht, den verschwommenen, aber wichtigen Begriff der Empathie zu klären. Das Ergebnis ist eine Vielzahl unterschiedlicher Deutungen. Wir verwenden den Ausdruck in ähnlichem Sinne wie Truax:

„Zur richtigen Empathie gehört mehr als nur die Fähigkeit des Therapeuten, sich in die ‚private Sphäre' des Patienten so einzufühlen, als wäre es seine eigene. Es ist auch mehr als nur die Fähigkeit zu verstehen, was der Patient meint. Richtige Empathie erfordert sowohl Sensibilität im Hinblick auf gegenwärtige Gefühle, als auch die verbale Möglichkeit, dieses Verständnis dem Patienten in einer Sprache mitzuteilen, die auf diese Gefühle eingestellt ist ... Auf einer hohen

Stufe richtiger Empathie ist die Botschaft ‚ich bin mit dir' unmißverständlich klar ... Die Bemerkungen des Therapeuten entsprechen genau der Stimmung und den Absichten des Klienten" (S. 555).

Im Hinblick auf die eindrucksvollen theoretischen und empirischen Arbeiten von Truax, Carkhuff und anderen, die sich mit dieser spezifischen Bedeutung des Empathiebegriffs beschäftigt haben, waren wir versucht, ihn mehr oder weniger vollständig zu übernehmen. Aus mindestens zwei Gründen taten wir es dann doch nicht. Der Hauptgrund ist, daß diese Vorstellung von Empathie aus der Tradition der klientenzentrierten Beratung nach Rogers stammt, die das Reflektieren der Klientenkommunikation auf seiten des Behandelnden zur Stimulierung der eigenen Gedanken, Gefühle und Erfahrungen betont. Die Kommunikation von Empathie wird also im Sinne von Rogers' Technik definiert. Das heißt: Wenn sich ein Behandelnder nicht stark auf die Form des „Widerspiegelns" verläßt, dann wird es schwierig, mit diesem Empathiebegriff, mindestens in der Auslegung von Truax, zu arbeiten. Der zweite Grund ist mit dem ersten verwandt, hat aber auch mit gewissen technischen Überlegungen zu tun. Truax' Auffassung der Empathie ist nicht nur komplex, sondern stellenweise auch recht unklar. Sie hat eine Anzahl von Dimensionen, zu denen auch das Ausmaß gehört, in dem der Therapeut „die allerverborgensten Gefühlssphären des Klienten" wahrnimmt und „Bedeutungen von Klientenerfahrungen erkennt, die dem Klienten selbst kaum bewußt sind". Solche komplizierten und schwer faßbaren Anzeichen von Empathie mögen vielleicht innerhalb des klientenzentrierten Bezugsrahmens ihre Berechtigung haben, ihr Wert wird jedoch in anderen Zusammenhängen fragwürdig.

Wir betonen bei unserer Auffassung der Empathie, daß es wichtig ist, sich verständnisvoll und anerkennend gegenüber der Interpretation des Klienten, die er von seiner eigenen Welt gibt, zu zeigen, daß es aber nicht erforderlich ist, wortreich zu verstehen zu geben, daß man sich vorstellen kann, „wie man sich dabei fühlt". Nehmen wir an, eine Klientin berichtet von einem Vorfall, bei dem ihr Ehemann vor Gästen eine zwar witzige aber auch gehässige Bemerkung über ihr Verhalten machte. Man kann sich eine Menge nicht empathischer Reaktionen auf den Bericht der Klientin vorstellen, zum Beispiel eine Bemerkung über die Klugheit des Ehemannes oder eine Frage in bezug auf das Verhalten der Klientin, das die Bemerkung auslöste. Eine empathische Art der Reaktion wäre, wenn man ein gewisses Verständnis für die Gefühle der Klientin, für ihre Verärgerung, ihre Verlegenheit oder was auch immer zu verstehen gibt. Der Versuch, diese Gefühle in Worte zu fassen, wäre eine Möglichkeit, Empathie zum Ausdruck zu bringen. Ein gleichwertiges, wenn nicht noch empathischeres Eingehen wäre in unseren Augen, wenn man die Klientin über ihre Reaktion befragen würde. Diese Frage selbst könnte Verständnis und Anteilnahme in bezug auf das vermitteln, was der Vorfall für die Klientin bedeutete. Dabei würde man das Risiko vermeiden, womöglich „Gefühle" in die Angelegenheit hineinzubringen, die vielleicht gar nicht vorhanden waren. In vielen Fällen ist es wohl die geeignete Art, empathisches Verständnis zum Ausdruck zu bringen, wenn man die Gefühle und Erfahrungen des Klienten selbst noch einmal formuliert.

Empathisches Verständnis wird ebenso durch nichtverbale Elemente wie durch verbale vermittelt, meistens sind beide beteiligt. Ein Sozialarbeiter, der sagt: „Das ist eine harte Entscheidung" (als Reaktion auf die Darstellung eines schmerzhaften Zwiespalts, der vom Klienten gelöst werden muß), kann dies etwas langsam und leise äußern, so daß in seiner Stimme etwas von der Spannung anklingt, unter der der Klient wahrscheinlich steht. Die mündliche Äußerung des Sozialarbeiters ist dann ein integrierter Teil seines gesamten Bemühens, dem Klienten deutlich zu machen, daß er begreift, was dieser durchmacht. Seine Botschaft hätte eine völlig andere *Bedeutung*, wenn er die Bemerkung lebhaft und hastig macht.

Der dritte Aspekt des Verständnisses betrifft das Ausmaß, in dem der Behandelnde auf den Kommunikationen des Klienten aufbaut. Einfühlsame Kommunikation verrät nicht nur Interesse und Verständnisbereitschaft, sondern bemüht sich außerdem um Erweiterung, Ergänzung und Klärung dessen, was der Klient vorbringt.

Für die Kommunikation über komplexe menschliche Probleme und Verhaltensweisen ist Unvollständigkeit charakteristisch. Ein Klient sagt, daß er sich „niedergeschlagen" gefühlt hat. Diese Botschaft hat eine bestimmte Bedeutung, weist jedoch gleichzeitig auf ein weitaus größeres, noch unerforschtes Terrain hin. Auf die folgenden Fragen des Sozialarbeiters antwortet der Klient vielleicht, daß er wegen seiner finanziellen Probleme deprimiert gewesen sei. Ein Teil des ursprünglichen Terrains wurde damit erkundet, während sich gleichzeitig ein neues auftat: Was sind das für finanzielle Probleme, und weshalb deprimierten sie ihn? Auf diese Weise findet Kommunikation über solche Angelegenheiten statt: sobald ein Ziel erreicht wurde, tun sich neue Horizonte auf. Die verständnisvolle Kommunikation des Sozialarbeiters ist auf die Unvollständigkeit des vom Klienten Geäußerten eingestellt. Reagiert er mit Einfühlung, dann bleibt der Helfende innerhalb des Bezugsrahmens, der durch die Äußerungen des Klienten gesetzt wurde, unterstützt diesen aber dabei, diesen Rahmen auszufüllen. Die Beiträge des Sozialarbeiters bringen den Klienten dazu, sich über wichtige Gedanken und Gefühle, die am Rande seines unmittelbaren Bewußtseins liegen, vollständiger zu äußern.

Ein Beispiel soll uns helfen, diesen Aspekt der einfühlsamen Kommunikation zu klären. Nehmen wir an, eine Klientin sagt ihrer Sozialarbeiterin, daß ihr eines der Kinder am Vortage Schwierigkeiten bereitet habe. Die Sozialarbeiterin kann ohne Verständnis reagieren, indem sie über die Bemerkung hinweggeht, sie kann auch irgendeine „angemessene" Bemerkung machen und das Thema wechseln. Eine verständnisvolle Reaktion wäre die Frage, was denn vorgefallen sei. Die Klientin könnte dann über die spezifischen Schwierigkeiten berichten, die sie erfahren hatte; vielleicht war das Kind ungehorsam. Die Sozialarbeiterin könnte Fragen stellen oder Bemerkungen machen, die die Klientin in die Lage versetzen würden, ein genaueres Bild der Vorfälle zu geben. Verständnisvolle Kommunikation beschränkt sich jedoch nicht auf Fragen. Die Klientin äußert vielleicht Unsicherheit darüber, wie ein solches Problem am besten zu behandeln sei. Die Sozialarbeiterin antwortet dann eventuell mit einem Vorschlag, was sie versuchen könnte oder macht eine Bemerkung über die allgemeine Neigung der Klientin, sich bei solchen Schwierigkeiten unsicher zu fühlen (wenn diese vorhanden ist). In beiden Fällen würde eine verständnisvolle Reaktion auf die Definition der Klientin, wie sie ihre Situation sieht, angebracht sein. Gleichzeitig würden Dinge ins Spiel gebracht, die zwar mit dem, was die Klientin vortrug, in Zusammenhang stehen, aber auch neue Gesichtspunkte ergeben. Damit erhielte die Klientin eine Botschaft, die sie verstehen und berücksichtigen könnte und die Möglichkeiten des Handelns und Reagierens eröffnen würde.

Dieser Aspekt des Verständnisses unterscheidet sich vom empathischen Verstehen, wenn auch beide miteinander verwandt sind. Eine Botschaft kann Empathie ausdrücken („Sie scheinen darüber sehr beunruhigt zu sein"), ohne daß dem, was der Klient bereits zum Ausdruck brachte, viel hinzugefügt wird. Wenn man auf der Kommunikation des Klienten aufbaut, so drückt sich darin normalerweise ein gewisses Maß an empathischem Verständnis aus, aber das ist nicht immer der Fall. Der Sozialarbeiter könnte die Äußerungen des Klienten auch ergänzen, ohne viel Anerkennung dafür zu zeigen.

Empirische und theoretische Grundlagen

Aus einem großen Teil des vorliegenden Materials geht hervor, daß eine starke Beziehung zwischen der Art, in der der Behandelnde Kommunikation verwendet und die wir als „verständnisvoll" oder „einfühlsam" bezeichnen, und positiven therapeutischen Ergebnissen besteht. Die relevanten empirischen Unterlagen befassen sich zum großen Teil mit der Rolle der Empathie in der Behandlung. Da empathische Kommunikation eine zentrale Komponente des verständnisvollen Vorgehens ist, besteht zwischen den Untersuchungen über Empathie und unserem Ziel eine enge Verbindung.

In einem Forschungsbericht über „die zwischenmenschlichen Fähigkeiten des Therapeuten“ fassen Truax und Mitchell die Ergebnisse von dreizehn Arbeiten zusammen, in denen über „Ergebnisse in bezug auf die therapeutische Wirksamkeit gezielter Empathie“ berichtet wird. In neun dieser Untersuchungen wurden Hypothesen, die einen positiven Zusammenhang zwischen verschiedenen Empathiestufen und Ergebnissen voraussagten (umfassende kombinierte Maßstäbe), gestützt ($p < 0,05$). Es gab keine wesentlichen Ergebnisse in irgendeiner dieser Untersuchungen, die diesen Hypothesen widersprachen.

Solche Forschungsergebnisse haben ihre Grenzen. Ein einziger Ermittler (Truax) ist mit seiner Auffassung von Empathie für die meisten dieser Resultate verantwortlich. Ein noch schwererwiegender Nachteil ist der Mangel an Untersuchungen, bei denen experimentelle Modelle verwendet wurden. Es ist daher nicht möglich, mit Sicherheit zu sagen, daß Empathie die wirksame Variable ist. Eine Alternativklärung der Ergebnisse wäre, daß ein Klient, der wahrscheinlich gut auf die Behandlung ansprechen wird, empathische Reaktionen beim Behandelnden hervorruft. Während Truax und Mitchell Material vorlegen, aus dem hervorgeht, daß das Ausmaß an Empathie beim Therapeuten nicht vom Patienten bestimmt wird, zeigen Untersuchungen von Carkhuff und Alexik und Friel, Kratchovil und Carkhuff, daß Klienten die Empathie von Behandelnden mit geringer Empathie durchaus positiv beeinflussen können. Die Frage der Kausalität bleibt also unbeantwortet, obwohl das meiste Material für die Hypothese zu sprechen scheint, daß die beim Therapeuten vorhandene Empathie (im Sinne von Truax) sich auf das Behandlungsergebnis auswirkt. Bei der gegebenen Übereinstimmung zwischen unserer Auffassung von verständnisvollem Reagieren und dem Maßstab, den Truax an die Empathie anlegt, weisen diese Ergebnisse außerdem darauf hin, daß ein hohes Maß an einfühlsamer Kommunikation zur erfolgreichen Anwendung unseres Modells beitragen kann.

Leider ist es nicht möglich, genau zu sagen, warum solche Faktoren wie Empathie oder Verständnis zur positiven Veränderung des Klienten beitragen können. Wir nehmen an, daß der Klient, wenn er sich vom Behandelnden verstanden fühlt, eher bereit ist, seine Gedanken und Gefühle zu äußern, sich in der Behandlungsbeziehung wahrscheinlich sicherer fühlt und mehr Vertrauen aufbringt. Er versteht wohl auf diese Weise sich selbst und sein Problem schneller und vollständiger und mißt den Äußerungen des Behandelnden größeren Wert bei. Die Tatsache, daß er von einem anderen Menschen, den er achtet, verstanden wird, kann ein Korrektiv für frühere, negative Erfahrungen sein, so daß er schließlich andere und auch sich selbst in einem günstigeren Licht sieht.
Außerdem kann das Bemühen, den Klienten empathisch zu verstehen, bestimmte Eigenschaften des Behandelnden beeinflussen, die sich wiederum auf den Verlauf einer erfolgreichen Behandlung auswirken. Truax und Carkhuff bemerken dazu: „Wenn wir (den Klienten) von seiner vorteilhaften persönlichen Seite kennenlernen, kommt es automatisch dazu, daß wir ihn schätzen und mögen. Vielleicht macht uns genau die Tatsache, daß wir uns auf *seine* Erfahrung konzentrieren, viel freier von den Bedrohungen und Unsicherheiten des täglichen Lebens, so daß wir in solchen Augenblicken ursprünglicher und authentischer sind“ (S. 42).
Allgemein gesagt, ist einfühlsame Kommunikation ein weiterer Ausdruck des Schwerpunktes, den wir auf die phänomenologische Welt des Klienten legen. Unser Modell richtet sich auf die Probleme, die er empfindet, und dient dazu, ihm zu helfen, daß er Dinge unternimmt, die ihm sinnvoll erscheinen. Um das Modell durchzuführen, muß sich der Sozialarbeiter eng an das Informationssystem halten, von dem die Gedanken und das Verhalten des Klienten geleitet werden. Wenn er dazu beitragen will, daß dieses System effektiver funktioniert, muß sich der Behandelnde ständig auf der Wellenlänge befinden, auf der der Klient seine Kommunikationen sendet.
Ist der Sozialarbeiter in diesem Sinne verständnisvoll, dann ist er zu-

mindest in der Lage, die vielen Möglichkeiten von Fehlkommunikation zu vermeiden oder auf ein Mindestmaß zu beschränken, die zwischen ihm und seinem Klienten auftreten können. Aus Untersuchungen von Mayer und Timms und Silverman gewannen wir ein genaues Bild der Kommunikationsprobleme, die entstehen, wenn Sozialarbeiter versuchen, ihre Gedankengänge Klienten aus der Arbeiterklasse aufzuzwingen. Um Klienten der unterschiedlichsten Herkunft helfen zu können, muß der Sozialarbeiter, so wie wir es sehen, die Art und Weise kennen und mit ihr umgehen können, in der der Klient selbst die Realität deutet.

Gegenüberstellung von verständnisvoller und systematischer Kommunikation

Unsere theoretischen Überlegungen und das empirische Material, das wir soeben vorlegten, führen zu dem Schluß, daß die Kommunikation der nach dem hier vorgelegten Modell Arbeitenden von einem hohen Grad von Verständnis und Einfühlung charakterisiert sein sollte. Wir erwarten gewiß nicht, daß alle Reaktionen des Behandelnden sich auf einer optimalen Ebene bewegen. Vielmehr rechnen wir mit erheblichen Schwankungen im Verlauf einer Behandlung, ja selbst während eines Gesprächs. Wir hoffen jedoch, daß sich der größte Teil der Kommunikation am oberen Ende der Skala befindet, auf der diese Eigenschaft sowohl als Ganzes wie in ihren drei Dimensionen gemessen wird.

Die gleichzeitige Forderung, daß die Kommunikation systematisch zu sein hat, kann sehr wohl das größte einzelne Hindernis für eine verständnisvolle Kommunikation des Behandelnden sein. Es läßt sich zwar vorstellen, daß seine Äußerungen maximale Werte sowohl im Hinblick auf Systematik als auch auf Verständnis erreichen, dafür wäre jedoch zugleich ein außergewöhnlich zielstrebiger Klient erforderlich. Ein beachtliches Maß an Zerstreuung und Abschweifung sind ganz natürliche Eigenschaften der Kommunikation von beunruhigten Menschen. Wenn der Sozialarbeiter ein Höchstmaß an Verständnis einbringen wollte, könnte er bei solchen Fällen kaum der Forderung nach systematischem Vorgehen entsprechen. Konkret: Wenn eine Klientin, deren Aufgabe mit der Beziehung zu ihrer Mutter zu tun hat, zu einem Bericht über einen Streit mit ihrem Freund überwechselt, befindet sich der Sozialarbeiter in einem Dilemma. Wollte er verständnisvoll reagieren, ließe er sich ganz natürlich auf ein Gespräch über den Streit ein und schöbe die Aufgabe beiseite. Wollte er systematisch sein, würde er auf Kosten des Verständnisses versuchen, die Klientin zu ihrer Aufgabe zurückzubringen.

Es gibt bei diesem Zwiespalt keine ideale Lösung. Im allgemeinen kann der Sozialarbeiter nicht *beides* sein, absolut verständnisvoll und ebenso systematisch. Er muß die eine Forderung gegen die andere abwägen, sollte aber in der Lage sein, in den meisten Fällen einen mittleren Stand bei beiden Eigenschaften zu erreichen.

Der Behandelnde kann in seinem Verständnis selektiv sein, das heißt, er kann seine Aufmerksamkeit *den* Klientenkommunikationen stärker zuwenden, die wahrscheinlich dem augenblicklichen Stadium der Behandlung dienlich sind. Er kann gegenüber anderen Schwierigkeiten des Klienten, die mehr am Rande liegen, verständnisvoll und aufnahmebereit sein und trotzdem darauf bestehen, daß man auf das Zielproblem oder die verabredete Aufgabe zurückkommt. Hat der Klient einem bestimmten Arbeitsplan zugestimmt, wird er eher bereit sein, diese Bemühungen zu akzeptieren und dabei selbst zu lernen, wie er systematischer kommunizieren kann, so daß der Sozialarbeiter seinerseits eine größere und natürlichere Verständnisbereitschaft zum Ausdruck bringen kann.

Die „Beziehung“ in der Behandlung

Was wir über die Eigenschaften der Kommunikation des Behandelnden sagten, hätte ebenso, wie das häufig der Fall ist, unter der Rubrik

„Behandlungsbeziehung“ erscheinen können. In unserem Vokabular wird dieser Begriff nur begrenzt gebraucht, denn unserer Meinung nach wurde seine Verwendbarkeit durch die vielen vagen und mehrdeutigen Auslegungen verhängnisvoll eingeschränkt. „Beziehung“ kann dazu benutzt werden, die gesamten Vorgänge zu umschreiben, die zwischen Behandelndem und Klient vor sich gehen; oder der Begriff bezieht sich auf bestimmte Qualitäten dieser Interaktionen, besonders im Zusammenhang mit Haltungen und Emotionen. Manchmal bezeichnet er auch eine Art „bedeutsamer“ Interaktion, nach dem Motto: „Es braucht Zeit, um eine Beziehung zu einem Klienten herzustellen.“

In unserem System werden bestimmte Aspekte der Sozialarbeiter- und Klientenkommunikation als Mittel verwendet, um von einigen wichtigen Referenten der „Beziehung“ eine Vorstellung zu gewinnen. Allerdings haben wir bis jetzt erst einige Elemente, die charakteristisch für die Sozialarbeiter-Klient-Kommunikation sind, spezifiziert.

7 Strategie und Techniken

Ehe wir eine Reihe von Modellen vorstellen, nach denen der Sozialarbeiter in der Einzelhilfe arbeiten kann, um dem Klienten bei der Erfüllung seiner Aufgaben zu helfen, möchten wir diese Ansätze in den Rahmen unserer heutigen Praxis stellen. Die Behandlungsstrategien, die für unser Modell zu nennen sind, stammen weitgehend aus dem, was man als die „Standardpraxis der professionellen Sozialen Einzelhilfe" bezeichnen könnte.

Arbeitsformen der Sozialen Einzelhilfe – einige Beobachtungen

Wegen des starken Einflusses von psychoanalytischen Behandlungstheorien stützen sich die vorherrschenden Vorgehensweisen in der Sozialen Einzelhilfe sehr stark auf Techniken, die dazu dienen sollen, Veränderungen im Hinblick auf die Einsichten des Klienten herbeizuführen. In mehreren Untersuchungen über Soziale Einzelhilfe wird darauf hingewiesen, daß der weitaus größte Teil der Kommunikationen des Sozialarbeiters, der überhaupt durch ein erkennbares Veränderungsziel gekennzeichnet ist, dem Klienten helfen soll, andere Menschen, seine Interaktionen mit ihnen und sein eigenes Verhalten besser zu begreifen (Reid, b; Hollis, e; Mullen; Pinkus). Die Sozialarbeiterkommunikationen, die nicht unter diese Kategorien fallen, scheinen aus Erkundungen, zumeist in Form von Befragungen, in bezug auf die Probleme, das Verhalten, die Gefühle, die gegenwärtige Situation und die Vorgeschichte des Klienten zu bestehen. Ein großer Teil dieser Erkundungstätigkeit scheint dazu zu dienen, das Fundament für Bemerkungen, Interpretationen und ähnliches über den

Klienten und sein Milieu zu schaffen. Häufig sind die Fragen des Sozialarbeiters selbst so angelegt, daß sie das Nachdenken des Klienten anregen und sein Verständnis erweitern, wenn auch die Exploration gern als Mittel gebraucht wird, um dem Klienten Erleichterung zu verschaffen. Zu dieser Art von Techniken kann man das Erteilen von Ratschlägen und die Beschwichtigung rechnen, die normalerweise nur recht begrenzt angewendet werden. Im allgemeinen hält man solches Vorgehen dann für optimal wirksam, wenn es in eine beständige Beziehung eingebettet ist, in der sich der Sozialarbeiter als warmherziger, verständnisvoller und toleranter Mensch erweist. Von dieser Beziehung selbst nimmt man an, daß sie therapeutisch wirkt. Vielleicht verändert sich der Klient auf konstruktive Weise, weil er positive Erfahrungen mit einem empathischen und akzeptierenden Behandelnden macht und dadurch lernt, dysfunktionales Reagieren auf andere zu korrigieren und zugleich Einsicht in unrealistische Aspekte seiner Beziehung zum Sozialarbeiter gewinnt.
In den meisten Einrichtungen wird diese Art der interpersonalen oder „Gesprächs"-Behandlung in Form von wöchentlichen Sitzungen durchgeführt. Viele Probleme jedoch, mit denen Sozialarbeiter in der Einzelhilfe zu tun haben, erfordern ein beachtliches Maß an Arbeit mit dritten Personen, mit Ärzten, Verwandten, Pflegeeltern, Lehrern, Richtern, anderen Sozialarbeitern und so weiter. Diese Bemühungen, die ihrem Umfang und ihrem Wesen nach von Einrichtung zu Einrichtung verschieden sind, waren stets ein integrierter Teil der praktischen Sozialen Einzelhilfe. In Fällen, bei denen vielfältige Hilfe geleistet werden muß, kann die Intervention des Sozialarbeiters in der Umwelt des Klienten, z. B. in seiner Familie, der Schwerpunkt seiner Tätigkeit sein. Man betrachtet solche Interventionen jedoch im allgemeinen als Ergänzungen der Gespräche mit dem Klienten, doch gibt es daneben selbstverständlich auch grundlegend anders strukturierte Arbeitsformen.
Die Frage der Effektivität. Wir haben uns für diese Methoden entschieden und können auch stichhaltiges empirisches Material dafür

vorlegen, daß die Ergebnisse dieser Arbeit in der Kurzzeitpraxis ebenso gut sind wie in der Langzeitbehandlung. Wir hatten aber noch keine Möglichkeit, sie mit anderen Vorgehensweisen ausreichend zu vergleichen. Hier zu urteilen schiene uns voreilig, und das gleiche würden wir meinen, wenn jemand das starke Engagement der Arbeitsform Einzelhilfe einfach abschreiben wollte, nur weil es im vorhandenen Material (Powers und Witmer; Meyer, Borgatta und Jones; Wallace; Mullen, Chazin und Feldstein) auch Beispiele dafür gibt, daß angestrebte Wirkungen nicht erreicht wurden. Überdies waren die Ziele der Einzelhilfefälle, die von diesen Autoren getestet wurden, unserer Meinung nach besonders diffus und ehrgeizig: Verhinderung von Straffälligkeit, Erhöhung der allgemeinen schulischen Leistung, Förderung der Persönlichkeitsentwicklung, Hilfe zur finanziellen Unabhängigkeit von der Familie und so weiter. Die Untersuchungen waren für uns wertvoll, weil sie uns zeigten, was man von der Sozialen Einzelhilfe nicht erwarten kann, weil sie uns aber auch dazu anregten zu entdecken, was sie bewirken kann. Briar sagte es so: „Die Aufgabe, die sich aus diesen Untersuchungen für die Soziale Einzelhilfe ergibt, ist festzustellen, wie man ihre Wirksamkeit steigern kann“ (S. 125).

Was die Soziale Einzelhilfe entsprechend der Praxis der meisten Sozialarbeiter, die sie anwenden, bewirken kann – das gilt auch für unser Modell – muß im Lichte des sich anhäufenden Materials über die Effektivität ähnlicher Arbeitsformen gewertet werden. Zwei umfangreiche Arbeiten über die Wirksamkeit der Psychotherapie (Meltzoff und Kornreich; Bergin) kommen zu dem Schluß, daß die konventionellen Formen der Psychotherapie in der Lage waren, meßbare Effektivitätswerte vorzuweisen. Diese Ergebnisse basieren auf der Überprüfung einer großen Anzahl experimenteller Untersuchungen, in denen der Fortschritt von Patienten oder Klienten, die behandelt wurden, mit dem von Menschen verglichen wurden, die diese Hilfe nicht erhielten. Zwar ergaben nicht alle diese Versuche, daß interpersonale Behandlung wirksam ist, bei einer beachtlichen Zahl war es jedoch der Fall. Nachdem er die vielfältigen Probleme, die mit solchen Zusammenfassungen verbunden sind, behandelte, folgert Bergin:

„... es bleibt ein bescheidener Nachweis für die Wirksamkeit der Psychotherapie. Die meisten Untersuchungen liefern zwar keine sehr substantiellen Beweise dafür, aber die Zahl derer, bei denen eine Wirkung festgestellt wird, ist doch größer, als daß man Zufälligkeit annehmen könnte. In einem Teil der Therapie, die routinemäßig durchgeführt wird, muß also etwas Wirksames oder Potentes stecken, auch wenn die Durchschnittsergebnisse nur wenig beeindruckend sind, weil man verschiedene Fälle, Therapeuten und Veränderungswerte in einen Topf wirft" (S. 229).

Einige Autoren (Eysenck; Truax und Carkhuff) kommen zwar zu Ergebnissen, die für die Psychotherapie weniger günstig aussehen, aber es scheint doch eine Reihe von gut durchdachten Untersuchungen zu geben, die zumindest beweisen, daß man durch kommunikative Prozesse Veränderungen bei psychologischen und sozialen Problemen bewirken kann. Leider bieten diese Arbeiten keine Grundlage für verallgemeinernde Aussagen darüber, warum die Behandlung erfolgreich gewesen sein könnte.

Wer also ein Modell entwirft, muß Möglichkeiten entdecken, durch die die Wirksamkeit der Behandlung maximiert werden kann. Die Ergebnisforschung auf dem Gebiet der Psychotherapie und der Sozialen Einzelhilfe weist hier in gewisse Richtungen. An anderer Stelle seiner Arbeit behauptet Bergin mit Nachdruck, daß Behandlungen auch negative Folgen haben können. Während bei einer Reihe von Untersuchungen keine Unterschiede in der durchschnittlichen Veränderung bei behandelten und unbehandelten Gruppen festzustellen sind, erweisen sich die Ergebnisse bei den behandelten Gruppen anderer Untersuchungen als variabler – das heißt, bei diesen Behandelten wurden in größerem Maße sowohl Verbesserungen als auch Verschlechterungen registriert, als bei den Unbehandelten. Bergin meint, daß unter den Behandelten, bei denen eine Verschlechterung eintrat, solche sind, „die bereits ein neurotisches Gleichgewicht erreicht hatten, das vom Therapeuten gestört wird und eine neue Verschlimmerung auslöst“ (S. 248). Diese Hypothese wird durch die Untersuchung von Reid und Shyne gestützt: bei Klienten, die durchschnittlich acht Monate lang behandelt wurden (ausgedehnte Behandlung), trat häufiger eine Verschlechterung ein als bei Klienten, bei denen die Behandlung nur vier Monate dauerte. Da die Klienten beider Gruppen von den gleichen Sozialarbeitern behandelt wurden, kann die Ursache für diese Ergebnisse nicht in der unterschiedlichen Tüchtigkeit der Behandelnden zu suchen sein. Es ist sehr gut möglich, daß eine Behandlung, die über eine bestimmte Zeitspanne hinaus fortgeführt wird, nicht nur schlechtere Ergebnisse erzielt, sondern auch negative Auswirkungen haben kann, indem sie das Gleichgewicht wieder stört, das der Klient mit Hilfe der Behandlung bis zu diesem Punkt oder in einer gewissen Zeit erreichte.

Behält man dies im Auge, ist es instruktiv, die Untersuchungen zu überprüfen, die die wesentliche Grundlage für die Schlußfolgerung von Meltzoff und Kornreich bilden, daß nämlich die Wirksamkeit der Psychotherapie durch die veröffentlichten Forschungsergebnisse überzeugend demonstriert worden sei. Sie gründen ihre Behauptung auf Untersuchungen, deren Aufbau sie als „adäquat“ bezeichnen (im allgemeinen experimentell), und auf Ergebnisse, die sie für „positiv“ halten (das heißt, daß bei Behandelten mehr Veränderung auftrat als bei Unbehandelten). Wenn wir uns auf Untersuchungen individueller Behandlung mit konventionellen Methoden der interpersonalen Beeinflussung beschränken (also Untersuchungen über Gruppenbehandlung, Verhaltensmodifikation und Hypnotherapie ausschließen), dann finden wir in dieser Arbeit etwa siebzehn Untersuchungen mit adäquatem Aufbau und positiven Ergebnissen. Da die behandelten Gruppen im Durchschnitt besser abschnitten als die unbehandelten, nehmen wir an, daß die Behandlung relativ wenig negative Auswirkungen hatte. In fast der Hälfte dieser Untersuchungen wurde die Behandlung nach weniger als vier Monaten abgeschlossen, und die

mittlere Dauer aller Behandlungen in diesen siebzehn Untersuchungen war sechs Monate. Auch wenn es Kurzbehandlungen gibt, bei denen negative Ergebnisse festgestellt werden (Bergin), so kann es doch durchaus sein, daß solche Auswirkungen in Behandlungen, die kurz vor oder nach der Herstellung eines wiedergewonnenen Gleichgewichts beendet wurden, seltener sind.
Die bloße Tatsache, daß eine Behandlung negative Folgen haben kann, spricht für die Kurzbehandlung. Falls unsere Erklärung stichhaltig ist, müssen wir die Behandlungsdauer begrenzen, um störende restitutive Mechanismen auszuschließen. Ist Unfähigkeit des Therapeuten der Grund für eine Verschlechterung, dann schützt die zeitliche Begrenzung den Klienten davor, daß er dieser mangelhaften Behandlung länger ausgesetzt ist. Bis wir mehr über das Vorkommen und die Ursachen von negativen therapeutischen Auswirkungen wissen, könnte eine gewisse Zurückhaltung in bezug auf die Dosierung der Hilfe, die wir geben, ratsam sein.
Obwohl die traditionellen Methoden der Psychotherapie und der Sozialen Einzelhilfe unter bestimmten Bedingungen wirksam sein können, fällt es schwer, Wege zu finden, die ihre Wirksamkeit erhöhen, solange wir diese Bedingungen nicht genauer bestimmen. Die Fortschritte waren hier bisher gering. Ein Grund für den mangelnden Erfolg der Bemühungen liegt im Wesen des zu untersuchenden Phänomens – dem der interpersonalen Behandlung selbst. Die konventionellen Methoden der Einzelhilfe und der Psychotherapie eignen sich weder besonders gut für eine systematische Erforschung, noch für eine Weiterentwicklung durch die Forschung. Ihre Ziele werden meist mangelhaft formuliert, sie erscheinen global und diffus, ihre Prozesse, von vornherein komplex, werden noch verwirrender, wenn man sie über einen längeren Zeitraum verfolgt. Geht man davon aus, daß empirische Forschung unser wirksamstes Mittel ist, eine Behandlung zu verbessern, dann sollte die Konstruktion von eben solchen Behandlungsmodellen Priorität erhalten, die sich durch Forschung verbessern lassen. Diese Modelle müßten auf spezifische Ziele gerichtet

sein, die sich für die Ableitung präziser, meßbarer Ergebniskriterien eignen. Die Techniken müßten klar beschrieben werden und sich im Sinne der Handhabung definieren lassen. Es wäre dabei fast eine Notwendigkeit, daß die Behandlungsdauer kurz ist, nicht nur, um eine adäquate Untersuchung der Prozesse zu ermöglichen, sondern auch um ein schnelles Feedback der Forschungsergebnisse für die Modellentwicklung zu erlauben.
Zusammenfassend kann man sagen, daß die Ergebnisforschung bei konventionellen Behandlungsmethoden eine gewisse Rechtfertigung für ihre Verwendung in neuen Interventionsmodellen liefert, jedoch nur unter der Voraussetzung, daß man sich systematisch um ihre verbesserte Wirksamkeit bemüht. Es gibt gute Gründe für die Annahme, daß Kurzzeitmodelle, die auf spezifische Ziele gerichtet sind und sich für eine Entwicklung durch wissenschaftliche Forschung eignen, weiterhelfen. Wir hoffen, daß die kurze, aufgabenzentrierte Soziale Einzelhilfe ein Beispiel für diese Art der Behandlung sein kann.

Die Strategie der aufgabenzentrierten Einzelhilfe

Die grundlegende Verfahrensweise der kurzen, aufgabenzentrierten Sozialen Einzelhilfe stützt sich auf eine zentrale Überlegung: daß sich die Effektivität und die Leistung der normalerweise in der Einzelhilfe angewendeten Methoden beachtlich steigern lassen, wenn sie sich darauf konzentrieren, dem Klienten bei der Verwirklichung spezifischer, begrenzter und selbstgewählter Ziele innerhalb einer kurzen, begrenzten Zeitspanne zu helfen. Wir treten hier nicht für eine neue Technologie ein, eher für die Umstrukturierung der Technologie, die wir bereits besitzen. Sich mit dem Klienten zu einigen, was er anstreben will, macht unter Umständen bereits die halbe Strategie aus. Mehr als in der normalen Praxis konzentriert der Sozialarbeiter seine Bemühungen darauf, das, was der Klient tun will, und die Möglichkeiten, die er dabei hat, zu identifizieren und festzulegen. Das Einverständnis des Klienten im Hinblick auf die Aufgabe ist entscheidend und muß auf ein „dies ist es, was ich gern erreichen möchte" hinauslaufen. Um zu diesem Punkt zu gelangen, kann der Sozialarbeiter seine Techniken anwenden und dem Klienten helfen, seine Ziele klar zu sehen, seine Möglichkeiten abzuschätzen, zu erkennen, daß er sich zwischen Handeln und Untätigkeit entscheiden und einen bestimmten Handlungsablauf wählen muß.

Wurde eine Einigung über eine Aufgabe erzielt, konzentrieren sich die Techniken des Sozialarbeiters fast ausschließlich darauf, den Klienten bei ihrer Durchführung zu unterstützen. Man darf annehmen, daß diese Konzentration der Aktivitäten ein Schlüssel für den Erfolg der kurzen, zeitlich begrenzten Therapien ist. Nicht nur, daß ein Maximum der Energie des Sozialarbeiters auf einem schmalen Sektor wirksam wird, auch die Bemühungen des Klienten selbst können dort konzentriert eingesetzt werden. Hindernisse, die einer Änderung im Verhalten oder in der Situation des Klienten im Wege stehen, werden scharf anvisiert und entsprechend wirksam beseitigt. Der Druck des Zeitlimits, der sich sowohl auf den Sozialarbeiter als auch auf den Klienten auswirkt – und vielleicht ein zweiter Schlüssel zum Erfolg der Kurzbehandlung ist –, dient dazu, beide zur Aufgabenlösung zu drängen.

In den meisten Fällen ist der Klient damit einverstanden, sofort etwas zu unternehmen, um sein Problem zu lösen. Wir gehen davon aus, daß Menschen im allgemeinen ihr Verhalten verhältnismäßig schnell ändern, wenn sie eine klare Vorstellung davon haben, was sie tun müssen, und wenn sie bereit sind, das Entsprechende in Angriff zu nehmen. Es ist Aufgabe des Sozialarbeiters, die gewünschten Verhaltensformen zu unterstützen und den Klienten dabei anzuleiten. Außerdem sollte er ihm das Verständnis vermitteln, das er braucht, um sich diese Verhaltensweisen anzueignen. Wenn also in der aufgabenzentrierten Einzelhilfe eine Mutter begrenzt einsieht, daß sie ihren Sohn zu sehr behütet („aber ich kann doch nicht anders"), dann soll sie nicht überlegen, warum sie dieses Bedürfnis hat, sondern sich die

Aufgabe stellen, ihm in bestimmten Dingen mehr Freiheit zu lassen. Dieses eigene Bemühen, bei dem sie vom Sozialarbeiter geführt und ermutigt wird, kann allein schon ausreichen, um sie weniger ängstlich und besorgt zu machen. Wenn sie an ihrer Aufgabe scheitert, wird man die Frage stellen, warum, ihr aber nur im Zusammenhang mit den Versuchen der Klientin, ganz spezifische, vereinbarte Veränderungen herbeizuführen, nachgehen.

Die Verfolgung dieser Strategie bringt gewisse Risiken und Einbußen mit sich: Man muß eine Wahl treffen und, wenn irgend möglich, bei der getroffenen Entscheidung bleiben. Die Wahl kann falsch sein. Da die Aufmerksamkeit sich auf einen engen Bereich konzentriert, muß vom Klienten erwartet werden, daß er verschiedene Probleme allein anpackt. Der Sozialarbeiter kann dann für ihn nicht „Helfer in allen Lebenslagen“ sein und auch nicht immer der Vertraute, wenn etwas Wesentliches erreicht werden soll. Wir sind jedoch der Meinung, daß sich die Risiken und Einschränkungen durch die Erfolge rechtfertigen lassen, die erzielt werden können.

Formen der Kommunikation für den Sozialarbeiter in der Einzelhilfe

Im vorigen Kapitel haben wir einen Kommunikationsrahmen für die Aktivitäten des Sozialarbeiters in unserem Modell aufgezeigt. Wir betrachteten dabei bestimmte *allgemeine Eigenschaften* der Kommunikation des Sozialarbeiters, das heißt Eigenschaften, die dazu dienen können, jede seiner Äußerungen zu kennzeichnen. Jetzt wenden wir uns den unterschiedlichen *Formen* der Kommunikation zu, deren sich der Sozialarbeiter bei der Arbeit mit unserem Modell bedient. Da jede Form ganz bestimmte Eigenschaften und Funktionen besitzt, kann man sie jeweils als Technik oder Behandlungsmethode bezeichnen. Wir unterscheiden fünf Kategorien: Exploration, Strukturierung, Bewußtseinsschärfung, Ermutigung und Anleitung. Diese Techniken sollen größtenteils untersucht werden, weil sie angewendet werden, um dem Klienten bei der Lösung seiner Aufgaben zu helfen. Aber ihre Verwendung im Zusammenhang mit früheren Stufen des Modells soll ebenfalls berücksichtigt werden. Zunächst wollen wir zeigen, wie jede der Methoden in der direkten Arbeit mit dem Klienten benutzt werden kann, danach werden wir ihre Anwendung beim Kommunizieren mit anderen, also nicht dem Klienten, erwägen.

Exploration. Exploration (Untersuchung, Befragung) ist eine Methode, die allen Modellen der interpersonalen Behandlung zugrundeliegt. Wir verwenden den Begriff im Sinne der Bemühungen des Behandelnden, Daten vom Klienten zu erhalten. Die Exploration erfüllt einen doppelten Zweck: Sie verschafft dem Sozialarbeiter die notwendigen Informationen und lenkt den Kommunikationsfluß auf den relevanten Inhalt. Wenn auch die Exploration unter Umständen bereits eine Veränderung stimuliert, indem zum Beispiel die Erwartungen des Behandelnden zum Ausdruck gebracht werden, so ist sie doch nicht primär auf das Bewirken von Veränderungen gerichtet.

Im vorliegenden Modell zielt die Exploration zunächst darauf, die Probleme des Klienten zu erfragen, sie zu klären und Aufgabenmöglichkeiten zu überdenken. Sobald eine Aufgabe formuliert wurde, konzentriert sich die Exploration vor allem auf Fragen, die mit dieser Aufgabe zusammenhängen: Welche Anstrengungen hat der Klient unternommen, um die Aufgabe zu lösen? Was hat er erreicht? Welche Schwierigkeiten muß er überwinden? Wie geht er dabei vor? Und so weiter. Die Daten, die durch die Exploration über die Arbeit des Klienten an der Aufgabe gesammelt werden, bilden die Informationsgrundlage für das Vorgehen des Sozialarbeiters in allen folgenden Kategorien.

In der aufgabenzentrierten Einzelhilfe wird die Exploration nicht allgemein dazu verwendet, wie es bei anderen Vorgehensweisen häufig der Fall ist, Klientenangelegenheiten zu erforschen, die nichts mit dem Aufgabenschwerpunkt zu tun haben. Normalerweise wird der Sozialarbeiter Problemgebiete im Leben des Klienten zu umgehen suchen, die man vernünftigerweise nicht zu dem vereinbarten Schwerpunkt der Arbeit zählen kann. Diese Regel braucht ihn nicht davon abzuhalten, verständnisvoll auf den Klienten einzugehen und mitfühlend zuzuhören, wenn dieser von Dingen spricht, die nicht zur Aufgabe gehören, aber er wird diese Zusammenhänge im allgemeinen nicht weiterverfolgen und den Klienten nicht dazu ermutigen, bei ihnen zu verweilen.

Da bringt zum Beispiel ein junger Mann, dessen Aufgabe darin besteht, seine Arbeitsleistung zu steigern, seine Sorgen wegen seiner Freundin zur Sprache, die möglicherweise schwanger ist. Es war bekannt, daß dieser Mann öfter leichtfertige Affairen hatte, die ihn schon häufig in Schwierigkeiten gebracht hatten. Man wußte auch, daß er vielfältige Probleme im Umgang mit Altersgenossen hatte. Trotzdem befaßte man sich nicht ausführlich mit seinen Bedenken in bezug auf den Zustand seiner Freundin, weil das Ziel dieser Behandlung war, seine berufliche Leistung entscheidend und positiv zu beeinflussen. Die wichtigste Ausnahme zu dieser Regel ist dann gegeben, wenn das „Rand"-Problem den Klienten so übermäßig zu beschäftigten scheint, daß eine Verlagerung des Schwerpunktes, das heißt eine Änderung des Zielproblems und der sich daraus ergebenden Aufgabe, angezeigt erscheint.

Strukturierung. Strukturierendes Vorgehen umfaßt die Kommunikation zwischen Sozialarbeiter und Klient *über* die Struktur und die Richtung ihrer Interaktionen. Sie schließen allgemeine Erläuterungen über Zweck und Wesen der Behandlung ein, die zu Anfang gegeben werden, aber vielleicht im Behandlungsverlauf wiederholt werden müssen. Sie betreffen außerdem das Problem, die Aufgabe und die zeitliche Begrenzung, die der Behandlung zugrunde liegen, und spezifische Reaktionen, die der Konzentration dienen und den Fluß der Klientenkommunikation ausdrücklich auf aufgabenrelevanten Inhalt lenken sollen.

Es liegt Material vor über die Schwierigkeiten, die viele Klienten, besonders die weniger gebildeten, haben, Sinn und Zweck der „Gesprächs"-Behandlung zu erfassen, und über die Mißverständnisse auf seiten der Klienten in bezug auf das, was der Sozialarbeiter vorhat, was dann jeweils zu schlechten Ergebnissen führen kann. Zumindest eine Untersuchung (Hoehn-Saric u. a.) macht deutlich, daß man bei Patienten aus der Unterschicht bessere Ergebnisse erzielen kann, wenn man sich bemüht, ihnen zu erklären, was sie von der Psychotherapie erwarten können und was von ihnen erwartet wird. Klienten, die sich einer kurzen, aufgabenzentrierten Behandlung unterziehen, sollten grundsätzlich und mit Hilfe von Beispielen darüber aufgeklärt werden, daß die Behandlung darauf abzielt, ihnen bei der Lösung der spezifischen Probleme, die sie am meisten belasten, zu helfen, daß man von ihnen bestimmte Aktionen erwartet, die sie mit Hilfe des Sozialarbeiters zur Beseitigung dieser Probleme durchführen müssen, und daß dem Verlauf der Behandlung zeitliche Grenzen gesetzt sind. Da die Kooperation des Klienten offensichtlich eine Voraussetzung erfolgreicher Einzelhilfe ist, und da ihm die Mitarbeit leichter fällt, wenn er weiß, was er und der Sozialarbeiter zu tun haben, kann man sich nur wundern, daß man keinen größeren Wert auf eine möglichst vollständige Erklärung der Behandlung legt. Ein Grund dafür ist vielleicht, daß die Ziele und die Struktur der traditionellen Formen der Einzelhilfe sich schwer mitteilen lassen. Wegen seiner begrenzten Ziele und der festeren Struktur kann man unser Modell, ebenso wie ganz allgemein die Kurzzeitmethoden, leichter interpretieren und besser verständlich machen.

Der zweite Aspekt der Strukturierung sind die Bemühungen des Sozialarbeiters, einen spezifischen Behandlungsplan für seinen Klienten auszuarbeiten. Mit Hilfe der Exploration gewinnt der Sozialarbeiter Kenntnis von den Problemen, die den Klienten beschäftigen, und von möglichen Aufgaben. Auf dieser Grundlage leistet er, was immer an Beiträgen nötig ist, um zu einer Übereinkunft mit dem Klienten zu gelangen, zunächst über das Zielproblem, dann über die Aufgabe, die zur Beseitigung des Problems gelöst werden soll, und schließlich über die Dauer und den Ablauf der Behandlung. Diese Art der Strukturierung findet am intensivsten während der ersten Gespräche statt, wird aber auch später noch durchgeführt, weil damit dem Klienten geholfen wird, sich über die Aufgabe, der er sich widmen soll, klar zu werden und sie im einzelnen zu erkennen, die zeitliche Begrenzung zu akzeptieren und andere Aspekte der Behandlungsstruktur zu verstehen. In manchen Fällen muß später ein großer Teil des anfänglichen Strukturierungsprozesses wiederholt werden, nämlich dann, wenn schwere Probleme auftauchen oder Veränderungen in der Motivation des Klienten eine Ablösung der ursprünglichen Aufgaben erforderlich machen.

Die Darlegungen des Sozialarbeiters zur geplanten Behandlungsstrategie brauchen nicht ausführlich zu sein, denn diese Art der Planung kann in keinem Behandlungsprozeß im voraus durchgeführt werden. Man sollte einen zu detaillierten Plan sogar vermeiden, damit man die notwendige Flexibilität behält und sich nicht in Vorgängen verfängt, die später abgeändert werden müssen, wenn die Aufgabe gelöst werden soll. Aber wenigstens sollten die Pläne allgemein umrissen werden. So war man zum Beispiel mit Herrn Todd, dem Klienten, dessen Aufgabe darin bestand, „seine berufliche Leistung zu steigern", übereingekommen, daß die wöchentlichen Gespräche im Verlauf seiner Behandlung sich auf die Überwindung seiner Neigung, sich von der Arbeit ablenken zu lassen, konzentrieren sollten. Dieser Klient hatte bereits erkannt, daß seine mangelnde Konzentrationsfähigkeit seiner Arbeitsleistung schadete. Der Klient überdachte den entsprechenden Plan und stimmte ihm zu. Man sagte ihm aber außerdem, daß man den Plan und die darin enthaltene Aufgabe sorgfältig überprüfen und eventuell ändern würde, falls er seine Meinung revidieren oder sich die Arbeit als unproduktiv erweisen sollte.

Der dritte Teil der strukturierenden Schritte, die der Sozialarbeiter unternimmt – er gibt ausdrückliche Anleitungen für die Kommunikationen des Klienten –, wird erleichtert, wenn die beiden ersten strukturierenden Aufgaben erfolgreich gelöst wurden. Ein Vorgehen, das eine Zusammenfassung bewirken soll, ist zum Beispiel dann weniger erforderlich, wenn der Klient begreift, daß sich die gesamte Behandlung auf ein spezifisches Problem konzentrieren muß und wenn ihm klar ist, um welche Frage es sich dabei handelt. Trotzdem muß der Sozialarbeiter dem Klienten richtungsweisende Hilfen geben – und dies gewiß in stärkerem Maße als bei der konventionellen Sozialen Einzelhilfe. Ein Teil dieser Führung wird, wie schon gesagt, indirekt durch die Exploration gegeben, indem nämlich nur ganz bestimmte Fragen gestellt werden. Bei der Strukturierung sind die Hinweise des Sozialarbeiters deutlicher: „Vielleicht sollte man bei diesem Problem bleiben" oder „Gehen wir zu dem Punkt zurück, den Sie früher erwähnten". Die Strukturierung dient in dieser Phase hauptsächlich dazu, in der Kommunikation den Schwerpunkt hinsichtlich der vereinbarten Aufgaben zu erhalten.

Es kann jedoch vorkommen, daß ein neues oder altes Lebensproblem so stark an die Oberfläche drängt, daß es die Motivation des Klienten, an der vereinbarten Aufgabe zu arbeiten, zerstört. Vielleicht überschattet es das anfängliche Problem so stark, daß dieses nun vergleichsweise unwichtig erscheint. Eine solche Situation kann eine Neuformulierung der Aufgabe erfordern, wobei Sozialarbeiter und Klient ihre Aufmerksamkeit den sich abzeichnenden Schwierigkeiten systematisch zuwenden müssen. Es ist unbedingt wichtig, daß man zwischen vorübergehenden oder sich am Rande bildenden Problemen, zwischen Schwierigkeiten, die schon lange vorhanden sind und bei denen wenig getan werden kann, und solchen Problemen unterscheidet, die sich abzuzeichnen beginnen und die eine Änderung der Aufgabenstellung erfordern. Häufig ist diese Unterscheidung nur schwer zu treffen, und wir haben keine exakten Kriterien, die uns dabei helfen könnten. Eine Faustregel, die sich für den Sozialarbeiter als nützlich erwiesen hat, besagt, daß man mit dem Klienten bespricht, welcher Kurs eingeschlagen werden soll. Dies geschieht am besten folgendermaßen: Man stellt noch einmal fest, welche Aufgabe verabredet wurde, erinnert daran, daß die damalige Entscheidung sorgfältig überdacht worden war und daß das betreffende Problem zu jener Zeit von entscheidender Bedeutung war. Dann fragt der Sozialarbeiter den Klienten, ob er die gleiche Bedeutung ihm auch jetzt noch zumißt, und wenn dieser es verneint, warum nicht. Auf diese Weise ist es oft möglich, Informationen zu erhalten, die sowohl dem Sozialarbeiter wie auch dem Klienten bei der Entscheidung helfen, ob man die Aufgabe abändern soll. Schließlich gibt es auch noch dringende und zeitgebundene Ereignisse, denen man sich unmittelbar zuwenden muß. Geschieht dies, so wird dadurch die Fähigkeit von Klient und Sozialarbeiter erhalten, weiterzuarbeiten und so bald wie möglich die ursprüngliche Aufgabe wieder aufzunehmen.

Man kann die Bedeutung der Strukturierung in der aufgabenzentrierten Einzelhilfe nicht stark genug betonen. In der Standardpraxis der Sozialen Einzelhilfe wird diese Aufgabe nicht so sehr hervorgehoben, weil die Behandlungsziele im allgemeinen weit gefaßt und elastisch genug sind, um eine Hinwendung zu den meisten eventuell auftauchenden Schwerpunkten zu gestatten. Überdies hat man genügend Zeit – man hofft wenigstens, sie zu haben –, sich einer Vielzahl von Angelegenheiten zuzuwenden. Bei unserem Modell, und bei den Kurzzeitmethoden überhaupt, müssen sich Sozialarbeiter und Klient für Schwerpunkte entscheiden, die dann den Verlauf der Behandlung bestimmen. Für den Sozialarbeiter wird bei der aufgabenzentrierten Einzelhilfe die Entscheidung besonders durch die allgemeine Forderung des Modells erschwert, daß man an der vereinbarten Aufgabe festzuhalten hat, wenn sich der Klient nicht ausdrücklich dagegen entscheidet. Durch sein Bemühen, den Klienten bei der Stange zu halten, hat der Behandelnde unter Umständen das Empfinden, die Verlagerung der Behandlung auf inzwischen wichtigere Probleme zu verhindern.

Als Beispiel wollen wir noch einmal Herrn Todd heranziehen, jenen jungen Mann, der am Arbeitsplatz versagte. Dieses Mal jedoch werden wir seinen gesamten Fall betrachten. Herr Todd hatte das Gefühl, daß seine schlechten Leistungen Teil eines lebenslangen Verhaltensmusters waren. Seit seinem neunten Lebensjahr hatte er ständig schlechte schulische Leistungen erbracht, was schließlich dazu führte, daß er die Schule vor dem Abschluß verließ. Wenn er auch nicht absolut versagte, so waren seine Noten doch so viel schlechter, als er und seine Familie erwarteten, daß er in seiner Hoffnungslosigkeit alles hinwarf. Er meinte, daß er sich vielleicht in einer Zeit ohne Schule von seiner Enttäuschung erholen könnte, um den Mut für einen weiteren Versuch zu entwickeln. Aus den Daten, die man während der ersten beiden Gespräche sammelte, wurde klar, daß die Ablenkungen, die Herrn Todd daran hinderten, befriedigend zu arbeiten, die gleichen waren, die auch seine schulischen Leistungen beeinträchtigt hatten. Als alleinstehender junger Mann mit geringer Selbstachtung vertrödelte er einen großen Teil der Arbeitszeit mit sozialen Kontakten. Sein Drang nach Geselligkeit war jedoch nicht nur Spiel. Er benutzte Freunde und Bekannte dazu, um „herauszufinden, worum es im Leben eigentlich geht" und gefiel sich darin, ihnen bei ihren Problemen seinen Rat anzubieten. All das war ihm wichtiger als Arbeit und Studium. Überdies war er dann, wenn er sich einmal an die Arbeit machte, so ängstlich bemüht, daß er sich mit einer Unmenge von Einzelheiten befaßte, die er genauso gut hätte auf mehrere Aufgaben verteilen oder einfach ignorieren können.

Unter diesen Umständen fragte sich Herr Todd ständig während des Gesprächs, ob der Behandlungsplan mit so einfachen Mitteln wie einem Stundenplan, Kontrollmaßnahmen gegen seine Ängstlichkeit, der Konzentration auf den Entschluß, etwas zu leisten, bei einer so drückenden Verstrickung von Fragen etwas ausrichten könne. Herr Todd verwendete für diese Fragen einen beachtlichen Teil der zur Verfügung stehenden Zeit und stellte die Angemessenheit der Aufgabe so sehr in Frage, daß schließlich auch der Sozialarbeiter in bezug auf die Wirksamkeit eines solchen Reglements skeptisch wurde. Zusätzlich brachte Herr Todd noch die Schwierigkeiten zur Sprache, in die er kommen würde, wenn seine Freundin tatsächlich schwanger wäre. Später stellte sich zwar heraus, daß das nicht der Fall war, daß er aber inzwischen eine andere Bindung eingegangen war und dabei die gewohnten Verhaltensmuster wiederholte. Die neue Freundin war sehr schnell in Abhängigkeit von ihm geraten, während ihm wie üblich, ihre Forderungen lästig wurden und er sich schuldig fühlte, weil er sie ausnutzte. Ein weiteres Problem trat hinzu, als Herr Todd bekannte, daß er eine enge Beziehung zu einem älteren Mann an seinem Arbeitsplatz aufgenommen hätte, der ihn unter seine Fittiche nähme. Herr Todd fühlte sich zwar sicher und zufrieden im Schutze dieses freundlichen älteren Herrn, aber es war wahrscheinlich, daß sich in dieser Beziehung das Muster der übermäßigen Abhängigkeit von Vaterfiguren wiederholte. Der Sozialarbeiter verfolgte diese Randthemen nicht weiter.

Dann, offensichtlich als Reaktion auf die Entschlossenheit des Sozialarbeiters, den vereinbarten Schwerpunkt beizubehalten oder eine Veränderung zu formulieren, warf Herr Todd dem Sozialarbeiter Kälte und Mangel an Verständnis vor. Er könne sich nicht vorstellen, wie sich in einem solchen Klima sein Schicksal ändern könnte. Der Sozialarbeiter, obwohl von heftigen Zweifeln geplagt, bestand weiter auf dem Festhalten an der ursprünglichen Aufgabe, anstatt die komplexen anderen Fragen aufzunehmen.

Im neunten und vorletzten Gespräch sagte Herr Todd, daß er zu einem Entschluß gekommen sei. Die Bewertung seiner Arbeit war erst in zwei Wochen fällig, aber man hatte ihn bereits informiert, daß sie „voll befriedigend" lauten würde, was ein Grad besser war als beim letzten Mal. Die Tatsache, daß man seine Arbeit nicht mit „ausgezeichnet" oder „überragend" bewerten würde (wozu er durchaus die Fähigkeiten hatte), schien kein großes Unglück für ihn zu sein. Sein Vater würde ihn zwar seine Unzufriedenheit spüren lassen, aber das war er ja gewöhnt. Es war ihm klar geworden, wieviel ihm seine persönlichen Beziehungen bedeuteten – die zu seinem älteren Freund, der ihn beschützen würde, und die zu seinen zahlreichen Freunden am Arbeitsplatz und in der Freizeit – und daß ihn die mit ihnen verbrachten Stunden eine äußerst sinnvolle Befriedigung verschafften. Seine Neigung zum Detail bei der Arbeit würde sich unter

Umständen als Vorteil erweisen, da sein Vorgesetzter ihm Aufgaben übertrug, für die diese Eigenschaft von Wert war.
Er war nicht mehr von dem Gedanken besessen, in die Schule zurückzugehen, sondern meinte, daß er diese Frage erst einmal zurückstellen wolle, um zu sehen, was sich ergäbe. Er gab zu, daß die Bestimmtheit, mit der der Sozialarbeiter darauf bestanden hatte, daß er an der Aufgabe festhielt, die er sich selbst gestellt hatte, ihm eine Hilfe bei der Verbesserung seiner Arbeitsleistung gewesen war. Indem man ihn dazu gebracht hatte, sein Ziel (die Leistungsverbesserung) aus der Nähe zu sehen, war ihm bewußt geworden, daß er ihm gar keinen so großen Wert beimaß. Statt dessen bewertete er das am höchsten, was er besaß: einen sicheren Arbeitsplatz, einen Leistungsstand, der seine Arbeitgeber befriedigte, und einen Reichtum an sozialen Beziehungen, die ihm Freude machten und ihm große Befriedigung verschafften. Dabei blieb er überzeugt, daß er noch eine Menge Probleme zu lösen habe. Er fühlte sich in seinen Beziehungen zu Frauen wohler und meinte, daß er auf diesem Gebiet in der Zukunft vielleicht therapeutische Hilfe brauche, vielleicht aber auch nicht. Die Frage, wie er an diesen Problemen arbeiten könne, wurde im letzten Gespräch aufgenommen.
Nicht in allen Fällen sind die Wege so verschlungen. Wir wählten ihn für eine Darstellung in diesem Rahmen aus, weil sich hier das Auf und Ab bei der Aufgabenlösung demonstrieren läßt. Alle Aufgaben scheinen jedoch ihr Eigenleben zu haben, zu dem auch Elemente der Unsicherheit und der Unklarheit gehören. Man muß damit rechnen, daß die Auffassung von der Aufgabe sich verändert, wenn sich ihre Bedeutung durch die einfache Tatsache, daß man sie ernst nimmt und an ihr arbeitet, mehr und mehr enthüllt. Dies scheint mehr oder weniger der allgemeinen Vorstellung zu entsprechen, daß die Lösung eines jeden Problems neue nach sich zieht. Die einzige Frage, die vielleicht noch beantwortet werden muß, ist, ob das neue Problem erträglicher ist als das alte. Im Falle von Herrn Todd schien dies der Fall zu sein.

Veränderungsorientierte Techniken

Während Exploration und Strukturierung latente und indirekte Veränderungsfunktionen besitzen, besteht doch ihre eigentliche Aufgabe darin, den Boden für Methoden vorzubereiten, die direkt auf eine Veränderung zielen. Schärfung des Bewußtseins, Anleitung und Ermutigung dienen nach ihrem ganzen Konzept dazu, Veränderungen in der Wahrnehmung, der Haltung, in den Gefühlen und den Handlungen des Klienten hervorzurufen. Im wesentlichen bestehen diese Techniken aus Botschaften, die der Sozialarbeiter dem Klienten übermittelt. Die Veränderungsabsicht ist entweder deutlich erkennbar oder läßt sich bei einer Analyse der Botschaft leicht herauslesen.

Schärfung des Bewußtseins beim Klienten. In unserem Modell bilden die Techniken dieser breiten Kategorie normalerweise den größten Teil der veränderungsorientierten Kommunikation des Sozialarbeiters. Zu ihnen gehören seine Bemühungen, dem Klienten Informationen über seine eigenen Verhaltensweisen und Probleme zu geben, aber auch über andere und über seine Situation. Unter diese Kategorie fallen also Vorgänge, die in anderen Systemen „Interpretation", „Klärung", „Konfrontation" und „Reflexion" heißen. Bei unserem System werden diese verschiedenen Arten der Intervention in zwei Unterkategorien eingeteilt: 1. Reaktionen, die beim Klienten auf eine Schärfung des Bewußtseins im Hinblick auf andere und auf seine Situation zielen; 2. Reaktionen, die das Bewußtsein des Klienten bezüglich des Wesens und der Dynamik seines eigenen Verhaltens oder seiner Interaktionen mit anderen schärfen sollen.

Zu den häufigeren Botschaften in der ersten Unterkategorie zählen Aussagen des Sozialarbeiters über Hilfsquellen, über Ereignisse, die auf den Klienten zukommen (zum Beispiel Hospitalisierung oder eine Operation), über normative Aspekte menschlichen Verhaltens (wie Entwicklungsprobleme bei Jugendlichen) oder über bestimmte Eigenschaften von Menschen, mit denen der Klient zu tun hat. Die dominierende Art von Botschaften in der zweiten Unterkategorie besteht aus Hinweisen des Behandelnden, die die Aufmerksamkeit des Klienten auf Aspekte seines eigenen Verhaltens lenken, die vielleicht Ursache für seine Schwierigkeiten in der Interaktion mit anderen sind, einschließlich der Wirkung, die sein Verhalten auf andere haben kann.

Diese Definition der Bemühungen des Behandelnden, das Bewußtsein des Klienten zu erweitern, geht etwas weiter als das sonst meist der Fall ist. Unserer Meinung nach werden alle Beiträge der Fachkraft, die unmittelbar das Erkenntnisvermögen des Klienten in bezug auf seine Welt oder auf sich selbst beeinflussen oder vergrößern, am besten einer Klasse zugeordnet. Diese Versuche werden also als Teil einer weiterreichenden Strategie gesehen und nicht als eine Gruppe von Methoden, die einer besonderen Kategorie angehören. Außerdem arbeiten wir ohne die übliche Unterscheidung von Techniken, die sonst bei der Entwicklung der Selbsterkenntnis angewendet werden, zum Beispiel, ob der Schwerpunkt der Aufmerksamkeit auf der Art des Klientenverhaltens liegt im Gegensatz zu seinen Ursachen, oder ob er auf gegenwärtigen Manifestationen liegt im Gegensatz zu deren entwicklungsmäßigen Ursprüngen.

Unser Vorgehen bei der Klassifizierung ist Teil einer theoretischen Überlegung, die im folgenden dargelegt werden soll. Man kann allerdings auch zunächst einfach sagen, daß sie den Realitäten der Einzelhilfepraxis besser entspricht als die Typologien, bei denen Techniken, die der Entwicklung der Selbsterkenntnis des Klienten dienen, isoliert und verfeinert werden. Bei einer Methode wie der der Sozialen Einzelhilfe, in der die Hauptaufmerksamkeit auf den Interaktionen des Klienten mit seinem sozialen Umfeld liegt, ist es schwer, jene Interventionen herauszulösen, die sich nur auf die Selbstwahrnehmung des Klienten beziehen.

Einen großen Teil der bewußtseinsschärfenden Techniken wendet der Sozialarbeiter an, wenn er dem Klienten hilft, bei der Aufgabenlösung Hindernisse zu überwinden. Die sich ergebenden Schwierigkeiten können sich auf das Verhalten des Klienten selbst auswirken, auf das anderer oder auf Eigentümlichkeiten seiner sozialen Situation. Man geht davon aus, daß der Klient besser damit fertig werden kann, wenn ihm geholfen wird, das Wesen und den Ursprung dieser Hindernisse zu verstehen. Die Aufgabe einer Klientin kann zum Beispiel darin bestehen, ein größeres Maß an Unabhängigkeit von ihrer Mutter zu erringen. Zu den Hindernissen auf diesem Weg kann ihre Unfähigkeit gehören, auf unrealistische Forderungen der Mutter mit „nein" zu antworten, und ihre Vorstellung, daß ihre Mutter leidend sei und ihre Fürsorge brauche. Der Sozialarbeiter, der der Klientin helfen will, kann versuchen, ihr das Muster ihrer Unterwürfigkeit den Forderungen der Mutter gegenüber klar zu machen und sie die Mutter realistischer sehen zu lassen.

Eine Untersuchung von Stein, Murdaugh und McLeod wurde zwar in einem anderen Zusammenhang durchgeführt, demonstriert aber, wie bewußtseinsschärfende Techniken in der Kurzbehandlung zur Überwindung von bestimmten Hindernissen – „kognitive Fehlauffassungen" über physische Leiden – eingesetzt werden können. Solche Fehlauffassungen tragen, so die Autoren, entscheidend zu gestörten Reaktionen auf Krankheiten bei.

„Obwohl derartige Phantasien und falsche Vorstellungen häufig eine dynamische Basis haben, erforschen oder behandeln wir diese ‚Wurzeln' der Fehlwahrnehmung in der Kurzbehandlung nicht, sondern konzentrieren uns auf die kognitive Ebene. Wenn wir auf eine *kognitive Bewältigung* hinarbeiten, schließen die wichtigsten Schritte folgendes ein: erstens ein allmähliches Aufarbeiten der Verleugnung, bei der wir uns stark auf das therapeutische Bündnis stützen, und zweitens die allmähliche Präsentation der Wirklichkeit, nachdem die Phantasien und kognitiven Verzerrungen untersucht und geklärt wurden. Die daraus entstehende verbesserte kognitive Wahrnehmung der Realität erlaubt die Verwirklichung einer streßfreien Anpassung" (S. 1046).

Im Rahmen unserer Vorgehensweise könnte diese spezifische Methode bei Klienten angewendet werden, deren Aufgaben mit der Beseitigung emotionaler Störungen, ausgelöst durch körperliche Leiden, zusammenhängen. Allgemeiner gesagt: Dem Klienten zu helfen, „kognitive Beherrschung" zu erreichen, wäre eine wichtige Technik für jede Situation, in der kognitive Verzerrungen ein Hindernis für die Aufgabenlösung bilden.

Solche Hindernisse können sich während der Interaktionen zwischen Sozialarbeiter und Klient ergeben oder erkennbar werden. Die Arbeit des Klienten an seiner Aufgabe wird vielleicht durch bestimmte Gefühle oder Haltungen, die er dem Sozialarbeiter gegenüber zeigt, blockiert. So gibt ein Klient zum Beispiel ein verzerrtes Bild von seinen Fortschritten, um dem Sozialarbeiter einen Gefallen zu tun oder seiner Kritik auszuweichen, oder er schiebt das zur Lösung seines Problems notwendige Handeln hinaus, weil er das Bedürfnis hat, sich an die Beziehung zum Sozialarbeiter zu klammern, oder die problemlösenden Bemühungen des Klienten werden durch Reaktionen behindert, die man aus seinem Verhalten während der Gespräche ablesen kann. Die Unterwürfigkeit einer Ehefrau gegenüber ihrem Mann findet unter Umständen eine Parallele in ihrer Unterordnung unter den Sozialarbeiter.

Der Sozialarbeiter versucht, dem Klienten zu helfen, daß dieser seine Reaktionen versteht und so an ihnen arbeiten kann. Die Analyse solcher Reaktionen oder Übertragungsphänomene, um hier den psychoanalytischen Ausdruck zu gebrauchen, sind auf diesen Zweck beschränkt.

In manchen Situationen trägt eine Schärfung des Bewußtseins beim Klienten mehr dazu bei, ein günstiges Allgemeinverhalten gegenüber der Aufgabe zu stützen, als spezifische Hindernisse zu beseitigen. Ein Sozialarbeiter besorgt zum Beispiel einem Klienten, der in einem Heim betreut werden will, Informationen über Einrichtungen, die dafür in Frage kommen. In anderen Fällen kann es die Aufgabe selbst erfordern, daß der Klient mehr Verständnis gewinnt, wie zum Beispiel die Mutter, deren Aufgabe es war, das Verhalten ihres Kindes

klarer zu erfassen. Ist das der Fall, dann ist die Anwendung der Techniken dieser Kategorie das direkteste Mittel zur Aufgabenlösung.
Es ist immer schwer, die Grenze zwischen einer Bewußtseinsschärfung, die aufgabenrelevant ist, und einer, die es nicht ist, zu erkennen. Um ihrem Sohn gegenüber weniger dominierend zu sein, muß eine Mutter vielleicht nicht nur verstehen, daß sie auch in anderen zwischenmenschlichen Beziehungen dazu neigt, herrschen zu wollen, sondern auch, warum sie dieses Bedürfnis hat. Von hier aus wäre es natürlich möglich, unzählige Facetten ihrer Persönlichkeitsstruktur und Ätiologie zu beleuchten. Wenn wir einfach sagen, daß es unser Ziel ist, ihr nur soviel Einsicht zu vermitteln, wie nötig ist, um die Veränderung ihrer Haltung dem Sohn gegenüber zustande zu bringen, wissen wir noch nicht, wie weit wir dann gehen müssen. Anbieten können wir nur die Empfehlung, daß der Sozialarbeiter ausdrücklich jede Art von Einsicht, zu der er der Klientin verhilft, auf die Aufgabe rückbezieht. Das sollte beiden helfen, sich nicht zu verlieren und kann außerdem dazu dienen, die Veränderungskräfte, die in der Klientin durch die Einsicht stimuliert werden, auf einen kritischen Punkt – die Aufgabe selbst – zu konzentrieren.
Es ist sehr viel leichter, Methoden zu beschreiben, durch die man das Bewußtsein des Klienten erweitern kann, als eine theoretische Begründung für ihre Anwendung zu geben oder Beweise dafür vorzulegen, daß sie tatsächlich zu Verhaltensänderungen führen. Die Erkenntnis, daß eine verstärkte Einsicht in das eigene Selbst und in das eigene Milieu eine verändernde Kraft sein kann, hat ihre Wurzeln in der psychoanalytischen Theorie, in verschiedenen Lerntheorien und in allgemeinen Beobachtungen.
Wie Urban und Ford betonen, basieren die meisten psychotherapeutischen Systeme auf der Annahme, „daß die gesamte Verhaltensorganisation eines Menschen von seinen kognitiven Funktionen beherrscht und reguliert und durch die emotionalen Muster, die mit ihnen verknüpft wurden, erweitert und gedämpft wird ... Da man annimmt, daß die Handlungen eines Menschen aufgrund solchen subjektiven

Verhaltens beurteilt werden, kann man erwarten, daß der Mensch, wenn er zum Denken gebracht werden kann und damit zum anders fühlen, auch notwendig anders handeln wird“ (S. 18).

Es besteht wohl kaum ein Zweifel, daß verstärkte Wahrnehmung Verhaltensänderungen beeinflussen kann. Entscheidender ist die Frage, welche Art des Verständnisses erforderlich ist, wenn das zu verändernde Verhalten aus Gewohnheitsmustern von Reaktionen besteht, die die Bedürfnisse und Überzeugungen eines Menschen spiegeln und daher verhältnismäßig veränderungsresistent sind. Leider gehört ein großer Teil des Verhaltens, das Klienten ändern müssen, um ihre Aufgabe zu lösen, zu dieser Art. Der Kliniker kennt die Grenzen jedweder Einsicht nur zu gut, wenn es darum geht, solches Verhalten zu modifizieren, besonders Verhalten, das zu Problemen zwischenmenschlichen Konflikts, der Rollenausübung und der unbefriedigenden sozialen Beziehungen beiträgt. Wir erwarten, daß diejenigen, die mit unserem Modell arbeiten, versuchen, diese Bedingungen so günstig wie möglich zu gestalten.

Die entscheidende Voraussetzung ist vielleicht die Bereitwilligkeit des Klienten, sein Verhalten zu verändern. Wenn eine Mutter daran interessiert ist, neue Einsichten in ihre Beziehungen zu ihrem Kind zu gewinnen und diese Informationen auch zu nutzen, muß sie bereit sein, neue Möglichkeiten im Umgang mit ihm auszuprobieren. Die Entwicklung und Anwendung solcher Einsicht hängt von den Zielen des Klienten ab, wobei neue Ziele, die möglicherweise aus neuen Einsichten wachsen, eingeschlossen sind. Die Überprüfung des Verhaltens und der Wahrnehmung eines Klienten muß daher ständig auf seine Aufgaben bezogen werden: Was kann er über sich selbst, über andere oder über seine Verhältnisse lernen, das ihn dabei unterstützt, das zu erreichen, was er erreichen möchte.

Wenn man dem Klienten hilft, sein Bewußtsein zu erweitern, so ist dies ein Vorgang individueller Erziehung. Um optimales Lehren und Lernen im Gespräch zu ermöglichen, müssen Klient und Sozialarbeiter Respekt voreinander haben und sich gegenseitig vertrauen, daß sie in

guter Absicht handeln. Darüber hinaus muß der Klient, wie jeder, der lernen will, fähig sein, das, was gelehrt wird, zu begreifen und in größeren Zusammenhängen zu sehen. Wenn die Kommunikation des Sozialarbeiters einfühlend ist, sind seine Formulierungen dem angepaßt, wie der Klient die Dinge sieht, und sie werden somit für ihn verständlich. Gleichzeitig sollten sie in jedem Falle sein Bewußtsein schrittweise erweitern. Außerdem ist es erforderlich, daß der Klient die Absicht und die Anleitungen, die in den Formulierungen des Sozialarbeiters enthalten sind, anerkennt. Ein Sozialarbeiter weist einen Vater auf seine Gewohnheit hin, dem Sohn zu versprechen, etwas mit ihm zu unternehmen und dann einen Rückzieher zu machen. Der Vater muß einsehen, daß die Voraussetzung für eine Veränderung das Verstehen eines solchen Verhaltensmusters ist und daß eine Veränderung in seinen Reaktionen zu der erwünschten Verbesserung der Beziehung zu seinem Sohn führen kann, wenn dies das Ziel ist. Manchmal wird irrtümlich davon ausgegangen, daß ein Klient nicht zu begreifen braucht, was der Sozialarbeiter erreichen möchte, indem er einsichtsorientierte Techniken anwendet, oder daß der Klient im Verlaufe der Behandlung schon irgendwie dahinterkommen wird.
Durch die Konzentration der bewußtseinsschärfenden Bemühungen des Sozialarbeiters auf spezifische Aspekte seines Verhaltens wird es dem Klienten erschwert, als Schutz vor manchmal schmerzhaften, aber heilsamen Selbsterkenntnissen auf andere Gesprächsthemen abzulenken. Der Grad der Konzentration auf den Schwerpunkt, der in unserem Modell gefordert wird, sollte es dem Sozialarbeiter ermöglichen, mit einiger Genauigkeit die kognitiven Veränderungen, die er zu erreichen versucht, zu spezifizieren. Danach sollte er bestimmen können, ob diese Veränderungen wirklich eintreten und ob sie sich auswirken. Das sich daraus ergebende Feedback wird dann zur Richtschnur der weiteren Bemühungen. Ein Beispiel: Ein Ehemann sieht seine Frau vielleicht in einer verzerrten und vereinfachten Weise als „völlig inkonsequent" in ihrem Umgang mit den Kindern. Der Sozialarbeiter entscheidet, daß einige Korrekturen dieser Auffassung er-

forderlich sind, wenn die Eheleute ihre Aufgabe erfüllen wollen, sich gegenseitig bei der Erziehung der Kinder zu unterstützen. Er hilft dem Ehemann, seine Frau realistischer zu sehen, indem er seine Aufmerksamkeit auf Dinge lenkt, bei denen seine Frau durchaus konsequent vorgeht. Danach muß der Sozialarbeiter auf Hinweise achten und sie notfalls herausfordern, ob der Klient seine Frau nun tatsächlich anders sieht, und wenn das der Fall ist, ob diese veränderte Wahrnehmung sich auf sein eigenes Verhalten auswirkt. Treten die gewünschten Auswirkungen nicht ein, müssen andere Schritte unternommen werden. Man kann dann zum Beispiel die Bemühungen um eine Korrektur der Wahrnehmung direkt mit dem Klienten intensiver fortführen, oder man wählt andere Wege, die geeigneter erscheinen, um eine Veränderung im Verhalten des Klienten zu erzielen.

Es wäre unrealistisch zu erwarten, daß der Sozialarbeiter diesen gesamten Prozeß bei jeder kognitiven Veränderung, die er anstrebt, durchzieht. Er sollte es jedoch dann tun, wenn er eine Veränderung für wesentlich hält. Wenn wir einen großen Teil unserer Behandlungsstrategie auf unsere Fähigkeit gründen, Verhalten durch Bewußtseinserweiterung beim Klienten zu verändern, dann scheint eine genaue Überprüfung der Ergebnisse angebracht.

Neue Erkenntnisse und besseres Verständnis allein sind wahrscheinlich nicht genug, um Verhaltensänderungen zu bewirken. Es müssen noch andere Techniken angewendet werden, wenn wir dem Klienten helfen wollen, Einsicht in Handeln umzusetzen. Die Vorgehensweisen, die nun dargestellt werden sollen: Ermutigung, Anleitung und Interventionen in der sozialen Umwelt des Klienten, haben wichtige ergänzende Funktionen. Einem Klienten wurde zum Beispiel geholfen zu begreifen, daß er Schwierigkeiten hat, pünktlich zur Arbeit zu kommen, weil sein Bedürfnis, der Autorität gegenüber Unabhängigkeit zu beweisen, übertrieben stark ist. Überdies konnte man ihm helfen, auch die Folgen seines Zuspätkommens zu erkennen. Daneben waren aber wahrscheinlich noch Ermutigung, praktische Ratschläge und die Mitarbeit der Ehefrau erforderlich, um die gewünschte Verhaltensänderung zu erzielen.

Ermutigung. Der Sozialarbeiter ermutigt, wenn er Anerkennung ausdrückt oder sonstwie positiv auf Handlungen reagiert, die der Klient durchgeführt hat, die ihn gerade beschäftigen oder die er plant. Der Begriff der Ermutigung wird auch auf die Billigung von Haltungen des Klienten angewendet, von denen man erwarten kann, daß sie zu bestimmten Handlungen führen. Wenn der Sozialarbeiter den Klienten ermutigt, dann trägt er durch seine Äußerungen nicht wesentlich zur Einsicht des Klienten bei, er reagiert vielmehr auf etwas, was der Klient getan hat oder zu tun gedenkt oder auf Eigenschaften, die er besitzt. Einfache, direkte Äußerungen der Zustimmung – „gut" oder ähnlich oder auch nur ein Lächeln oder Kopfnicken – sind die häufigsten Formen dieser Art der Kommunikation. Ermutigung kann aber auch ausführlicher oder weniger direkt zum Ausdruck gebracht werden: „Mir scheint, Sie haben da einen ersten Schritt getan, als Sie sich mit der Arbeitsvermittlung in Verbindung setzten"; „Sie wissen, daß Sie die Fähigkeiten besitzen, um ausreichende Noten zu bekommen"; „Es beeindruckt mich, daß Sie in der Lage waren, sich zu beherrschen."

Im vorliegenden Modell wird Ermutigung hauptsächlich zur Stärkung und Stimulierung von Verhalten angewendet, von dem man erwartet, daß es sich günstig auf die Durchführung der Aufgabe auswirkt. Es ist daher eher eine selektive als eine Routinereaktion auf etwas, was der Sozialarbeiter im Verhalten oder im Handeln des Klienten für anerkennenswert hält.

Der Sozialarbeiter muß sich klar darüber sein, zu welchen Handlungen ermutigt werden muß und wie dies zu geschehen hat. Wir gehen davon aus, daß die Zustimmung des Sozialarbeiters zu Handlungen, die der Klient bereits durchgeführt hat, diesen ermutigen, in der gleichen Richtung weiter zu arbeiten. Wenn also ein Sozialarbeiter einer Mutter seine Anerkennung ausspricht, weil sie in einer bestimmten Situation ihrem Kind gegenüber Festigkeit bewiesen hat, dann ermutigt er sie, in ähnlichen Fällen genauso konsequent zu sein. Theoretisch gesehen, fördert Ermutigung die Veränderung, weil der Klient wahrscheinlich ein Handeln vorzieht, das die Anerkennung und Billigung eines Menschen findet, den er respektiert. Die positive Reaktion des Sozialarbeiters gewährt dem Klienten eine gewisse Befriedigung, weshalb er dazu neigt, die entsprechende Verhaltensweise zu verstärken. Sieht man sie in diesem Sinne, dann ist die Ermutigung eine Art positiver Verstärkung, wie es in den Lerntheorien heißt. Diese Theorien und ihre empirischen Grundlagen und praktischen Anwendungsweisen sind daher in diesem Zusammenhang von Bedeutung.

Es gibt umfangreiches Material (von Krasner ausgewertet), mit dem bewiesen wird, daß positive Verstärkung, die vom Behandelnden in Form von Lob, Ermutigung und dergleichen gegeben wird, problematisches Verhalten von Klienten und Patienten verändern kann. Es ist jedoch unklar, wie diese Form positiver Verstärkung am wirksamsten bei den komplexen Verhaltensweisen angewendet werden kann, mit denen man es in Einzelhilfesituationen zu tun hat. Bei welchem Verhalten ist sie angezeigt? Unter welchen Bedingungen bedeutet die Ermutigung durch den Sozialarbeiter eine Verstärkung und wodurch wird ihre Stärke bestimmt? Mit Fragen dieser Art beschäftigen sich die Arbeiten von Autoren, die sich um die Anwendung von Grundsätzen der operanten Konditionierung in der Sozialen Einzelhilfe bemühen (Stuart, a; Thomas; Gambrill, Thomas und Carter). Die Ergebnisse sollten zur Theorie und Anwendung der Ermutigung in unserem Behandlungssystem beitragen.

Anleitung (siehe auch Reid/Shapiro). Durch Anleitung werden dem Klienten Rat oder Empfehlungen des Sozialarbeiters für die Lösung seiner Aufgabe vermittelt. Im Gegensatz zur Ermutigung, bei der der Sozialarbeiter Handlungen zustimmt, die vom Klienten ausgingen, werden durch die Anleitung Handlungsmöglichkeiten vorgeschlagen, an die der Klient nicht gedacht hat oder auf die der Sozialarbeiter wenigstens als eine von mehreren Möglichkeiten, die der Klient in Betracht ziehen sollte, hingewiesen haben möchte.

Der Sozialarbeiter kann seinen Vorschlag dringend äußern („Ich meine, Sie sollten dem Club beitreten“) oder vorsichtig („Vielleicht sollten Sie versuchen, eine Versetzung zu erreichen“) oder beiläufig („Haben Sie versucht, ihn auf diese Sache aufmerksam zu machen?“).

Das direkte Erteilen von Ratschlägen an Klienten im Hinblick auf Probleme halten Theoretiker der Einzelhilfe für eine Technik von begrenztem und zweifelhaftem Wert. Es gibt zwar Bemühungen, Umstände festzustellen, unter denen das Ratgeben nutzbringend sein kann, aber die Warnungen vor einer zu häufigen Anwendung dieser Technik beeindrucken stärker. Hamilton bezeichnet es als eine gewünschte Eigenschaft der positiven Einzelhilfereaktion sich „nicht kritisierend oder ratend“ einzuschalten. Später stellte Hollis fest (a), daß „nur der Anfänger oder der ungeschickte Sozialarbeiter wesentlichen Gebrauch vom Erteilen von Ratschlägen macht.“

Aus solchem Material geht hervor, daß professionelle Sozialarbeiter in der Einzelhilfe wirklich nur sehr vorsichtig Rat erteilen. Untersuchungen, bei denen Inhaltsanalysen von schriftlichen und elektronischen Aufzeichnungen von Einzelhilfegesprächen verwendet wurden, zeigen ziemlich niedrige Prozentsätze an von Sozialarbeitern gegebenen Ratschlägen oder ähnlichem. Überdies zählt das Erteilen von Ratschlägen in praktischen Einzelhilfetests und unter simulierten Bedingungen zu den am wenigsten bevorzugten Arten der Reaktion auf den Klienten.

Auf der anderen Seite gibt es Unterlagen, aus denen hervorgeht, daß Menschen, die um Hilfe bei psychologischen und zwischenmenschlichen Problemen nachsuchen, in größerem Umfang auch Rat erwarten und wünschen, als sie wahrscheinlich erhalten. In ihrer Untersuchung über das, was Patienten von der Psychotherapie erwarten, berichten Garfield und Wolpin, „obwohl die Mehrheit der Betreffenden glaubt, daß Kenntnisse über das eigene Selbst in der Psychotherapie wichtig sind, bevorzugen sie trotzdem Ratschläge und erwarten, daß ein angemessener Teil der Therapiezeit einer solchen Aktivität eingeräumt

wird". Ähnlich fanden Heine und Trosman, daß Patienten vorwiegend ein „Führungs-Kooperations"-Modell der Behandlung bevorzugten, während die Therapeuten lieber mit einem Modell der „gegenseitigen Beteiligung" arbeiteten. In ihrem Bericht über eine Untersuchung, in der die Reaktionen auf Einzelhilfe von 183 Klienten untersucht wurden, schreiben Reid und Shapiro, daß die häufigste Klage über die geleistete Hilfe „Mangel an Ratschlägen vom Sozialarbeiter" war. Erteilten Sozialarbeiter verhältnismäßig häufig Rat (5–10 % ihrer Reaktionen), waren die Klienten weniger unzufrieden, als wenn sie geringen Gebrauch von dieser Technik machten (weniger als 3 %). Sehr interessant ist die Feststellung, daß von der gesamten Auswahl nur zwei Klienten beanstandeten, daß Sozialarbeiter „zu freigiebig mit ihren Ratschlägen waren".
Mehrere Untersuchungen deuten darauf hin, daß die Kluft zwischen dem Umfang an Rat, der erwartet wird, und dem, der tatsächlich gegeben wird, bei Klienten und Patienten aus den unteren Schichten am größten ist. Hollingshead und Redlich gehen sogar so weit zu behaupten, daß „die häufigste Quelle der Schwierigkeiten zwischen Patienten in der Psychotherapie aus der Unterschicht und den Therapeuten die unausgesprochene oder auch offen geäußerte Forderung nach einer autoritären Haltung des Psychotherapeuten und seine fehlende Bereitschaft ist, diese Rolle zu übernehmen, da sie im Gegensatz zu bestimmten therapeutischen Grundsätzen steht" (S. 345). Wenn diese Ergebnisse auch auf die Soziale Einzelhilfe zutreffen, dann erfüllen Sozialarbeiter, die wenig Rat erteilen, bestimmte Erwartungen ihrer Klienten nicht. Obwohl also das vorhandene Material dafür spricht, daß Klienten mit der Hilfe zufriedener wären, wenn die Sozialarbeiter ihnen mehr Ratschläge erteilen würden (mehr als etwa 5 % scheint die übliche Norm zu sein), haben wir doch kaum Beweise dafür, daß diese spezifische Technik mit besonderem Erfolg Veränderungen bewirkt. Überdies wird in den meisten Untersuchungen das Erteilen von Ratschlägen ohne Hinweise darauf klassifiziert, in welchem Zusammenhang dies geschieht, und obgleich wir der gleichen Praxis folgen,

tun wir es doch in der Erkenntnis, daß diese Kategorie Interventionen sehr verschiedener Art umfaßt, die von einem beiläufigen Hinweis auf eine Möglichkeit, Johnny zum Gemüseessen zu bringen, bis zur Empfehlung reichen können, ein Familienmitglied in einem Heim unterzubringen.

In unserem Modell wird die Anleitung, die der Sozialarbeiter übernimmt, natürlich durch das Wesen der Aufgabe bestimmt. Bei dieser Qualifizierung kann ein Behandelnder nicht wahllos oder hemmungslos Ratschläge erteilen, auch wenn das bei einem leicht beeinflußbaren oder abhängigen Klienten sehr verführerisch sein könnte. Nachdem die Aufgabe einmal gestellt wurde, konzentriert sich die Anleitung, genau wie die anderen Techniken, auf die Möglichkeiten, dem Klienten bei der Erreichung seines Zieles zu helfen. Der Sozialarbeiter kommt also gar nicht in die Lage, sich verpflichtet zu fühlen, einen Klienten bei einer wesentlichen Entscheidung zu beraten, die außerhalb des Aufgabenrahmens liegt, selbst wenn es der Klient von ihm fordert.

Es gibt Hinweise darauf (Reid, b), daß Anleitung in der Kurzbehandlung in größerem Umfang gegeben wird als in der ausgedehnten Einzelhilfe, und wir erwarten, daß diese Technik im vorliegenden Modell verhältnismäßig häufig angewendet wird. Sie hat zwei Aufgaben: 1. dem Klienten spezifische Empfehlungen zu geben, die, wenn er sich danach richtet, die Aufgabenlösung fördern können; 2. ihm eine wichtige Quelle kognitiver und emotionaler Anregung zu erschließen, die ihn zu produktivem Denken und Handeln stimuliert.

Häufig probieren Klienten das ihnen vom Sozialarbeiter Vorgeschlagene zu ihrem Vorteil aus. Wir alle kennen aber auch die paradoxe Situation, in der der Klient ständig den Rat des Sozialarbeiters sucht, ihn aber nie zu beherzigen scheint. Wir neigen zu der Annahme, daß unsere Empfehlungen wenig Wert haben, wenn sich der Klient nicht danach richtet. Vielleicht ist dies ein Grund dafür, daß viele Sozialarbeiter von dieser Technik so wenig Gebrauch machen. Die zweite Funktion der Anleitung kann uns helfen, diesen Widerspruch aufzulösen. Die Tatsache, daß der Klient dem Rat des Sozialarbeiters nicht folgt, braucht nicht wirklich wichtig zu sein. Die entscheidende Überlegung ist, was die Vorschläge im Denken und Fühlen des Klienten auslösen. Eine Empfehlung kann zum Beispiel auf den Mangel an konstruktivem Verhalten auf einem bestimmten Gebiet zielen und den Klienten dazu veranlassen, darüber nachzudenken, weshalb dieser Mangel besteht. Oder ein Klient lehnt einen Rat als unrealistisch ab, wird aber gleichzeitig dazu angeregt, sich andere Handlungsmöglichkeiten zu überlegen. Oder, allgemeiner gesagt, eine Empfehlung des Sozialarbeiters kann Teil einer Herausforderung, einer Konfrontation sein, durch die produktive Kommunikationsfelder mit dem Klienten erschlossen werden.

Es mag zutreffen, daß diese Aufgaben auch mit anderen Mitteln erfüllt werden könnten, ebenso wahr ist aber wohl, daß der typische Klient dieses Geben und Nehmen wünscht und es nützlich findet. Eine solche Interpretation erklärt, warum Klienten enttäuscht sind, wenn nicht ein gewisses Maß an Ratschlägen erteilt wird, selbst wenn sie das, was ihnen tatsächlich geraten wurde, nicht befolgen. Ist auch die Qualität des erteilten Rates offensichtlich wichtig, so ist der entscheidende Aspekt doch wahrscheinlich nicht darin zu sehen, ob das Empfohlene vernünftig und richtig ist, sondern darin, was es im Klienten auslöst.

Diese Ansicht wird durch eine Untersuchung von Davis gestützt. Davis erarbeitete zwei Arten von Daten über die Reaktionen einer Gruppe von siebzehn Müttern auf die Ratschläge von Sozialarbeitern in bezug auf die Probleme ihrer Kinder: die eine bestand aus den unmittelbaren Reaktionen auf den Rat des Sozialarbeiters während des Behandlungsgespräches (das auf Band aufgenommen und analysiert wurde), die andere aus den Bewertungen der Mütter, die in einem Folgegespräch gesammelt wurden. Davis stellte fest, daß die Reaktion von Eltern auf die Anleitung eines Sozialarbeiters während des Behandlungsgespräches meistens eher negativ als positiv war. Trotzdem meinte keiner der Beteiligten, daß der Sozialarbeiter zuviel Rat erteile. Ungefähr ein Drittel wünschte vielmehr, daß sich der Sozialarbeiter in noch größerem Umfang dieser Technik bediene, und alle, außer dreien, erinnerten sich schließlich an einen wertvollen Rat. Nur wenige hatten einen Ratschlag behalten, der nicht gut gewesen war. Eine Interpretationsmöglichkeit dieser erstaunlichen Ergebnisse wäre, daß die Mütter aus Empfehlungen, die sie zunächst für „Quatsch" hielten, doch wertvolle Anregungen bezogen. Diese Deutung wird durch die Feststellung belegt, daß alle Mütter, außer zweien, berichteten, die Hinweise des Sozialarbeiters hätten sie auf die Notwendigkeit aufmerksam gemacht, an bestimmten Problemen zu arbeiten.

Die einzige Bedingung, die wir beim vorliegenden Modell für den Gebrauch der Anleitung stellen, ist, daß sie dem Klienten hilft, mit seiner Aufgabe voranzukommen. Der Behandelnde kann seine Empfehlungen also auf jede Verhaltenstheorie stützen, die er für geeignet hält. In der Arbeit mit Eltern, bei der es um Erziehungsprobleme geht, neigen Sozialarbeiter dazu, sich ihre Hinweise aus den Theorien der Kinderpsychologie zu erarbeiten, es gibt jedoch noch viele andere Möglichkeiten. In einem Falle (Frau P.) gründete ein Sozialarbeiter seine Anleitung auf die operante Konditionierung, um einer Mutter, deren beide Jungen Bettnässer waren, bei ihrer Aufgabe zu helfen. Dem Rat des Sozialarbeiters entsprechend, dachte sich die Mutter ein Belohnungssystem aus, in dem kleine Geldsummen und andere Privilegien ausgesetzt wurden, wenn die Betten sauber blieben oder die nassen Laken gewechselt worden waren. Die Mutter wurde außerdem dazu angeregt, bedeutsames Verhalten (ihr eigenes und das der Kinder), das mit dieser Aufgabe in Verbindung stand, zu notieren, was dann als Grundlage für Vorschläge zur Modifizierung der Regeln dienen konnte. Das Bettnässen der Jungen, das ein chronisches Problem gewesen war, konnte auf diese Weise überwunden werden. Von unserem Standpunkt aus bediente sich der Behandelnde der Technik der Anleitung, um einer Mutter bei einer Aufgabe auf dem Gebiet der Rollenerfüllung zu helfen, obwohl er von einem anderen Gesichtspunkt her Grundsätze der operanten Konditionierung verwendete, um das Bettnässen der Jungen unter Kontrolle zu bekommen. Man kann diesen Fall auch als Illustration eines „gemischten" Vorgehens sehen, aber wir ziehen vor, an ihm den weiten Spielraum an Interventionsmöglichkeiten aufzuzeigen, der im Rahmen des vorliegenden Modells möglich ist.

8 Kontext der Kommunikation

Im vorliegenden Modell wird, wie überhaupt in der Sozialen Einzelhilfe, die Kommunikation durch das Umfeld oder den Kontext geprägt, in dem sie stattfindet. Ein Gespräch mit einem Klienten hat einen anderen Kontext als die Beratung mit einem Lehrer über einen Jungen, der sich in Behandlung befindet. In diesem Kapitel soll die Kommunikation des Behandelnden in ihren beiden wichtigsten Zusammenhängen behandelt werden: im Gespräch mit dem Klienten und im Austausch mit anderen Personen.

Die Struktur des Gesprächs

Die Struktur des ersten Gesprächs mit einem Klienten ergibt sich aus den einleitenden Schritten des Modells, das heißt, man beginnt mit der Problemerforschung und geht dann zur Aufgabenformulierung und zur Festlegung der zeitlichen Begrenzung über. Die Struktur der Gespräche, in denen es um die Arbeit an der Aufgabe geht, ist komplexer und weniger einheitlich, aber auch für sie können einige Richtlinien aufgestellt werden.

Gespräche über die Arbeit an der Aufgabe beginnen im allgemeinen mit einem Überblick über das, was seit dem letzten Gespräch versucht und erreicht wurde. Alles, was an Handlungen zwischen Klient und Sozialarbeiter vereinbart worden war, kommt zur Sprache. Der Sozialarbeiter berichtet also zum Beispiel über gewisse Fortschritte, die er in bezug auf die Gewährung bestimmter Hilfen für den Klienten erzielt hat. Der Klient dagegen spricht über seine Bemühungen, seiner Frau gegenüber rücksichtsvoller zu sein. Normalerweise liegt der

Schwerpunkt auf dem, was der Klient getan hat, aber nur, soweit es in Zusammenhang mit der Aufgabe steht. Die einleitende Frage des Sozialarbeiters könnte lauten: „Konnten Sie in Ihren Bemühungen ein Stück weiterkommen, Ihre Mutter dazu zu bringen, sich selbst zu versorgen?“ Allgemeine Phrasen wie „Nun, wie ging es letzte Woche?“ sollten vermieden werden. Der Sozialarbeiter ergründet also, was der Klient versucht hat, was erreicht wurde, welche Hindernisse sich ergaben und so weiter. Neben der Exploration bemüht sich der Sozialarbeiter, den Klienten zu ermutigen und Handlungen zu unterstützen, die ihn der Aufgabenerfüllung näherbringen.

Von diesem Punkt aus kann das Gespräch in verschiedenen Richtungen verlaufen, die jeweils durch das bestimmt werden, was sich aus dem einleitenden Überblick ergab. Angelegenheiten, die mit dem Wesen und dem Wert der Aufgabe zusammenhängen, sollten Priorität erhalten. Während er berichtet, was er getan hat, kann der Klient direkt oder indirekt Fragen über die Gültigkeit der Aufgabe aufwerfen. Vielleicht spielt er ihre Bedeutung herunter, wechselt zu anderen Themen und dergleichen. Seine Fragen in bezug auf den Nutzen der Aufgabe, ganz gleich, in welcher Form er sie äußert, sollten aufgegriffen werden, ehe man das Gespräch fortsetzt. Ignoriert der Klient die Aufgabe oder beginnt er, von anderen Problemen zu sprechen, sollte man versuchen, diese Dinge so lange zurückzustellen, bis man sich mit seiner Haltung der vereinbarten Aufgabe gegenüber auseinandergesetzt hat. Noch häufiger ergeben sich Fragen, die die Art der Aufgabe betreffen. Der einleitende Überblick über die erzielten Fortschritte kann also dazu führen, daß man versucht, die Aufgabe erneut zu klären, sie zu spezifizieren oder Nebenaufgaben festzulegen. Ein Ehepaar berichtet zum Beispiel über gewisse Fortschritte, die es bei seinen Bemühungen erzielte, sich gegenseitig bei der Erziehung der Kinder mehr zu unterstützen. Einer von ihnen oder auch beide haben vielleicht Fragen darüber, wieviel gegenseitige Hilfe nötig oder erwünscht ist. Ein älterer Mann, der versucht, eine ständige Versorgung ausfindig zu machen, hat beschlossen, seinen ursprünglichen Plan, in ein Altenheim zu gehen, aufzugeben und fragt sich nun, was er statt dessen tun soll. In solchen Fällen müssen Sozialarbeiter und Klient versuchen, genauer festzulegen, worin die Aufgabe besteht oder welche weiteren Schritte zu ihrer Lösung erforderlich sind.

Wenn Fragen über die Art und die Gültigkeit der Aufgabe behandelt wurden – oder wenn sich keine Fragen dieser Art ergaben –, zielen die Bemühungen des Sozialarbeiters darauf ab, dem Klienten zu helfen, daß er mit seiner Arbeit an der Aufgabe vorankommt. Thema der Kommunikation zwischen Sozialarbeiter und Klient ist also herauszufinden, warum der Klient nicht in der Lage ist, bestimmte Dinge durchzuführen oder wie er dies oder jenes am besten bewerkstelligen kann.

Exploration und Strukturierung dienen dazu, die Kommunikation des Klienten anzuregen und ihr einen Schwerpunkt zu geben. Auf dieser informatorischen Grundlage entwickelt und präsentiert der Sozialarbeiter Formulierungen über das Verhalten des Klienten, seine Interaktionen und seine Situation. Er macht Vorschläge, ermutigt oder erklärt, was er für den Klienten außerhalb des Gesprächs unternehmen könnte. Wie diese Techniken kombiniert werden, richtet sich danach, wie sie den Klienten am wirksamsten bei der Durchführung seiner Aufgabe unterstützen können. Solange wir nicht mehr über die Wirkung verschiedener Methoden unter verschiedenen Bedingungen wissen, ist wahrscheinlich ein suchend-tastendes Vorgehen beim einzelnen Klienten am vernünftigsten. Ganz gewiß ist keiner der Vorgehensweisen gegenüber den anderen der Vorzug zu geben, das heißt also, daß wir nicht davon ausgehen, daß zum Beispiel die Schärfung des Bewußtseins beim Klienten generell größeren Wert hat als eine Führung oder Anleitung.

Wenn mehrere Aufgaben nebeneinander herlaufen, werden für jede von ihnen die Grundzüge erneut umrissen. Hängen die Aufgaben eng miteinander zusammen oder lassen sie sich mit Hilfe eines gemeinsamen Nenners im Verhalten oder in der Situation des Klienten miteinander verknüpfen, dann kann der Sozialarbeiter im Gespräch von einer Aufgabe zur anderen wechseln oder Themen anschneiden, die sich auf alle beziehen.

Der letzte Teil des Gesprächs ist Überlegungen gewidmet, was Klient und Sozialarbeiter in der Zeit bis zum nächsten Gesprächstermin in Angriff nehmen könnten. Bei einer kurzen Behandlung ist es wichtig, daß die Zeit zwischen den Gesprächen maximal genutzt wird.

Im vorliegenden Modell ist es in der Tat eine der wichtigsten Aufgaben der Gesprächsführung, Gelegenheit für die Planung von Aktionen zu bieten, die außerhalb der Treffen durchgeführt werden. Für den Klienten reichen solche Handlungen von bestimmten Schritten, die er unternehmen soll (zum Beispiel die Kontaktaufnahme zu einer Arbeitsvermittlung), bis zum Versuch, in bestimmten Situationen neue Reaktionen zu erproben (wie das Festhalten an einem Zeitplan beim Lernen). Selbstverständlich werden bei der Ausarbeitung solcher Aufträge mit dem Klienten die Techniken der Ermutigung und der Anleitung sehr intensiv angewendet.

Schon immer schrieben Sozialarbeiter dem, was der Klient nach dem Treffen tut, große Bedeutung zu. Wir haben dafür sogar einen bekannten Slogan: „Der Großteil der Behandlung findet außerhalb des Gesprächs statt." Gewöhnlich bleibt jedoch das, woran der Klient zwischen den Gesprächsterminen arbeiten soll, recht vage („Denken Sie darüber noch etwas nach!"), und wird in der normalen Praxis nicht einmal mit dem Klienten erörtert.

Klienten probieren die in den Gesprächen behandelten Dinge auch ohne besondere Planung aus, und dieser Vorstoß der Sozialen Einzelhilfe, in welcher Form sie auch praktiziert wird, soll das Verhalten des Klienten im „wirklichen Leben" beeinflussen. Wenn man jedoch mit dem Klienten auch noch eigens bespricht, was er im Hinblick auf sein Problem zwischenzeitlich tun kann, dann ist dies für die Strukturierung und Anregung seiner problemlösenden Anstrengungen besonders nützlich.

Beispiel eines Gesprächs

Das folgende Beispiel illustriert einige allgemein zutreffende Sachverhalte, die wir zum Thema „Gespräche über die Arbeit an der Aufgabe“ vortrugen und liefert gleichzeitig zusätzliche Anregungen für die Anwendungen von Techniken und Strategien in diesem Modell. Das Gespräch stammt aus der mittleren Behandlungsphase einer Frau Yost, die versuchte, „um der Kinder willen das Beste aus einer schlechten Ehe zu machen“. Da sich der Ehemann weigerte, mit dem Sozialarbeiter zusammenzutreffen, hatte man beschlossen, mit Frau Yost allein zu arbeiten. Bei den zahlreichen Klagen, die sie über ihre Ehe führte, schien es zwei Dinge zu geben, für die sie etwas tun konnte: die mangelnde Bereitschaft des Mannes, mit ihr zusammen an irgendwelchen geselligen Anlässen teilzunehmen, und seine „Knickrigkeit“ in Geldangelegenheiten. Es wurden drei parallel laufende Aufgaben formuliert, an denen sie arbeiten sollte: 1. Sie sollte ihren Mann dazu bringen, daß er in bezug auf Geselligkeit mehr mit ihr unternahm; 2. sie sollte ihr eigenes soziales Leben stärker entfalten; 3. sie sollte mit ihrem Mann befriedigende finanzielle Vereinbarungen treffen.

Das Gespräch (das fünfte) begann mit dem Bericht der Klientin, wie sie am letzten Wochenende versucht hatte, ihren Mann dazu zu bringen, mit ihr und einem anderen Ehepaar an die Küste zu fahren (es war im vorangegangenen Gespräch zwischen ihr und dem Sozialarbeiter vereinbart worden, daß sie diesen Versuch machen sollte, da sie wußte, daß die andere Ehefrau sie dazu auffordern würde). Ihr Mann, der erst versprochen hatte mitzugehen, drückte sich in letzter Minute, so daß Frau Yost gezwungen war, allein mit dem Ehepaar zu fahren. Der Sozialarbeiter ging mit Frau Yost diese Episode durch, um herauszufinden, ob sie vielleicht durch ihr Verhalten Herrn Yost einen Anlaß gegeben hatte, sein Vorhaben nicht durchzuführen, aber es ließ sich dafür kein Ansatzpunkt finden. Frau Yost begann dann, diesen Vorfall mit einigen ähnlichen in der allgemeinen Klage zusammenzu-

fassen, daß es sinnlos sei zu versuchen, ihren Mann „aus dem Haus zu bekommen“. Man griff nun die Tatsache auf, daß die Klientin ihre Aufgabe in Frage stellte und behandelte dabei die früheren Versuche von Frau Yost, ihren Mann zu solchen Ausflügen oder auch nur zu Unternehmungen zu zweit zu bewegen. Dabei stellte man fest, daß es weit mehr Mißerfolge als Erfolge gegeben hatte. Nun wollte sie aufgeben. In diesem Gespräch benutzte der Sozialarbeiter einige Formulierungen, die darauf abzielten, der Klientin ein etwas ausgewogeneres und differenzierteres Bild von ihrem Mann zu vermitteln: hin und wieder ging er wenigstens mit ihr aus, wenn auch meistens nach einigem Zögern. Frau Yost hatte jedoch das Gefühl, daß „es nicht der Mühe wert ist“. Der Sozialarbeiter stimmte (wenn auch mit einigen Zweifeln) zu, daß man vielleicht auf anderen Gebieten besser vorankommen könne (von hier an wurde diese Aufgabe nur noch am Rande behandelt, und man erzielte wenig Fortschritte).
Der Sozialarbeiter kam auf die Episode zurück, von der Frau Yost zu Beginn des Gesprächs berichtet hatte, und wies auf die Tatsache hin, daß sie mit dem Ehepaar allein gegangen war. Hierdurch wurde das Gespräch auf die zweite Aufgabe gelenkt, die darin bestand, daß Frau Yost ihre eigenen Beziehungen außerhalb ihrer vier Wände ausweiten sollte. Diese Aufgabe, die ursprünglich die erhofften Ergebnisse der ersten Aufgabe ergänzen sollte, war nun vielleicht zu einer Alternative bei der Erfüllung ihres Bedürfnisses nach Geselligkeit geworden. Der Sozialarbeiter machte eine positive Bemerkung darüber, daß sie allein mit dem Ehepaar weggefahren war. Dann überlegte man, ob sie allein zu einem Picknick gehen sollte, zu dem die gleichen Freunde sie und ihren Mann eingeladen hatten. Sie sprach von ihren Hemmungen, allein solchen Einladungen zu folgen, obwohl sie zugeben mußte, daß sie meistens viel Spaß daran hatte. Ihre Unsicherheit in bezug auf das Alleingehen wurde als Hindernis bei dieser spezifischen Aufgabe herausgearbeitet. Ihr Gefühl, „daß es in den Augen der anderen nicht gut aussähe“, wenn sie ohne ihren Mann Einladungen folgte, schien eine Rolle zu spielen. Dieses Gefühl wurde durch

den Ärger über ihren Mann verschärft, weil er sie in solche Situationen brachte. Der Sozialarbeiter erkannte zwar an, daß andere ähnlich empfinden können, hob dann aber hervor, daß Frau Yost ziemlich heftig auf das zu reagieren scheine, was andere von ihr denken könnten. Ihr Wunsch, mehr zu unternehmen, und sei es auch allein, wurde erneut besprochen und als bessere Alternative zum „Gar-nichts-Tun“ bestätigt. Der Sozialarbeiter ermutigte Frau Yost in ihrem Entschluß, „etwas zu unternehmen“, und schlug vor, daß sie allein zu dem Picknick gehen sollte, wenn ihr Mann nicht bereit wäre, sie zu begleiten.

Frau Yost selbst wechselte dann den Schwerpunkt des Gesprächs und kam auf die verbleibende Aufgabe. Im vorangegangenen Gespräch war festgestellt worden, daß sie versuchen sollte, von ihrem Mann wöchentlich eine bestimmte Summe zu bekommen. Bisher gab er ihr immer nur soviel, wie sie gerade brauchte. Daß sie selbst um kleine Summen bitten mußte, um bestimmte Dinge zu kaufen, war für sie eine ständige Quelle der Demütigung und Anlaß zu zahllosen Streitereien zwischen dem Ehepaar. Im anschließenden Gespräch darüber, wie sie in diesem Falle vorgehen könne, kam zum Ausdruck (was auch schon im letzten Gespräch der Fall gewesen war), daß Frau Yost Angst hatte, ihren Mann um Geld zu bitten, besonders dann, wenn sie fürchtete, dadurch einen Streit auszulösen. Sie deutete an, daß sie in bezug auf Geld besonders empfindlich sei und erzählte, daß ihr Vater ihr immer unerwartet kleine Summen gegeben habe, die für sie Zeichen seiner Zuneigung gewesen wären. Der Sozialarbeiter nahm diesen Faden nicht auf, sondern fragte Frau Yost vielmehr, ob sie glaube, daß sie ihren Mann um Geld bitten könne. Trotz ihrer Ängste willigte sie ein, den Versuch zu machen, und sie arbeiteten gemeinsam einen Plan aus, wie sie dabei vorgehen sollte. Dazu gehörte, daß sie ihm eine Liste ihrer regelmäßigen Ausgaben vorlegte.

Sozialarbeiter: Was ist, wenn er sich weigert?

Frau Yost (nachdenklich, dann abrupt): Ich glaube, ich würde ihn verlassen.

Sozialarbeiter: Würden Sie ihm das sagen?
Frau Yost: Ja.
Sozialarbeiter: Gut.
Man kam überein, daß Frau Yost gleich zu Anfang der Woche ihren Plan durchführen sollte.
Wie man sieht, folgt dieses Gespräch dem allgemeinen Muster, das bereits beschrieben wurde. Obwohl mehr Aufgaben behandelt wurden, als üblich oder vielleicht wünschenswert ist, spürt man deutlich die aufgabenzentrierte Orientierung des Sozialarbeiters. Seine Technik konzentrierte sich mehr auf die Aufgabenlösung als darauf, der Klientin zu helfen, ihre Gefühle auszudrücken oder Einsicht *per se* zu gewinnen. Seine Entscheidung, die verlockenden Hinweise der Klientin auf ihren Vater nicht aufzugreifen, sind ein Beispiel für diese Haltung. Im Hinblick auf die bei der Klientin zu diesem Zeitpunkt vorhandene Motivation schien es nicht erforderlich, dieses historische Material auszuschöpfen, um ihr bei ihrer Aufgabe weiterzuhelfen. Wenn sie nicht fähig gewesen wäre, an die Aufgabe heranzugehen, hätte der Sozialarbeiter sehr wohl entscheiden können, daß womöglich psychodynamische Verbindungen zwischen ihrem Vater, ihrem Ehemann und den Geldangelegenheiten überprüft werden sollten. Das Ergebnis der Behandlung war in diesem Falle einigermaßen befriedigend. Frau Yost konnte ihren Mann zwar nicht dafür gewinnen, mehr am sozialen Leben teilzunehmen, aber sie begann, häufiger ohne ihn mit Freunden auszugehen. Zu ihrer Überraschung gab ihr Mann ohne großen Widerstand nach, als sie von ihm die regelmäßige Zahlung einer festen Summe forderte. Als die Behandlung beendet wurde, war Frau Yost mit ihrem Erfolg recht zufrieden, besonders im Hinblick auf die Geldfrage, und sie war der Meinung, daß ihre Ehe wesentlich erträglicher geworden sei. Eines Tages, sagte sie, würde sie ihren Mann verlassen, wenn sich die Situation nicht bessern würde, aber jetzt sei dafür nicht der richtige Zeitpunkt.

Kommunikation in Mehrpersonengesprächen

Der Begriff des „Mehrpersonengesprächs“ bezieht sich auf Gespräche, an denen der Sozialarbeiter und zwei oder mehr Klienten beteiligt sind. Die meisten Mehrpersonengespräche in der Sozialen Einzelhilfe werden mit Mitgliedern einer Familie geführt: mit dem Ehemann und der Ehefrau, einem Elternteil und einem Kind oder mit der ganzen Familie. In der aufgabenzentrierten Einzelhilfe wird von Mehrpersonengesprächen meistens dann Gebrauch gemacht, wenn es sich um Probleme zwischenmenschlicher Konflikte handelt, sie können aber auch im Zusammenhang mit jeder anderen Schwierigkeit, an der mehr als ein Klient beteiligt ist, geführt werden. Bisher beschränkten sich unsere Bemühungen um ein Konzept der Sozialarbeiterkommunikation auf Gespräche mit einzelnen Menschen. Ein Entwurf für Mehrpersonengespräche wurde noch nicht erarbeitet. Die Versuche einer Klassifizierung der Sozialarbeitertätigkeiten in Mehrpersonengesprächen bestehen im wesentlichen aus einer Erweiterung der Systematik, die für Einzelgespräche entwickelt wurde (Abrams u. a.; Ehrenkranz, a, b; Hollis, e). Diese Untersuchungen haben ergeben, daß die Grundformen der Sozialarbeiterkommunikation, die in Einzelgesprächen verwendet werden, in Mehrfachgesprächen ebenfalls angewendet werden können, sie zeigten aber auch, daß nicht alle Vorgänge angemessen in die erarbeiteten Schemata für Einzelgespräche eingeordnet werden können.

Wir sehen keinen Grund, weshalb die oben dargestellten fünf grundlegenden Kommunikationskategorien nicht auch in Mehrpersonengesprächen Verwendung finden können. In einer aufgabenzentrierten Behandlung, die in Form von Familiengesprächen durchgeführt wird, bedient sich der Behandelnde also der Exploration mit den Familienmitgliedern, um Zielprobleme festzustellen und zu klären, er versucht, die Kommunikation im Zusammenhang mit der Aufgabe zu strukturieren, er hilft den Beteiligten vielleicht zu größerer Einsicht in ihre Interaktionsmuster, und er ermutigt und führt wahrscheinlich die einzelnen Familienmitglieder oder die Familie als Ganzes. Zusätzlich wäre es erforderlich, daß er die vorgesehenen Empfänger seiner Botschaften im Auge behält und Möglichkeiten entwickelt, seine Funktionen als Förderer und Analytiker der Kommunikationen, die während der Gespräche zwischen den Familienmitgliedern stattfinden, zu verfolgen. Überdies kann ein Vorgang, der Teil eines Einzelgesprächs ist, ganz andere Formen annehmen, wenn er in Familiengesprächen abläuft. Es ist eine Sache, einem einzelnen Klienten zu helfen, seine Mitteilungen auf die Aufgabe zu konzentrieren, und es ist eine ganz andere, wenn man Mitgliedern einer Familie eine Nebenaufgabe stellt, an der sie während des Gesprächs arbeiten sollen – beide Vorgänge fallen jedoch in die Kategorie der Strukturierung.

Die Grundstrategie des Modells gilt für alle Formen, in denen ein Gespräch stattfindet, und die Form des Gesprächs ergibt sich aus der Art der Zielprobleme, der Aufgaben und der zeitlichen Begrenzung der Behandlung. Wir präsentierten bereits einige Fallbeispiele, die die Anwendung von Mehrpersonengesprächen im Kurzzeitmodell etwas illustrierten. Das folgende Beispiel zeigt die Anwendung dieser Technik etwas ausführlicher.

Dora Alton, fünfzehn Jahre alt, wurde von ihrem Arzt überwiesen, weil sie eine Überdosis Tabletten genommen hatte. Da ihre Mutter sie sofort in ärztliche Behandlung gebracht hatte, gab es keine physischen Auswirkungen des Selbstmordversuchs. Dora wurde von ihrer Mutter zur sozialen Einrichtung gebracht, man sprach jedoch zuerst allein mit ihr. Dora beschrieb wohl bereitwillig, wie sie an den Medizinschrank gegangen war und von jeder Tablettensorte, die sie dort vorfand, zwei genommen hatte, sonst sprach sie sich aber nicht darüber aus, was sie empfand und was sie erregte. Als man in sie drang, doch zu sagen, was sie als Problem ansah, sagte sie zwar, ihre Mutter sei zu streng, konnte aber nichts Näheres dazu äußern. Dann sprach man mit der Mutter allein. Sie behauptete, nicht zu wissen oder zu verstehen, warum Dora den Selbstmordversuch unternommen hatte. Es handelte sich um eine vaterlose Negerfamilie mit drei Kindern, die Wohlfahrtsunterstützung erhielt: ein neunzehnjähriger Sohn, der arbeitete und den größten Teil seines Verdienstes für den Unterhalt der Familie beisteuerte, Ellen, siebzehn Jahre alt, die die Sekundarschule besuchte, und Dora. Frau Alton war eine intelligente und fähige Frau, die mit ihrem bescheidenen Einkommen besser zurechtkam als die meisten anderen. Beide Mädchen waren gut in der Schule und schienen auch Freunde zu haben. Die Mutter sagte spontan, so als ob sie sich innerlich mit diesen Gedanken beschäftigt hätte, daß ihre eigene Schwester ihr gesagt habe, sie sei zu streng mit ihren Kindern. Indirekt stellte sie die Frage an die Sozialarbeiterin: War sie tatsächlich zu streng? Hatte ihre Strenge etwas mit Doras Verstörung zu tun?

Da Mutter und Tochter offenbar beide glaubten, ihr Problem sei ein Konflikt in bezug auf „Strenge", schlug man vor, mit beiden gemeinsam zu sprechen. Man stellte dann fest, daß auch Ellen gekommen war und im Wartezimmer saß. So sprach man sofort mit allen dreien als Familiengruppe. Es gab kein Kommunikationsproblem mit der Sozialarbeiterin. Die Mutter war am gesprächigsten, dann kam Ellen, Dora sagte am wenigsten, aber alle drei beteiligten sich aktiv am Gespräch. Innerhalb von Minuten wurde klar, daß die Strenge der Mutter für alle drei das brennendste Problem war. Strenge bedeutete hier, daß die Mutter detaillierte Verhaltensregeln für die Töchter in ihren Beziehungen zu Jungen festlegte, und daß sie die Mädchen nach irgendwelchen Zusammenkünften ins Verhör nahm, um festzustellen, ob sie gehorcht hatten. Der ältere Bruder unterstützte die Mutter bei diesem Vorgehen. In dem Gespräch kam man überein, daß die Aufgabe der Familie darin bestand, Regeln für soziales Verhalten aufzustellen, die die Mädchen akzeptieren konnten, und die trotzdem der Verpflichtung der Mutter entsprachen, sie zu schützen. Man plante acht Familientreffen. Während der Behandlung diente die Exploration dazu, Fakten hinsichtlich der Interaktion zwischen Mutter und Töchtern zu sammeln. Durch Strukturierung wurde der Schwerpunkt der Diskussion auf die Interaktionen beschränkt, die mit der Aufgabe

zu tun hatten. Die Sozialarbeiterin half den dreien, die Motive und Erwartungen der Partner in Verbindung mit dem „Strenge"-Problem besser zu verstehen. Ermutigung und Anleitung wurden eingesetzt, um die Regeln der Mutter für den sozialen Umgang und das Verhalten der Töchter ihnen gegenüber zu modifizieren.
Wie es häufig geschieht, schien die Behandlung in der mittleren Phase zu stocken. Die Mutter entschuldigte sich und erschien nur jedes zweite Mal. Sie hatte es am schwersten, weil sie etwas aufgeben sollte, aber sie willigte ein, weiter mitzumachen. Die Mädchen begannen, die neuen Möglichkeiten zu nutzen, ihre Bedürfnisse und Ansichten daheim mitzuteilen, anstatt sich in ihr Zimmer zurückzuziehen und sich heimlich über die Mutter und den Bruder zu beklagen. Mit Hilfe der Sozialarbeiterin entwickelten die Klienten die Regel, daß die Mutter, wenn sie bei irgend etwas einschritt, ihre Maßnahme erklären und rechtfertigen und daß die Töchter verbal reagieren und mit ihr verhandeln sollten.

Kommunikation mit Nebenpersonen

Hollis (a) beobachtete, daß die meisten Einzelhilfevorgänge, die sie bei ihren Untersuchungen der direkten Behandlung von Klienten identifizierte, parallel und gleichwertig zu den professionellen Aktivitäten verliefen, bei denen sich der Sozialarbeiter mit Menschen beschäftigte, die nicht seine Klienten waren. Wie Hollis anmerkt (S. 97), hatte einer der Autoren dieses Buches (Reid) ihr diesen Gedanken nahegelegt.
Auf den ersten Blick mag es sonderbar erscheinen, daß man den Bemühungen des Sozialarbeiters in der Umwelt des Klienten den gleichen Rang zumißt wie jenen, die sich direkt mit dem Klienten befassen. Wir sind daran gewöhnt, sie ganz unterschiedlich einzuordnen. Die Vorstellung wird jedoch sinnvoll, wenn wir begreifen, daß die Umwelt, mit der der Sozialarbeiter zu tun hat, im wesentlichen aus

einzelnen Personen besteht, zu denen Verwandte, Ärzte, Lehrer, Krankenschwestern, Pflegeeltern, Anwälte, Polizisten, Hausverwalter, Psychologen und Sozialarbeiter gehören können. Die Bemühungen des Sozialarbeiters, Einfluß auf die Umwelt des Klienten zu nehmen, bestehen zum größten Teil aus der Kommunikation mit Menschen, die wir mit Nebenpersonen bezeichnen.

Es läßt sich erkennen, daß die Kontakte, die der Sozialarbeiter aufnimmt, bestimmte gemeinsame Eigenschaften besitzen, gleichgültig, ob er sich an den Klienten oder an jemand anderen wendet. Im Austausch mit anderen ebenso wie mit dem Klienten erhält und gibt er Informationen, um bestimmte Ziele zu erreichen. Von diesem Standpunkt aus können wir eine Reihe von gemeinsamen, beobachtbaren Zügen bei allen Tätigkeiten des Sozialarbeiters feststellen, wo immer wir ihnen begegnen und sind in der Lage, diese Aktivitäten in einen einzigen begrifflichen Rahmen einzuordnen. Außerdem hilft uns dieser Standpunkt, die Zweiteilung zwischen der Arbeit mit Klienten und „Nichtklienten" zu überbrücken, die besonders in solchen Fällen hinderlich ist, in denen die Betreffenden, zum Beispiel Pflegeeltern und Verwandte, irgendwo zwischen den üblichen Gruppierungen einzuordnen sind. Wir wollen nun versuchen, diese Gedanken im einzelnen darzulegen, indem wir überdenken, wie bestimmte Techniken, die in der Kommunikation mit den Klienten angewendet werden, auch in der mit Nebenpersonen Anwendung finden.

Ebenso wie die Exploration die häufigste Art der Kommunikation mit dem Klienten ist, wird sie wahrscheinlich auch in Vorgängen mit anderen Personen am meisten eingesetzt. Zum großen Teil dient sie zur Erweiterung der Faktensammlung, die der Sozialarbeiter mit dem Klienten durchführt. Sie kann mit einer Überprüfung früherer Berichte beginnen, wenn der Klient bei der sozialen Einrichtung bereits bekannt ist, oder mit der Aufnahme von „Überweisungsinformationen" schriftlicher oder mündlicher Art, die dem Sozialarbeiter vor seinem ersten Treffen mit dem Klienten zugeleitet werden. Die Daten können in schriftlicher Form vorliegen, so daß der Sozialarbeiter liest anstatt zu hören, trotzdem befindet er sich eindeutig in einer Art Kommunikation mit anderen, die ihm Informationen über den Klienten übermitteln. Nach dem ersten und zwischen den folgenden Gesprächen kann der Sozialarbeiter mit der Exploration fortfahren, um seinen Informationsstand über den Klienten zu vergrößern; er beschafft sich vielleicht Akten und befragt Menschen, die besondere Kenntnisse über den Klienten besitzen. All dies geschieht natürlich mit Einwilligung des Klienten. Außerdem dient die Exploration als Grundlage für die Bemühungen, Veränderung zu erzielen, und zwar analog zu ihrer Verwendung in der Kommunikation mit dem Klienten. Sind unzureichende Mittel das Problem, kann der Sozialarbeiter erforschen, welche Hilfe die verschiedenen Organisationen seinem Klienten bieten können und dadurch die erforderlichen Mittel lokalisieren. Durch den Prozeß der Informationseinholung über den Klienten schafft der Sozialarbeiter die Grundlage für Wahrnehmungs-, Haltungs- und verhaltensmäßige Veränderungen auf seiten Dritter gegenüber dem Klienten. Wenn sich zum Beispiel ein Sozialarbeiter bei einem Lehrer ausführlich über das Verhalten eines Kindes in der Schule informiert, kann er unter Umständen die Basis dafür schaffen, daß dieser seine Ansicht über das Kind ändert.

Auch Strukturierung und Ermutigung, wie sie im Gespräch mit dem Klienten angewendet werden, haben Parallelen in der Kommunikation mit Nebenpersonen, wir möchten jedoch unsere Aufmerksamkeit mehr den häufiger eingesetzten Techniken der Bewußtseinsschärfung und Anleitung zuwenden.

Bewußtseinsschärfung dient im Umgang mit Nebenpersonen hauptsächlich dazu, bei ihnen größeres Verständnis für den Klienten und seine Verhältnisse zu wecken. Gewöhnlich ist es die Absicht des Sozialarbeiters, durch solches Verständnis die Handlungen anderer seinem Klienten gegenüber zu beeinflussen oder bestimmte Handlungen zu bewirken. Ein Sozialarbeiter weist vielleicht einen Arzt darauf hin, warum sich ein Klient nicht operieren lassen will; er versucht, einem Richter gegenüber Faktoren ins rechte Licht zu rücken, die zur

Straffälligkeit eines Jugendlichen beitrugen; oder er informiert eine Wohlfahrtseinrichtung über die Bedürfnisse einer Familie. Der Sozialarbeiter bemüht sich zwar nicht so stark darum, bei Nebenpersonen das Bewußtsein für deren eigenes Verhalten zu schärfen, kann die entsprechenden Techniken jedoch durchaus bei Verwandten, Pflegeeltern und anderen Personen anwenden, die dann gewissermaßen die Rolle von Quasi-Klienten übernehmen, oder bei anderen Professionellen, zum Beispiel Lehrern, wenn er sich mit ihnen in einer intensiven konsultativen Beziehung befindet. Werden sie eingesetzt, dann dienen diese Techniken dazu, ein Selbstverständnis zu wecken, das Einfluß auf das Verhalten des Betreffenden gegenüber dem Klienten hat.

Anleitung dient hauptsächlich dazu, Aktionen zu empfehlen, die dem Klienten dienen. Man kann Hauseltern in einem Kinderheim raten, strenger mit einem impulsiven Kind umzugehen, man kann einer Haushaltshilfe ausführliche Anleitungen für den Umgang mit einem Behinderten geben, oder man kann einen Mitarbeiter einer anderen Einrichtung um eine bestimmte Hilfe für einen Klienten bitten. Der Rat des Sozialarbeiters kann vom Wissen des Experten getragen sein, wie im erstgenannten Beispiel, er kann sich auf institutionelle Autorität stützen wie im zweiten, oder er kann eine Form der Klientenvertretung sein wie im dritten Beispiel.

Die Eigenschaften der Sozialarbeiterkommunikation, die für den direkten Austausch mit dem Klienten charakteristisch sind, gelten ebenso für den Umgang mit Nebenpersonen. Besonders wichtig ist, daß die Kommunikation systematisch verläuft. Wenn der Sozialarbeiter seine Bemühungen darauf richtet, dem Klienten bei der Lösung seiner Aufgabe zu helfen, dann müssen seine Aktivitäten im Zusammenhang mit anderen aufgabenrelevant sein. Ist dies der Fall, dann stehen sie notwendig in Zusammenhang mit seiner Kommunikation mit dem Klienten. In einem Falle, dem von Herrn D., war es die Aufgabe des Klienten, sich um eine Heimarbeit zu bemühen. Durch die gemeinsame Exploration mit dem Klienten gewann der Sozialarbeiter Einblick in die Interessen und Fähigkeiten des Klienten; durch die Exploration von Hilfsmöglichkeiten konnte er eine Einrichtung ermitteln, die dem Klienten die Art von Arbeit anbot, die dieser wünschte. Im Verlaufe dieses Prozesses half der Sozialarbeiter dem Klienten, die Bedingungen zu verstehen, die die Einrichtung mit ihrer Hilfe verknüpfte, und er verhalf den Mitarbeitern dieser Stelle zu einer Vorstellung von den besonderen Bedürfnissen und Grenzen des Klienten.

9 Beendigung

Bei der aufgabenzentrierten Sozialen Einzelhilfe beginnt der Prozeß der Behandlungsbeendigung bereits in der Initialphase, in der Klient und Sozialarbeiter eine Übereinkunft hinsichtlich der Behandlungsdauer und der zeitlichen Abstände der Gespräche erzielen. Während die Arbeit fortschreitet, weist der Sozialarbeiter regelmäßig auf die Zahl der Gespräche und auf die noch verbleibende Zeitspanne hin.

Im vorletzten oder letzten Gespräch sollte die Aufmerksamkeit auf die Hilfe gerichtet sein, die der Klient braucht, um Fortschritte zu erkennen und weitere Aufgaben zu planen, an denen er dann allein arbeiten kann. In den meisten Fällen sind die vereinbarten Aufgaben beim Abschluß der Behandlung noch nicht völlig gelöst. Bei vielen abgeschlossenen Aufgaben sind ergänzende Schritte nötig. Offene Aufgaben können schon von der Definition her nicht restlos erledigt werden. Das abschließende Gespräch konzentriert sich für gewöhnlich auf die weiteren Aktivitäten des Klienten im Zusammenhang mit seinen Aufgaben oder auf andere Aspekte der Probleme, an denen gearbeitet wurde. In Fällen, in denen man sich mit mehreren Aufgaben zugleich beschäftigte, kann jetzt die Aufgabe, die während der Behandlung an zweiter Stelle rangierte, besonders betont werden, vor allem dann, wenn an der primären Aufgabe nicht mehr viel zu tun ist. Man kann auch überlegen, was in Fragen getan werden könnte, die in der Behandlung nicht berücksichtigt wurden, jedoch sollte der Behandelnde zu diesem Zeitpunkt nicht auf Schwierigkeiten zu sprechen kommen, auf die der Klient nur zögernd eingeht. Das Gespräch über weitere problemlösende Bemühungen des Klienten sollte nicht die Bedeutung des Erreichten überlagern. An den Kurzzeitfällen, die von Parad und Parad untersucht wurden (b), wird deutlich, daß der typische

Klient auf den Behandlungsabschluß mit „positiven Gefühlen des Erfolgs und der Bewältigung" reagiert (S. 419). Um diese Reaktion sollte sich der Sozialarbeiter bemühen und sie zu erhalten suchen.
Der Klient oder der Behandelnde oder beide beenden unter Umständen die Behandlung nicht gern zu dem vereinbarten Zeitpunkt. Der Klient empfindet vielleicht einen schmerzlichen Verlust, wenn er an den Abbruch der für ihn bedeutungsvollen Beziehung denkt, oder er meint, nicht genug erreicht zu haben. Manchmal hat er auch das Gefühl, daß ihm nicht ausreichend geholfen wurde. Der Sozialarbeiter steht vielleicht mehr unter dem Eindruck der Probleme, die noch nicht gelöst wurden, als unter dem Eindruck dessen, was erreicht wurde.
Wie Aldrich meint, „tragen das Prestige und die Tradition der Psychoanalyse und ihrer abgewandelten Formen – ‚Langzeit'-Psychotherapie oder intensive Soziale Einzelhilfe – dazu bei, die Neigung des Therapeuten zur Fortsetzung der Behandlung zu verstärken, um nicht mit der Ungewißheit leben zu müssen, die entsteht, wenn er den Patienten oder Klienten sich selbst überläßt, noch ehe alle Ziele vollständig erreicht wurden" (S. 113). Manchmal führt die Interaktion zwischen Sozialarbeiter und Klient dazu, daß scheinbar ein gemeinsamer Wunsch nach Verlängerung der Behandlung entsteht, auch wenn keiner von beiden dies zunächst beabsichtigte. Der Klient ist vielleicht bereit, die Behandlung zu beenden, auch wenn er diesen Schritt fürchtet. Der Sozialarbeiter entscheidet unter Umständen, daß kaum noch mehr zu erreichen ist, hat aber ein schlechtes Gewissen, weil er meint, den Klienten zu betrügen. Solche Gefühle verstärken sich manchmal gegenseitig, und das Ergebnis ist, daß die Beziehung fortgesetzt wird, selbst wenn ihr wesentlicher Zweck längst erfüllt ist.
Unserer Meinung nach ergeben sich keine „Abschlußprobleme" dieser Art, wenn zu Anfang zwischen Sozialarbeiter und Klient eine klare und feste Abmachung über den Umfang der Hilfe getroffen wurde und wenn diese im Verlauf der Behandlung als Bezugspunkt benutzt wird. Es ist dann weniger wahrscheinlich, daß der Klient die Hoffnung auf eine endlose Beziehung nährt, und der Sozialarbeiter ist ge-

zwungen, seinen therapeutischen Ehrgeiz in den gegebenen Grenzen zu halten. Akzeptiert der Sozialarbeiter die Theorien über das Wesen der Problemveränderung und die mobilisierende Wirkung der zeitlichen Begrenzung, wie sie in diesem Buch dargestellt wurden, dann sollte er in der Lage sein, überzeugt solche Grenzen zu setzen und sich an sie zu halten. Vermag er dies nicht, dann sollte er wohl besser nicht mit diesem Modell arbeiten.

Auch der organisatorische Rahmen ist von Bedeutung. Es ist für die Behandelnden leichter, Abschlüsse pünktlich zu erzielen, wenn die Einrichtung, in der sie arbeiten, grundsätzlich Kurzbehandlung anbietet, oder wenn die Kurzzeitarbeit von der Verwaltung und den Vorgesetzten gebilligt und unterstützt wird. Durch unsere eigenen klinischen Erfahrungen und in Konsultationen mit Sozialarbeitern, die in verschiedenen Einrichtungen Einzelhilfe anwendeten, kam uns außerordentlich deutlich zum Bewußtsein, wie schwierig es für den Behandelnden ist, einem Vorgesetzten einen nach acht Gesprächen abgeschlossenen Fall vorzulegen, wenn dieser davon überzeugt ist, daß man in dieser Zeitspanne gerade eben eine Beziehung zum Klienten aufbauen kann.

Wie gesagt, äußert nur ein kleiner Teil der Klienten, die eine geplante Kurzbehandlung erhalten, den Wunsch nach ausgedehnterer Hilfe. Verlängerungen der ursprünglichen Behandlung – meistens um nicht mehr als einige wenige Sitzungen – genügen den meisten Klienten. Solche Verlängerungen sind angezeigt, wenn dadurch dem Klienten geholfen werden kann, wesentliche weitere Fortschritte im Hinblick auf seine Aufgabe zu erzielen, oder wenn das durch die Behandlung errungene Gleichgewicht durch kritische Ereignisse zum Zeitpunkt des Behandlungsabschlusses gestört wird.

Wir sehen keinen Widerspruch darin, daß man Klienten, die es während oder bei Beendigung der aufgabenzentrierten Einzelhilfe ausdrücklich wünschen, eine Langzeitbehandlung anbietet. Wahrscheinlich handelt es sich bei diesen Klienten wirklich um die relativ wenigen, die davon profitieren könnten. Der Sozialarbeiter sollte in einem solchen Fall dem Klienten helfen, klar festzulegen, was er zu erreichen hofft, und den geplanten Verlauf der ausgedehnten Behandlung um festgelegte Ziele strukturieren. Das Aufgabenschwergewicht, das wir befürworten, kann selbstverständlich sowohl für Kurz- als auch für ausgedehnte Behandlung in der Sozialen Einzelhilfe gelten.

Fragen, die sich in bezug auf den Abschluß der geplanten Kurzbehandlung ergeben, können den Behandelnden vor schwierige Entscheidungen stellen. Beseitigt man Unsicherheiten durch eine Routineverlängerung des Behandlungsvertrags, läuft man Gefahr, daß man den Klienten über die optimalen Grenzen der Behandlung hinaus bedrängt, oder daß man mindestens ihn und den Sozialarbeiter mit unnötiger Extraarbeit belastet. Überdies besteht die Gefahr, daß Behandelnde vereinbarte Behandlungsabschlüsse nicht mehr ernst nehmen, wenn diese unter dem schwächsten Vorwand umgangen werden können. Das Ergebnis wäre der Zusammenbruch der Grundstruktur des Behandlungssystems. Auf der anderen Seite kann natürlich manchem Klienten die benötigte Hilfe versagt werden, wenn man an dem vereinbarten Abschlußtermin unter allen Umständen festhält. Läßt er sich auch nicht immer mit Sicherheit anwenden, so gilt hier doch der Grundsatz, daß die vereinbarten Grenzen eingehalten werden sollten, solange keine klaren Indikationen dagegen sprechen.

Eine flexible Handhabung des Abschlusses schien zum Beispiel im Falle von Frau B. angebracht, einer älteren, etwas senilen Frau, die am Auge operiert werden sollte. Sie wurde an eine Sozialarbeiterin verwiesen, die sich einverstanden erklärte, mit ihr und ihren Verwandten zu arbeiten, damit die notwendige Operation durchgeführt und Pläne für die postoperative Versorgung gemacht werden konnten. Weil die Operationspläne des Krankenhauses nicht vorhersehbar waren, fiel das vereinbarte Abschlußdatum der Behandlung mit dem Tag der Einweisung ins Krankenhaus zusammen. Obwohl die ursprüngliche Aufgabe im wesentlichen gelöst worden war – die Versorgung nach der Operation war zwischen Frau B. und ihren Verwandten abgesprochen worden – entschied die Sozialarbeiterin, daß es angebracht sei, Frau B. nach der Operation und während des kurzen Krankenhausaufenthaltes zu besuchen. Frau B. hatte zu verstehen gegeben, daß sie Besuche der Sozialarbeiterin nach der Operation begrüßen würde. Zudem bestanden einige Bedenken wegen einer möglichen Auswirkung des Eingriffs auf den geistigen Zustand der Patientin. Die Ausdehnung der Behandlung basierte auf dem Bedürfnis von Frau B., jemanden zu haben, den sie mochte und dem sie vertraute und der „mal hereinschaute" – diese Gespräche waren kurz und ungezwungen –, und auf der Notwendigkeit, ihre psychischen Reaktionen auf die Operation zu beobachten.

Im Fall von Frau N., die wegen Schwierigkeiten mit ihrem achtjährigen Sohn an den Sozialarbeiter verwiesen worden war, entstanden durch eine flexible Behandlung des Abschlußtermins wahrscheinlich mehr Probleme, als gelöst wurden. Die chronische Krankheit des Kindes machte eine intensive Pflege daheim erforderlich, die Frau N. nicht richtig durchführte. Überdies waren ihre Gefühle im Hinblick auf eine notwendige korrigierende Operation, damit das Kind wieder gehen konnte, zwiespältig. Im Verlauf von zehn Gesprächen (wie im ursprünglichen Vertrag vereinbart) wurden ausgezeichnete Fortschritte erzielt. Frau N. willigte außerdem ein, ihre Zustimmung zur Operation zu geben.

Die Sozialarbeiter der Einrichtung waren so erfreut über Frau N.s neu entstandene Kooperation und ihre intensivere Pflege des Kindes, daß sie einen gewissen Druck auf den behandelnden Sozialarbeiter ausübten, „noch eine Weile weiterzumachen". Wenn ein bißchen Hilfe so viel ausmachen konnte, so erhoffte man sich von der verlängerten Behandlung noch einen wesentlich größeren Erfolg. Als der Abschluß herannahte, erwähnte Frau N. Schwierigkeiten, die sie mit ihren anderen Kindern und mit ihrem Freund hatte. Gleichzeitig sprach sie jedoch ohne erkennbare Zeichen von Angst davon, daß der vereinbarte Abschlußtermin gekommen sei.

Daß ein Klient, der gerade eine erfolgreiche Behandlung abschließen soll, zwiespältige Gefühle hat und mehrdeutige Anspielungen auf den

Abschluß macht, ist nicht im geringsten überraschend. Als man näher auf Frau N.s Äußerungen einging, um festzustellen, ob dies eine Bitte um Behandlungsverlängerung und Behandlung der neuen Probleme sein sollte, wollte sich Frau N. nicht festlegen. Der Behandelnde schlug daraufhin eine Verlängerung um fünf Gespräche vor, die Frau N. akzeptierte. Diese Verlängerung hatte eine negative Wirkung. Der Behandelnde wußte nicht recht, was er mit der Fülle von Problemen anfangen sollte, die Frau N. angeblich hatte, aber nur ungern anpakken wollte. In dieser zusätzlichen Behandlungsperiode wurde kaum ein Fortschritt erzielt.

Vielleicht sollte sich der Sozialarbeiter fragen: „Welchem bestimmten Zweck dient die Verlängerung?" „Was können wir eigentlich hoffen, in der zusätzlichen Zeit zu erreichen?" Der zuletzt geschilderte Fall zeigt, daß man die Behandlungsdauer nicht einfach verlängern soll, weil der Klient noch andere Probleme hat oder weil der Sozialarbeiter oder andere meinen, der Klient „brauche" mehr Hilfe (eine Entscheidung, die an sich nichts weiter bedeutet als: „unser Bedürfnis, diesem Klienten zu helfen, wurde noch nicht befriedigt"). Handelt es sich um eine wesentliche Ausdehnung der Behandlung (um mehr als zwei Gespräche), dann sollten Sozialarbeiter und Klient überlegen, ob sie nicht eine ausdrückliche Übereinkunft über den Schwerpunkt der zusätzlichen Arbeit treffen wollen. Am besten ist es, wenn die Initiative für die Verlängerung vom Klienten ausgeht. Kommt sie vom Sozialarbeiter, sollte er dem Klienten seine Gründe klarmachen und sicherstellen, daß dieser den potentiellen Wert der Behandlungsverlängerung anerkennt.

Es gibt auch Fälle, in denen die Behandlungsziele bereits vor dem Abschlußtermin erreicht werden. Gute Beispiele dafür sind klar umrissene Aufgaben, die schon früh im Verlauf einer geplanten Behandlung gelöst werden können. Enthält der Behandlungsvertrag nur solche Aufgaben, dann kann ein vorverlegter Abschluß angezeigt sein und sollte in solchen Fällen sogar Bestandteil der zu Anfang getroffenen Abmachung zwischen Sozialarbeiter und Klient sein.

Offene Aufgaben sind in dieser Hinsicht schwieriger. Im allgemeinen sollte bei einem vorverlegten Abschluß auch hier die Initiative vom Klienten und nicht vom Sozialarbeiter ausgehen. Der Sozialarbeiter muß dann entscheiden, ob er versuchen soll, den Klienten den ursprünglichen Bedingungen der Vereinbarung entsprechend „bei der Stange zu halten", oder ob er in einen vorverlegten Abschluß einwilligen soll. Ein Festhalten am Vertrag ist dann angezeigt, wenn nach Meinung des Sozialarbeiters das Zielproblem nicht verändert wurde und der Klient in der Lage zu sein scheint, bei den ursprünglichen Aufgaben weitere Fortschritte zu erzielen oder an anderen zu vereinbarenden problemreduzierenden Aufgaben mit Erfolg zu arbeiten. Ist dies nicht der Fall, sollte dem Wunsch des Klienten stattgegeben und damit seine erfolgreiche Bewältigung des Problems bestätigt werden.

Wenn ein Mensch einen Vertrag für eine Kurzbehandlung abschließt, bedeutet das nicht unbedingt, daß damit auch seine „Laufbahn" als Klient beendet ist. Bittet er später noch einmal um Hilfe, so sehen wir dies nicht als Zeichen dafür an, daß eine frühere Behandlung ungenügend war, auch dann nicht, wenn er wieder wegen der gleichen Schwierigkeit vorspricht. Lebensprobleme ähneln gewissen körperlichen Erkrankungen, z. B. Infektionen der oberen Luftwege, die periodisch wiederkehren, und bei denen wir von Zeit zu Zeit, wenn sie ernsthafte Formen annehmen, ärztliche Hilfe brauchen. Wenn es für diese Dinge eine „Ein-für-allemal-Kur" gäbe, würden wir uns ihr wahrscheinlich unterziehen, aber das ist nicht der Fall. Auch für die Probleme des Lebens ist uns kein Allheilmittel bekannt.

Beim Behandlungsabschluß hoffen wir, daß der Klient eine wesentliche Erleichterung bei einem oder zwei seiner Probleme empfindet, für deren Lösung er die Hilfe am dringendsten wünschte – so viel Erleichterung wenigstens, daß er *zu diesem Zeitpunkt* keine weitere Hilfe möchte. Wir rechnen damit, daß er später wieder Unterstützung bei ähnlichen Schwierigkeiten oder bei anderen Problemen braucht und ermutigen ihn dann, wiederzukommen.

10 Anwendung und Anpassung des Modells

Die Reihe der besonderen Bedingungen und Möglichkeiten, die bei der Entwicklung eines allgemeinen Praxismodells berücksichtigt werden müssen, ist endlos. Bisher zogen wir nur solche Umstände in Betracht, mit denen in der praktischen Arbeit am häufigsten gerechnet werden muß: den Klienten, der ein Problem nicht anerkennt, denjenigen, der eine Vielzahl von Schwierigkeiten vorbringt und so weiter. In diesem Kapitel wird nun eine Reihe von Umständen und Eventualitäten behandelt, die sich auf bestimmten Gebieten der Praxis ergeben. Zugleich weisen wir auf Möglichkeiten hin, unser Modell an bestimmte Bedingungen anzupassen oder umgekehrt.
Wir mußten dabei selektiv vorgehen und haben versucht, uns auf solche Umstände zu konzentrieren, die sich auf einen beträchtlichen Teil der Sozialen Einzelhilfe auswirken. Wir untersuchen, wie aufgabenzentrierte Einzelhilfe durchgeführt werden kann:

1. im Zusammenhang mit Programmen der Langzeitbetreuung von Kindern oder anderen schutzbedürftigen Bevölkerungsgruppen;
2. bei der interpersonalen Behandlung von Kindern;
3. in Verbindung mit der Leistung von konkreten Hilfen;
4. bei der Behandlung akuter situationsbedingter Probleme;
5. in der Ausübung autoritativer oder beschützender Funktionen.

Aufgaben der Langzeitbetreuung

Soziale Einzelhilfe wird in zahlreichen Gesundheitsdiensten und Wohlfahrtseinrichtungen praktiziert, deren Aufgabe in der Langzeitbetreuung von Kindern, alten Menschen, geistig Behinderten, Geisteskranken, chronisch Kranken und Körperbehinderten besteht. Das aufgabenzentrierte Modell kann einen Teil der Langzeitbetreuung bilden, ohne die sozialen Aufgaben zu tangieren, die eine solche Versorgung einschließt.

Die wichtigsten Beispiele von Langzeitbetreuung in der Sozialarbeit finden sich auf dem Gebiet der Jugendhilfe. Verschiedene Einrichtungen, die auf diesem Gebiet tätig sind, versuchen Familienersatz durch Pflegefamilien und Heime anzubieten. Traditionsgemäß ist dieser Sektor der Sozialarbeit mit der Aufgabe der Überwachung von Versorgung, Schutz und Behandlung der Kinder, die über die vielen Wege familiärer Zerrüttung in sein organisatorisches Netzwerk geraten, befaßt. Die mit solcher Verantwortung zusammenhängenden Aufgaben gelten allgemein als umfangreich und langwierig. Indem wir gerade dieses Gebiet der praktischen Arbeit als Beispiel heranziehen, wollen wir aufzeigen, wie die kurze, aufgabenzentrierte Soziale Einzelhilfe etwas modifiziert auch in Einrichtungen der Langzeitbetreuung angewendet werden kann.

Die Rolle des Sozialarbeiters in der Jugendhilfe wird meistens von einer Mischung der verschiedensten Aufgaben geprägt. Normalerweise erledigen Sozialarbeiter, die in der Einzelhilfe tätig sind, zahlreiche „Unterhalts"-Angelegenheiten, zu denen die Überwachung von Pflegeeltern, der Wechsel von Pflegestellen, die Aufrechterhaltung der Verbindung zwischen den leiblichen Eltern, dem Kind und der sozialen Einrichtung, die Beschaffung spezieller Unterstützung für das Kind und die Kontrolle der geistigen und seelischen Entwicklung des Kindes gehören. Primäres Ziel dieser Arbeit ist, für ein bestimmtes System, zu dem das Kind und die, denen es anvertraut ist, gehören, eine optimale Versorgung sicherzustellen. Aufgaben dieser Art sind zwar schwierig und erfordern meist ein hohes Maß an Geschick und Können, sie unterscheiden sich aber von einer Behandlung, die dazu dient, komplexe psychosoziale Probleme zu lösen, die innerhalb des Systems entstehen können.

Sind solche psychosozialen Schwierigkeiten vorhanden und fallen sie in den Anwendungsbereich unseres Modells, was wahrscheinlich ist, dann kann nach unserer Vorgehensweise behandelt werden. Wie bei jedem definierten Zielproblem können Aufgaben formuliert werden, es ist möglich, die Behandlungsdauer für das spezifische Problem zeitlich zu begrenzen, auch wenn der Sozialarbeiter noch nach dem Abschluß mit dem Kind und seinen Betreuern in Verbindung bleibt.

Innerhalb einer Langzeitbehandlung sind also ein oder mehrere Abschnitte einer kurzen, aufgabenzentrierten Behandlung möglich. Der Sozialarbeiter kann die Aufgabe übernehmen, potentielle Zielprobleme zu identifizieren und deren Behandlung anbieten. In Übereinstimmung mit dem Modell sind klare Absprachen über Probleme und Aufgaben erforderlich, ehe man mit der Behandlung beginnt. Dadurch wird die Gefahr geringer, daß der Sozialarbeiter quasi-therapeutische Beziehungen anknüpft und wieder löst, die ohne klare Ziele und Strukturen bleiben.

Der Sozialarbeiter soll auf mögliche Zielprobleme im sozialen Netzwerk des Kindes achten z. B. im Zusammenhang mit seinen Beziehungen zu den Pflege- und den leiblichen Eltern, der Schule und den Altersgenossen und den Interaktionen zwischen Eltern und Pflegeeltern. Schwierigkeiten sind besonders im Zusammenhang mit „kritischen Übergängen" zu erwarten, die im Leben von Kindern eintreten, wenn sie sozialen Einrichtungen anvertraut sind. Dazu gehören die erste Trennung des Kindes von seinen Eltern, seine Einweisung in eine Familie oder ein Heim, Wechsel von Heim- zu Pflegestellenunterbringung und umgekehrt, Wechsel der Betreuer innerhalb einer Versorgungsform und schließlich die Entlassung aus dem Betreuungssystem. Solche Übergänge, mit dem Abbruch von Beziehungen, der mit ihnen einhergeht, und mit der Notwendigkeit einer Anpassung an neue Situationen, können psychosoziale Probleme hervorrufen, die in den Wirkungsbereich unseres Modells fallen, wenn wir auch nicht *routinemäßig* für eine Kurzzeitbehandlung plädieren.

Läßt sich eine systematische Intervention, die auf die Lösung spezifischer Zielprobleme ausgerichtet ist, von den anderen Aufgaben innerhalb der Jugendhilfe unterscheiden, dann kann ein großer Teil dessen, was man als interpersonale Behandlung bezeichnen könnte, kurz und aufgabenzentriert sein. Dieser Standpunkt würde andere und vielleicht wirksamere personelle Strukturen ermöglichen. Bestimmte Mitarbeiter könnten zum Beispiel zu Spezialisten der Kurzbehandlung werden, die man um Intervention ersucht, wenn potentielle Zielprobleme auftreten. Andere Mitarbeiter wären für die Aufgaben der Langzeitbetreuung eines Falles verantwortlich.

Die Notwendigkeit einer ausgedehnten Behandlung von bestimmten Kindern oder natürlichen Eltern wird auch weiterhin bestehen. Ebenso wie in anderen sozialen Einrichtungen und Betreuungssystemen könnte man aber eine solche Behandlung besonderen Fällen mit spezifischen Kriterien vorbehalten. Auch sie sollten von klar identifizierten Zielen bestimmt sein und innerhalb der Struktur einer ausdrücklichen therapeutischen Beziehung durchgeführt werden, wobei sich diese Aufgabe deutlich von anderen Funktionen unterscheiden muß.

Die gleichen Überlegungen gelten auch für andere Einrichtungen, die sich mit Langzeitbetreuung befassen: Einrichtungen für Behinderte und chronisch Kranke, Altersheime und Heilanstalten. Das Bedürfnis nach Hilfe, das von Klienten solcher Einrichtungen häufig geäußert wird, bezieht sich oft auf Lebensprobleme, die durch kurze, aufgabenzentrierte Einzelhilfe behandelt werden können. Der Sozialarbeiter wird eine solche Kurzbehandlung als klar definierten Teil einer Langzeitbeziehung durchführen. Aufgeschlossenheit für potentielle Zielprobleme kann durch die Anwendung der jeweils notwendigen Abwandlungen des Paradigmas der „kritischen Übergänge" gefördert werden, das für alle Gruppen Gültigkeit hat, die in Einrichtungen der Langzeitbetreuung eingewiesen, durch ihre verschiedenen Systeme geschleust und schließlich wieder aus ihnen entlassen werden.

Die Behandlung von Kindern

Die Entwicklung von Modellen für eine Kurzbehandlung von Kindern ist noch nicht sehr weit vorangeschritten, obwohl bereits Eisenberg und Gruenberg ihren Überblick über die Erforschung der Behandlung von Kindern mit der Beobachtung abschlossen, daß zwar „ein definitiver Mangel an Beweisen für die Wirksamkeit intensiver Psychotherapie vorhanden ist“, daß aber „vorläufige Anzeichen dafür erkennbar sind, daß Kurztherapie äquivalente symptomatische Ergebnisse erzielt“ (S. 364). Die Anwendung kurzzeitiger Behandlungsmethoden bei Kindern scheint jedoch an Boden zu gewinnen. Unsere eigenen Bemühungen in dieser Richtung blieben bisher auf wenige klinische Versuche mit Heranwachsenden und älteren Kindern beschränkt. Sie lassen jedoch den Schluß zu, daß das Modell ohne große Schwierigkeiten bei etwa neunjährigen oder älteren Kindern angewendet werden kann, wenn sie in der Lage sind, sich sinnvoll an einer Behandlung zu beteiligen, die im wesentlichen auf mündlicher Kommunikation beruht.

Die hohe Bedeutung, die bei unserem Modell der Klientenautonomie zufällt, macht es für Heranwachsende besonders interessant und attraktiv. Es kann bei ihnen ohne große Vorbereitung angewendet werden. Bei jüngeren Kindern sind gewisse Anpassungen nötig, da sie weniger leicht Probleme definieren und Aufgaben formulieren können. Um dem Kind bei diesen Schritten zu helfen, muß der Behandelnde wahrscheinlich mehr führen, muß Probleme aufdecken, und Aufgaben vorschlagen, die dem Alter des Kindes und seinen Familienverhältnissen angemessen sind. Trotz allem sollte aber die Erarbeitung ausdrücklicher Absprachen über die Art der Schwierigkeit und der Aufgabe nicht vernachlässigt werden.

In die direkte Behandlung von Kindern wird häufig die Arbeit mit Menschen aus ihrer Umgebung einbezogen, besonders mit Familienangehörigen, Lehrern oder, wenn das Kind nicht in der Familie lebt, mit Pflegeeltern und anderen Betreuern. Wir befürworten diese Strategie. Wegen der noch nicht erlangten Reife und der starken Einflüsse, die seine Umwelt auf sein Verhalten ausübt, müssen die Bemühungen des Kindes, seine Aufgaben zu lösen, aktiv von anderen unterstützt werden. Aus diesem Grunde erscheint uns ein Vorgehen, bei dem Eltern und Kinder an gemeinsamen oder sich ergänzenden Aufgaben im Rahmen von Familien- oder Mehrpersonengesprächen arbeiten, besonders vielversprechend.

Kein Kurzbehandlungsmodell kann Lösungen für alle Probleme anbieten. Es gibt Verhaltensstörungen bei Kindern, die auf konstitutionellen Mängeln oder psychopathologischen Abweichungen beruhen, wie zum Beispiel Hirnschäden und Autismus. Derart gestörtes Verhalten spricht kaum auf die Art der Kurzbehandlung an, für die wir plädieren, wenn sie auch in einigen Fällen eine bescheidene Besserung bewirken kann. Gewisse familiäre Lebensformen sind geeignet, die normalen Prozesse der kindlichen Entwicklung total zu stören, und die aufgabenzentrierte Behandlung vermag solche Erscheinungen nicht zu ändern oder die aufgetretenen Schäden zu beseitigen. Weitgesteckte Ziele dieser Art erfordern ein anderes Vorgehen.

Die Notwendigkeit solcher Behandlungsformen, die meist auf längere Zeiträume programmiert sind oder sogar eine Heimunterbringung erforderlich machen, wird nicht bezweifelt. Fraglich erscheint uns jedoch die Breite ihrer Anwendung. Unserer Meinung nach wird eine Langzeittherapie, die entweder auf fundamentale Veränderungen der Familienorganisation oder der kindlichen Persönlichkeit abzielen, zu undifferenziert auch bei vielen Kindern angewendet, die keinen Nutzen davon haben.

Die Vereinte Kommission berichtet, daß bei 34 % der Kinder, die in einem Untersuchungszeitraum aus psychiatrischen Kliniken entlassen wurden, die Diagnose einer „vorübergehenden situationsbedingten Persönlichkeitsstörung“ gestellt worden war (S. 268). Man kann davon ausgehen, daß auch bei vielen Kindern, bei denen eine andere Diagnose vorlag, ähnliche Schwierigkeiten von begrenzter Dauer vorhanden waren. Daß eine solch große Zahl von Kindern unter vorübergehenden Schwierigkeiten leidet, deutet darauf hin, daß Kurzbehandlungsmodelle, einschließlich des hier vorgestellten, in vielen dieser Fälle erfolgreich sein könnten. Versagt die Kurzbehandlung, kann man immer noch zu einer ausgedehnteren Therapie übergehen.

Versorgung mit konkreten Hilfen

In vielen sozialen Einrichtungen wird materielle oder sonst unmittelbare Hilfe, zum Beispiel in Form von finanzieller Unterstützung, Haushalthilfe, Tagespflege und so weiter, in Verbindung mit einer Form der Sozialen Einzelhilfe angeboten. Tatsächlich werden solche konkreten Hilfen als „Komponenten der Einzelhilfe" betrachtet, eine Auffassung, die man besonders häufig in solchen Einrichtungen findet, die in Sozialer Einzelhilfe den Hauptbestandteil ihrer Leistung sehen. Selbst wenn der Klient ausschließlich an konkreter Hilfe interessiert ist, nimmt man häufig an, daß auch Einzelhilfe nötig ist, entweder, um dadurch dem Klienten zu helfen, den richtigen Gebrauch von der materiellen Unterstützung zu machen, oder um ihm bei einer ihm vielleicht nicht bewußten Schwierigkeit zu helfen, die möglicherweise der eigentliche Anlaß für sein Hilfeersuchen war.

Es stimmt, daß Menschen, die materielle Unterstützung brauchen, manchmal auch Hilfe bei Problemen wünschen, die durch irgendeine Form der interpersonalen Behandlung zu lösen sind. Kurze, aufgabenzentrierte Einzelhilfe könnte bei der Mehrzahl solcher Klienten die geeignete Form der Hilfe sein. Die Dauer der Behandlung ist dabei nicht immer abhängig von der Dauer der direkten Unterstützung, die geleistet wird. In manchen Fällen wird die Behandlung länger dauern, in anderen macht der Klient noch Gebrauch von der unmittelbaren Hilfe, nachdem die Behandlung beendet wurde. Für einige Klienten wird die aufgabenzentrierte Einzelhilfe selbst zum Mittel, materielle Unterstützung zu erhalten. Dies sollte jedoch nur dann der

Fall sein, wenn der Klient die Intervention des Sozialarbeiters braucht, um seine Ansprüche durchzusetzen.

Wenn eine soziale Einrichtung direkte Unterstützung anbietet, sollte sie *den* Klienten zur Verfügung stehen, die sie wünschen, und die eindeutig die Anspruchskriterien erfüllen. Benutzt man die Gewährung einer materiellen Unterstützung, um eine „therapeutische" Beziehung aufzubauen, dann verletzt man das Recht des Klienten, selbst zu entscheiden, welche Art von Hilfe er möchte. Es ist unrealistisch zu glauben, daß man durch interpersonale Hilfe das Bedürfnis nach direkter Unterstützung irgendwie eliminieren kann. Das beweisen Untersuchungen erfolgloser Bemühungen, Einzelhilfe anzuwenden, um Familien, die von öffentlicher Unterstützung leben, zu „rehabilitieren".

Wir sehen keine Veranlassung, unser Modell eigens anzupassen, wenn ein Sozialarbeiter oder eine Einrichtung dem Klienten materielle Unterstützung anbietet. Diese direkten Hilfen und die Soziale Einzelhilfe kann man als einander ergänzende, aber getrennte Arten der Hilfe betrachten. Programme, die auf bestimmte soziale Probleme gerichtet sind, brauchen vielleicht beides, aber unserer Meinung nach sollte sich die Art der zu leistenden Hilfe aus dem Antrag des Klienten ergeben und nicht aus der Ansicht der sozialen Einrichtung darüber, was der Klient „wirklich" braucht.

Wie wirkt sich dieser Standpunkt nun in der Praxis aus? Nehmen wir als Beispiel eine soziale Einrichtung, die ein Hilfsprogramm für alte Menschen hat. Sie bietet Haushalthilfen, temporäre und ergänzende finanzielle Unterstützung, Besuche durch freiwillige Helfer, ein Freizeitzentrum und kurze aufgabenzentrierte Einzelhilfe an. Ein Klient bittet vielleicht, ihn vorübergehend finanziell zu unterstützen. Wenn seine Verhältnisse den Kriterien der Einrichtung für diese Art der Hilfe entsprechen, wird sie ihm gewährt. Die Erforschung seiner Lebensumstände beschränkt sich auf Informationen, die erforderlich sind, um seine Ansprüche zu überprüfen und die Höhe der notwendigen finanziellen Hilfe festzustellen. Wenn der Klient Schwierigkeiten hat, bei denen ihm Soziale Einzelhilfe von Nutzen sein könnte, weist man ihn darauf hin, daß eine solche Möglichkeit besteht und regt ihn vielleicht dazu an, daß er einen Versuch damit macht. Man erwartet jedoch nicht, daß er positiv auf diese Hinweise reagiert. Dies ist seine Entscheidung. Wenn nun, so wird mancher argumentieren, die Gewährung finanzieller Hilfe so leicht gemacht wird, sind die Mittel, die der sozialen Einrichtung für diesen Zweck zur Verfügung stehen (und die wahrscheinlich bescheiden genug sind), schnell aufgebraucht. Das Gegenargument ist: Wenn finanzielle Hilfe angeboten wird, wie zahlreiche Einrichtungen ankündigen, dann sollten genügend Mittel vorhanden sein, um innerhalb der gewählten Grenzen auch wirklich Hilfe leisten zu können. Einzelhilfe sollte nicht dazu dienen (wie das tatsächlich manchmal geschieht), die Kasse der Einrichtung zu schonen. Die gleichen Grundsätze gelten für Anträge auf andere direkte Hilfen.

In einigen Fällen bitten Klienten um Hilfe bei Problemen, die in das Gebiet der kurzen, aufgabenzentrierten Sozialen Einzelhilfe fallen. Entsprechende Ersuchen können von vornherein klar sein oder während eines Eingangsgesprächs identifiziert werden. Als Teil dieser Hilfe können andere Möglichkeiten der Einrichtung mobilisiert werden, wenn sie für das Problem und die Aufgabe des Klienten relevant sind. Ein älterer Klient, der nicht mehr in der Lage ist, sich ganz allein zu versorgen, möchte vielleicht mit jemandem über die Möglichkeit der Aufnahme in ein Altersheim sprechen. Während des Prozesses der Arbeit an diesem Problem des sozialen Übergangs kommt man vielleicht zu dem Schluß, daß eine Kombination von „ständiger" Haushilfe und einem regelmäßig erscheinenden ehrenamtlichen Besucher dem ursprünglichen Plan vorzuziehen wäre. Dann könnten die entsprechenden Möglichkeiten der Einrichtung auf diese Weise in Anspruch genommen werden. Die Einzelhilfe, die von kurzer Dauer sein könnte, würde mit der Realisierung des Planes abgeschlossen.

Aufgabenzentrierte Soziale Einzelhilfe ist ein Mittel, bestimmte Probleme zu bearbeiten, bei denen der Klient um Hilfe nachsucht. Hat die betreffende soziale Einrichtung die Mittel, diese Probleme direkt zu lösen, indem sie die Wünsche des Klienten erfüllt, dann ist die Einzelhilfeintervention manchmal gar nicht erforderlich. Einzelhilfe sollte den Klienten vorbehalten sein, die fachkundige Hilfe brauchen, um Schritte zu planen und durchzuführen, durch die sie ihrer Schwierigkeiten Herr werden können.

Akute, situationsbedingte Probleme

Manchmal kommen Menschen zum Sozialarbeiter, deren Lebensprobleme ihrem ganzen Charakter nach kurzfristig sind, sich vielleicht über ein paar Tage oder eine oder zwei Wochen erstrecken. Meistens handelt es sich dabei um Schwierigkeiten, die durch eine kritische Situation im Leben eines einzelnen oder einer Familie entstanden sind. Sie erfordern unmittelbares Handeln. Ein Entschluß, und sei er auch nur wenig brauchbar, wird also im allgemeinen schnell gefaßt. Die Familie, deren Haus abgebrannt ist oder die mittellos an einen fremden Ort kommt, der Mann dessen Frau ins Krankenhaus mußte und der nun seine kleinen Kinder zu versorgen hat, der Jugendliche, der von daheim weglief, der Reisende auf einem Bahnhof in einer fremden Stadt – sie alle sind potentielle Klienten, die mit dieser Art von Problemen eine soziale Einrichtung aufsuchen. Es gibt Stellen, z. B. die Bahnhofsmission, die sich in sehr großem Umfang mit solchen akuten, situationsbedingten Schwierigkeiten befassen.

Die Behandlung in der Sozialen Einzelhilfe ist normalerweise auf die Dauer des Problems beschränkt. Nur wenige dieser Fälle werden in mehr als drei Gesprächen bearbeitet, was auch durchaus berechtigt ist, weil der Klient in dieser Frist meist mit oder ohne Hilfe des Sozialarbeiters irgendeinen Weg gefunden hat, um mit seinem Problem fertig zu werden.

Sozialarbeiter, die Einzelhilfe ausüben, halten einen solchen Abschluß allerdings oft für „verfrüht“, denn meistens gibt es Verzweigungen des unmittelbaren Problems oder andere Schwierigkeiten, um die man sich kümmern „sollte“. In der Tat sind manche Sozialarbeiter der Ansicht, daß die Hilfe, die in einer temporären Schwierigkeit gewährt wird, als Schlüssel dienen sollte, mit dessen Hilfe man Eintritt in die innere Problemwelt des Klienten gewinnt, wo dann noch viel Gutes getan werden kann. Wenn ein Klient – nach dieser Theorie – in der Lage war, ein vorübergehendes Problem zu lösen, dann hat er vielleicht genug Zuversicht gewonnen, um „grundlegende“ Fragen seines Lebens in Angriff zu nehmen. Diese Ansichten scheinen nicht viel mit dem zu tun zu haben, was Klienten offensichtlich vom Sozialarbeiter wollen. In dem Maße jedoch, in dem ein Sozialarbeiter den Behandelten „beherrscht“, verringert sich die Wahrscheinlichkeit, daß er in der Lage ist, dem Klienten wirklich zu helfen, dessen Ziele von den Notwendigkeiten der gegenwärtigen Situation bestimmt werden.

Das vorliegende Modell kann – mit einigen Anpassungen – einen nützlichen Rahmen für die Behandlung von Problemen dieser Art bilden. Nehmen wir an, ein Vater muß dringend die Versorgung seiner Kinder regeln, weil seine Frau gerade gestorben ist und er seine Arbeit sofort wieder aufnehmen muß. Er sagt, daß bis übermorgen die entsprechenden Maßnahmen getroffen sein müssen, da er sonst seinen Arbeitsplatz verliert. Vollgestopft mit Kenntnissen über Verlust und Trauer, ist unser erster Impuls, uns mit der zu erwartenden Verzweiflung bei Vater und Kindern zu befassen. Tatsächlich könnte man sein Bedürfnis, sofort seine Arbeit wieder aufzunehmen, als Flucht vor der psychologisch notwendigen Trauerarbeit interpretieren. Die Versuchung, sein Problem als reaktive emotionale Verzweiflung einzuordnen, ist groß. Geben wir ihr nach, dann ist der Weg frei für die Exploration und Aufarbeitung einer Depression. Solche Väter haben jedoch einen bemerkenswerten Hang, an ihren Prioritäten festzuhalten, was bedeutet, daß sie zuerst ihre Kinder versorgt wissen und sich dann mit der Trauer befassen wollen, und zwar letzteres mit oder ohne Hilfe. Man wird sich also Gedanken machen über eine dauerhafte Versorgung der Kinder. Langzeitplanen für Kinder bedeutet

jedoch wahrscheinlich nichts anderes, als das Suchen nach permanenten Lösungen für Erwachsene.
Klassifiziert man die Schwierigkeiten dieses Vaters als „unzureichende Hilfsquellen", so wie er selbst es tut, dann kann man ihm einen Weg zeigen, wie er eine Reihe von Möglichkeiten in Anspruch nehmen kann, die ihm zuerst einmal über die augenblickliche Krise hinweghelfen. Nehmen wir an, der Vater ist bereit, die Aufgabe der Beschaffung von Hilfen mit dem Sozialarbeiter zusammen zu übernehmen. Indem dieser ihn über die Möglichkeiten von Tagesheimen, Haushalthilfen und temporären Pflegestellen informiert und mit ihm das Für und Wider bespricht, versetzt der Sozialarbeiter den Vater in die Lage, fundierte Entscheidungen zu treffen. Bei der Versorgung der Kinder können auch andere Möglichkeiten erwogen werden, zum Beispiel die Inanspruchnahme von Verwandten oder Freunden.
Es liegt auf der Hand, daß die Schritte unseres Modells hier komprimiert werden müssen, wobei vielleicht die Definition des Problems, die Formulierung der Aufgabe und der Beginn der Arbeit am Problem bereits in das erste Gespräch fallen. Oft wird die Arbeit an der Aufgabe in wenigen Tagen beendet sein. Wenn auch die Zeit- und Gesprächsbegrenzungen des Modells sich nicht allgemein anwenden lassen, sollte man den Klienten doch wissen lassen, wie lange es schätzungsweise dauern wird, bis eine Lösung seines Problems erarbeitet ist. Das typische Einmal-in-der-Woche-System mit seinen einstündigen Gesprächen muß vielleicht entscheidend modifiziert werden. In einigen Fällen können tägliche Gespräche erforderlich sein, in anderen Situationen (wie manchmal bei der Bahnhofsmission) verbringt der Klient vielleicht den größten Teil eines Tages damit, um ein Problem in gemeinsamer Anstrengung zu lösen.

Der Behandelnde in autoritativen Funktionen

In einer Anzahl von Einrichtungen müssen Sozialarbeiter eingreifen, um Kinder vor gewalttätigen oder nachlässigen Eltern zu schützen, oder sie müssen zugunsten von Klienten handeln, die nicht in der Lage sind, ihre Interessen selbst wahrzunehmen (zum Beispiel Menschen mit akuten Geisteskrankheiten), oder sie müssen die Interessen der Gesellschaft vertreten (im Falle von jugendlichen oder erwachsenen Kriminellen). Dabei hat es der Sozialarbeiter unter Umständen mit „widerspenstigen" Klienten zu tun, die ihn nicht um seine Hilfe gebeten haben.

Der Sozialarbeiter wird zwar versuchen, den Klienten für eine Kooperation zu gewinnen, trotzdem muß er manchmal gewisse Schritte unternehmen, gleichgültig, ob mit oder ohne die Zustimmung des Klienten. Vielleicht hat er einen gewalttätigen Vater vor Gericht zu bringen, zu empfehlen, daß ein schwer psychotischer Mensch in ein Heim eingewiesen wird, oder zu veranlassen, daß die Bewährung eines Straffälligen ausgesetzt wird. Daß es möglich ist, solche autoritativen und einseitigen Handlungen durchzuführen, unterscheidet die beschützende Soziale Einzelhilfe von anderen Formen der Praxis. Ist nun unser Kurzzeitmodell in irgendeiner Weise auf Situationen anwendbar, in denen der Sozialarbeiter autoritative Funktionen ausübt?

Wir bejahen diese Frage dann, wenn man in solchen Fällen zwischen den einzelnen Funktionen des Sozialarbeiters unterscheiden kann. Seine „beschützenden" Aufgaben kann man vielleicht im Unterschied zu denen sehen, die er als Experte hat, der dem Klienten hilft, bestimmte Probleme zu lösen. In einigen Fällen können diese Funktionen einander entsprechen, zum Beispiel, wenn ein jugendlicher Straffälliger den Sozialarbeiter bittet, ihm zu helfen, daß er nicht wieder in Schwierigkeiten kommt. In anderen Fällen dagegen stehen die verschiedenen Funktionen einander entgegen: Ein Elternteil leugnet trotz überwältigender medizinischer Beweise, daß es sein Kind mißhandelt hat und weist die Interventionsversuche des Sozialarbeiters zurück. Es ist ganz klar, daß der zweite Fall weitaus schwieriger liegt.

Bei der normalen Arbeit mit dem Modell empfehlen wir den Abschluß eines Falles, wenn der Sozialarbeiter kein Problem feststellen kann, bei dem der Klient Hilfe wünscht. Wenn der Sozialarbeiter versuchen muß, den Fall weiterzuführen, selbst wenn der Klient keine weitere Unterstützung von ihm will, liegen die Dinge nicht so einfach. Vielleicht ist der Schlüssel zur Lösung dieser Schwierigkeit, daß der Sozialarbeiter nicht unter dem Vorwand zu arbeiten braucht, daß er dazu da sei, dem Klienten „zu helfen“, nachdem klar wurde, daß dieser die Hilfe nicht will.

Wir möchten für solche Fälle vorschlagen, daß der Sozialarbeiter von vornherein sehr klar auf den Unterschied zwischen seinen schützenden und seinen helfenden Funktionen hinweist. Er kann dem Klienten anbieten, ihm bei der Lösung möglicher Probleme zu helfen, die zu den Schwierigkeiten beitragen, durch die die Intervention der sozialen Einrichtung ausgelöst wurde. Er kann eine zeitlich begrenzte „Problemsuche“ anbieten. Während dieses Prozesses sollte der Sozialarbeiter seine ehrliche Beurteilung der Situation des Klienten so klar wie möglich zum Ausdruck bringen und dabei auch die Folgen nicht unerwähnt lassen, mit denen der Klient unter Umständen zu rechnen hat. Der Klient hätte dann die Wahl, an seinem Problem zu arbeiten oder es zu lassen.

Bestimmte Zielprobleme können auf diese Weise ermittelt werden: Schwierigkeiten, die der Klient mit irgendwelchen Institutionen hatte, und deren Folgen nun bewältigt werden müssen; mangelhafte Rollenbewältigung oder Probleme des sozialen Übergangs, wie im Fall von gewalttätigen oder nachlässigen Eltern, die sich dazu entschließen, ihre Kinder wegzugeben. Bei solchen Problemen wäre eine aufgabenzentrierte Behandlung angebracht. Ihre Kürze käme der begrenzten Motivation für eine Veränderung entgegen, die für den widerstrebenden Klienten charakteristisch ist. Wenn der Sozialarbeiter eine Langzeitbeziehung zu dem betreffenden Klienten aufrechterhalten muß, dann könnte der therapeutischen Phase der Beziehung eine fortlaufende Beaufsichtigung folgen.

Natürlich hat der Klient das Recht, die Hilfe des Sozialarbeiters abzulehnen. Er muß aber wissen, daß der Sozialarbeiter oder jemand anderes unter Umständen gewisse Schritte ohne Rücksicht auf seine Wünschen unternehmen muß. Und wir sollten verstehen, daß ein solches Vorgehen, so notwendig es auch ist, keine Behandlung im Rahmen der Sozialen Einzelhilfe darstellt.

Verbleibende Aufgaben

Der ursprüngliche Zweck unserer Arbeit war die Entwicklung einer Arbeitsform der Sozialen Einzelhilfe, die sich für Behandelnde, aber auch für Ausbildende und Studenten als nützlich erweist. Wir glauben, daß wir dieses Ziel erreicht haben und hoffen, daß andere unsere Überzeugung teilen. Wir empfehlen zwar unser Vorgehen zur unmittelbaren Anwendung, aber wir sprechen uns ebenso dafür aus, daß jede mögliche Anstrengung unternommen wird, es zu verbessern. Unser Fortschritt wird wesentlich von unserer Fähigkeit abhängen, modellentwickelnde Forschung zu betreiben und von unserer Bereitschaft, sich von deren Ergebnissen leiten zu lassen. Es ist nicht leicht, der Versuchung, vorläufige Vorstellungen zu endgültigen Erkenntnissen zu erheben, zu widerstehen. Prophezeihungen, die man sich selbst bestätigt, sind angenehmer als Voraussagen, die ständig der empirischen Erprobung ausgesetzt werden müssen. Es ist aber notwendig, sich zwischen der vermeintlichen Sicherheit einer derzeit unbestrittenen Meinung und der vom wissenschaftlichen Streben genährten Ungewißheit zu entscheiden. Für diese Ungewißheit und dem Festhalten an dieser Offenheit plädieren wir, damit das, was unser Modell der Sozialen Einzelhilfe verspricht, mit der Zeit voll eingelöst werden kann.

Literaturverzeichnis

Abrams, S. T., u. a.: The Caseworker's Activity in Joint Interviews. Unveröff. Gruppen Master's These. Graduate School of Social Work. New York University, 1966.

Aldrich, C. K.: Community Psychiatry's Impact on Casework and Psychotherapy, in: Smith College Studies in Social Work, 38, 1968, S. 102–115.

Avnet, H. H.: How Effective is Short-Term Therapy. In: Lewis R. Wolberg, Hrsg.: Short Term Psychotherapy. New York: Grune and Stratton 1965.

Bartlett, H. M.: Grundlagen beruflicher Sozialarbeit. Freiburg: Lambertus [2]1979.

Bellak, L., und L. Small: Kurzpsychotherapie und Notfallpsychotherapie. Frankfurt: Suhrkamp 1975.

Bergin, A. E.: The Evaluation of Therapeutic Outcomes. In: Handbook of Psychotherapy and Behavior Change: An Empirical Analysis, hrsg. von Bergin und Garfield. New York: Wiley 1971.

Blenkner, M., J. Jahn und E. Wasser: Serving the Aging: An Experiment in Social Work and Public Health Nursing. New York: Community Service Society 1964.

Briar, S.: Family Services and Casework. In: Research in the Social Services: A Five-Year Review. New York: National Association of Social Workers 1971, S. 108–129.

Briar, S., und H. Miller: Problems and Issues in Social Casework. New York: Columbia University Press 1971.

Brieland, D.: Use of Teams in Child Welfare – Background and Perspectives. In: Differential Use of Manpower: A Team Model for Foster Care. New York: Child Welfare League of America 1968, S. 1–10.

Carkhoff, R. R., und M. Alexik: Effect of Client Depth of Self-Exploration Upon High and Low Functioning, in: Journal of Counseling Psychology, 14, 1967, S. 350–355.

Carroll, E. J.: Family Therapy, Some Observations and Comparisons, in: Family Process, 3, 1964, S. 178–185.

Davis, I. P.: The Caseworker's Use of Influence in Counseling Parents. Diss. 1971. School of Social Service Administration, University of Chicago.
Dubin, R.: Theory Building. New York: Free Press 1969.

Ehrenkranz, S. M. (a): A Study of Joint Interviewing in the Treatment of Marital Problems: Part I, in: Social Casework, 48, 1967, S. 498–502.
Ders. (b): A Study of Joint Interviewing in the Treatment of Marital Problems, in: Social Casework, 48, 1967, S. 570–574.
Eiduson, B. T.: Retreat from Help, in: American Journal of Orthopsychiatry, 38, 1968, S. 910–921.
Eisenberg, L., und E. M. Gruenberg: The Current Status of Secondary Prevention in Child Psychiatry, in: American Journal of Orthopsychiatry, 31, 1961, S. 355–367.
Epstein, L.: Differential Use of Staff: A Method to Expand Social Services, in: Social Work, 4, 1962, S. 66–72.
Dies.: Casework Process in Crisis Abatement, in: Child Welfare, 44, 1965, S. 551–555.
Eysenck, H. J.: The Effects of Psychotherapy. New York: International Science Press 1966.

Family Service Association of America: Facts and Trends on FSAA Member Agencies: 1969. New York: Department of Systems and Statistics, FSAA 1969.
Ford, D. H., und H. B. Urban: Systems of Psychotherapy: A Comparative Study. New York: Wiley 1963.
Fowler, I. A.: Family Agency Characteristics and Client Continuance, in: Social Casework, 48, 1967, S. 271–277.
Friel, T., D. Kratochvil und R. R. Carkhuff: Effect of Client Depth of Self-Exploration on Therapists Categorized by Level of Experience and Type of Training. Unveröff. Ms. State University of New York at Buffalo 1968.

Gambrill, E. D., J. Thomas und R. D. Carter: Procedure for Sociobehavioral Practice in Open Settings, in: Social Work, 16, 1971, S. 51–62.
Garfield, S. L.: Research on Client Variables in Psychotherapy. In: Handbook of Psychotherapy and Behavior Change: An Empirical Analysis, hrsg. von Bergin und Garfield. New York: Wiley 1971, S. 271–299.
Garfield, S. L., und M. Wolpin: Expectations Regarding Psychotherapy, in: Journal of Nervous and Mental Disease, 137, 1963, S. 353–362.
Geist, J., und N. M. Gerber: Joint Interviewing: A Treatment Technique with Marital Partners, in: Social Casework, 41, 1960, S. 76–83.

Gilbert, A.: An Experiment in Brief Treatment of Parents, in: Social Work, 5, 1960, S. 91–97.
Goldstein, A. P., K. Heller und L. B. Sechrest: Psychotherapy and the Psychology of Behavior Change. New York: 1966.
Gottlieb, W., und J. Stanley: Mutual Goals and Goal Setting in Casework, in: Social Casework, 48, 1967, S. 471–478.
Gottshalk, L. A., P. Meyerson und A. A. Gottlief: Prediction and Evaluation of Outcome in an Emergency Brief Psychotherapy Clinic, in: Journal of Nervous and Mental Disease, 144, 1967, S. 77–95.

Haley, J., und L. Hoffman: Techniques of Family Therapy. New York: Basic Books 1967.
Hamilton, G.: Theory and Practice of Social Casework. New York: Columbia University Press ²1951.
Hare, M. K.: Shortened Treatment in a Child Guidance Clinic: The Results of 119 Cases, in: British Journal of Psychiatry, 112, 1966, S. 613–616.
Harper, R. A.: Psychoanalysis and Psychotherapy. Englewood Cliffs, N. J.: Prentice-Hall 1959.
Heine, R., und H. Trosman: Initial Expectations of the Doctor-Patient Interaction as a Factor in Continuance in Psychotherapy, in: Psychiatry, 23, 1960, S. 275–278.
Hellenbrand, S.: Client Value Orientations: Implications for Diagnosis and Treatment, in: Social Casework, 42, 1961, S. 163–169.
Hoehn-Saric, R., u. a.: Systematic Preparations of Patients for Psychiatry, I: Effects on Therapy Behaviors and Outcomes, in: Journal of Psychiatric Research, 2, 1964, S. 267–281.
Hollingshead, A. B.: Two Factor Index of Social Position. Unveröff. Paper.
Hollingshead, A. B., und F. C. Redlich: Der Sozialcharakter psychischer Störungen. Frankfurt: S. Fischer 1975.
Hollis, F. (a): Soziale Einzelhilfe als psychosoziale Behandlung. Freiburg: Lambertus 1971.
Dies. (b): Development of a Casework Treatment. Final Report to the National Institute of Mental Health. New York: Columbia University School of Social Work 1966.
Dies. (c): Explorations in the Development of a Typology of Casework Treatment, in: Social Casework, 48, 1967, S. 335–341.
Dies. (d): The Coding and Applications of a Typology of Casework Treatment, in: Soccial Casework, 48, 1967, S. 489–497.

Dies. (e): Continuance and Discontinuance in Marital Counseling and Some Observations on Joint Interviews, in: Social Casework, 49, 1968, S. 167–174.
Dies. (f): Die psychosoziale Arbeitsweise als Grundlage Sozialer Einzelhilfe-Praxis. In: Roberts/Nee, Hrsg.: Konzepte der Sozialen Einzelhilfe. Freiburg: Lambertus [2]1977, S. 47–90.

Jackson, D. D., und J. H. Weakland: Conjoint Family Therapy: Some Considerations in Theory, Technique and Results, in: Psychiatry Supplement to 2, Mai 1961.
Joint Commission on Mental Health of Children Crisis in Child Mental Health: Challenge for the 70's. New York: Harper and Row 1970.

Kaffman, M.: Short-Term Family Therapy. In: H. J. Parad, Hrsg.: Crisis Intervention: Selected Readings. New York: Family Service Association of America 1965, S. 202–219.
Kerns, E.: Planned Short-Term Treatment: A New Service to Adolescents, in: Social Casework, 51, 1970, S. 340–346.
Kluckhohn, F.: Variations in the Basic Values of Family Systems, in: Social Casework, 39, 1958, S. 63–72.
Kogan, L. S.: A Study of Short-Term Cases at the Community Service Society of New York. New York: Institute of Welfare Research, Community Service Society 1957.
Krasner, I.: The Operant Approach in Behavior Therapy. In: Handbook of Psychotherapy and Behavior Change: An Empirical Analysis, hrsg. von Bergin und Garfield. New York: Wiley 1971, S. 612–652.
Kwiatkowski, J.: Brief, Task-Centered Casework: A Study of the Initial Phase. Diss. 1971. School of Social Service Administration, University of Chicago.
Levitt, E. E.: The Results of Psychotherapy with Children: A Further Evaluation, in: Behavior Research and Therapy, 1, 1963, S. 45–51.
Lewis, H.: Practice Science and Professional Education: Developing a Curriculum Responsive to New Knowledge and Values. Paper zum Symposium on Effectiveness of Social Work Intervention: Implications for Curriculum Change. 14.–15. Jan. 1971, Fordham University, New York.

Malan, D. H.: Psychoanalytische Kurztherapie. Eine kritische Untersuchung. Bern: Huber 1965.
Mayer, J. E., und N. Timms: The Client Speaks: Working Class Impressions of Casework. New York: Atherton Press 1970.

McGuire, M. T.: The Process of Short-Term Insight Psychotherapy, I, in: Journal of Nervous and Mental Diseases, 141, 1965, S. 83–94.
Ders.: The Process of Short-Term Insight Psychotherapy, II: Content: Expectations, Structure, in: Journal of Nervous and Mental Diseases, 141, 1965, S. 219–230.
Meltzoff, J., und M. Kornreich: Research in Psychotherapy. New York: Atherton Press 1970.
Meyer, C. H.: Social Work Practice: A Response to the Urban Crisis. New York: Free Press 1970.
Meyer, H. J., E. F. Borgatta und W. C. Jones: Girls in Vocational High: An Experiment in Social Work Intervention. New York: Russell Sage Foundation 1965.
Muench, G. A.: An Investigation of Time-Limited Psychotherapy, in: American Psychologist, 19, 1964, S. 476.
Mullen, E. J.: Casework Communication, in: Social Casework, 49, 1968, S. 546–555.
Mullen, E. J., R. M. Chazin und D. M. Feldstein: Preventing Chronic Dependency. New York: Institute of Welfare Research, Community Service Society of New York 1970.
Murray, E., und W. Smitson: Brief Treatment of Parents in a Military Setting, in: Social Work, 8, 1963, S. 55–61.

National Center for Health Statistics: Characteristics of Patients of Selected Types of Medical Specialists and Practitioners: United States, Juli 1963 – Juni 1964. Washington, D. C.: Public Health Service Publication Nr. 1000, Serie 10, Nr. 28, 1966.
Nebl. N.: Essential Elements in Short-Term Treatment, in: Social Casework, 52, 1971, S. 377–381.

Oppenheimer, J. R.: Use of Crisis Intervention in Casework with the Cancer Patient, in: Social Work, 12, 1967, S. 44–52.

Parad, H. J.: Brief Ego-Oriented Casework with Families in Crisis. In: Ego-Oriented Casework: Problems and Perspectives, hrsg. von Parad und Miller. New York: Family Service Association of America 1963, S. 145–164.
Parad, H. J., und L. G. Parad (a): A Study of Crisis-Oriented Planned Short-Term Treatment, Part I, in: Social Casework, 49, 1968, S. 346–355.
Dies. (b): A Study of Crisis-Oriented Planned Short-Term Treatment, Part II, in: Social Casework, 49, 1968, S. 418–426.

Parad, L. G.: Short-Term Treatment: An Overview of Historical Trends, Issues, and Potentials, in: Smith College Studies in Social Work, 41, 1971, S. 119–146.
Parry, J.: The Psychology of Human Communication. New York: American Elsevier Publishing Co. 1967.
Patterson, C. H.: Theories of Counseling and Psychotherapy. New York: Harper and Row 1966.
Perlman, H. H. (a): Soziale Einzelhilfe als problemlösender Prozeß. Freiburg: Lambertus [4]1978.
Dies. (b): Persona: Social Role and Responsibility. Chicago: University of Chicago Press 1968.
Dies. (c): Das Modell des problemlösenden Vorgehens in der Sozialen Einzelhilfe. In: Roberts/Nee, Hrsg.: Konzepte der Sozialen Einzelhilfe, a. a. O., S. 145–197.
Phillips, E. L., und M. S. H. Johnston: Theoretical and Clinical Aspects of Short-Term Parent-Child Psychotherapy, in: Psychiatry, 17, 1954, S. 267 to 275.
Phillips, E. L., und D. N. Wiener: Short-Term Psychotherapy and Structured Behavior Change. New York: McGraw-Hill 1966.
Pinkus, H.: A Study of the Use of Casework Treatment as Related to Selected Client and Worker Characteristics. Unveröff. Diss. 1968, Columbia University School of Social Work.
Pins, A. M.: Changes in Social Work Education and Their Implications for Practice, in: Social Work, 16, 1971, S. 5–15.
Powers, E., und H. Witmer: An Experiment in the Prevention of Juvenile Delinquency. New York: Columbia University Press 1951.

Rapoport, L.: Krisen-Intervention als Form der Kurzbehandlung. In: Roberts/Nee, Hrsg.: Konzepte der Sozialen Einzelhilfe, a. a. O., S. 285–333.
Rapoport, R.: Normal Crisis, Family Structure, and Mental Health. In: Crisis Intervention: Selected Readings, hrsg. von H. J. Parad. New York: Family Service Association of America 1965, S. 75–87.
Reid, W. J. (a): Practitioner and Client Variables Affecting Casework Treatment, in: Social Casework, 45, 1964, S. 586–592.
Ders. (b): Characteristics of Casework Intervention, in: Welfare in Review, 5, 1967, S. 11–19.
Ders. (c): The Implications of Research for the Goals of Casework, in: Smith College Studies in Social Work, 40, 1970, S. 140–154.
Ders. (d): Sectarian Agencies. In: Encyclopedia of Social Work, Vol. II, hrsg.

von R. Morris u. a. New York: National Association of Social Workers [16]1971, S. 1154–1163.
Reid, W. J., und B. L. Shapiro: Client Reactions to Advice, in: Social Service Review, 43, 1969, S. 165–173.
Reid, W. J., und A. Shyne: Brief and Extended Casework. New York: Columbia University Press 1969.
Ripple, L.: Motivation, Capacity, and Opportunity: Studies in Casework Theory and Practice. Chicago: School of Social Service Administration. University of Chicago 1964.
Roberts, R. W., und R. H. Nee, Hrsg.: Konzepte der Sozialen Einzelhilfe. Stand der Entwicklung. Neue Anwendungsformen. Freiburg: Lambertus [2]1977.
Rosenblatt, A.: The Practitioner's Use and Evaluation of Research, in: Social Work, 13, 1968, S. 53–59.
Rosenthal, D., und J. D. Frank: The Fate of Psychiatric Clinic Out-Patients Assigned to Psychotherapy, in: Journal of Nervous and Mental Diseases, 127, 1958, S. 330–343.

Sacks, J. G., P. M. Bradley und D. F. Beck: Clients Progress Within Five Interviews. New York: Family Service Association of America 1970.
Satir, V.: Familienbehandlung. Kommunikation und Beziehung in Theorie, Erleben und Therapie. Freiburg: Lambertus [4]1979.
Scherz, F. H.: Theorie und Praxis der Familientherapie. In: Roberts/Nee, Hrsg.: Konzepte der Sozialen Einzelhilfe, a. a. O., S. 237–284.
Schlien, J. M.: Comparison of Results with Different Forms of Psychotherapy. In: Psychotherapy Research, hrsg. von Stollak, Guerney und Rothberg. Chicago: Rand McNally 1966, S. 156–162.
Schwartz, E. E., und W. C. Sample: First Findings from Midway. Chicago: School of Social Service Administration, University of Chicago 1966.
Shaw, R., H. Blumenfeld und R. A. Senf: A Short-Term Treatment Program in a Child Guidance Clinic, in: Social Work, 13, 1968, S. 81–90.
Sherman, S.: Joint Interviews in Casework Practice, in: Social Work, 40, 1959, S. 20–28.
Shyne, A.: Former Clients Evaluate a Youth Service Program, in: Children, 7, 1960, S. 175–179.
Sifneos, P. E.: Two Different Kinds of Psychotherapy of Short Duration, in: American Journal of Psychiatry, 123, 1967, S. 1069–1074.
Silverman, P. R.: A Reexamination of the Intake Procedure, in: Social Casework, 51, 1970, S. 625–634.

Simon, B. K.: Theorie der Sozialen Einzelhilfe: ein Überblick. In: Roberts/Nee, Hrsg.: Konzepte der Sozialen Einzelhilfe, a. a. O., S. 377–419.
Simon, H. A.: Administrative Behavior. New York: Macmillan 1957.
Small, L.: The Briefer Psychotherapies. New York: Brunner-Mazel 1971.
Smalley, R. E. (a): Praxisorientierte Theorie der Sozialarbeit. Weinheim: Beltz 1974.
Dies. (b): Die funktionelle Methode als Grundlage der Sozialen Einzelhilfe-Praxis. In: Roberts/Nee, Hrsg.: Konzepte der Sozialen Einzelhilfe, a. a. O., S. 91–143.
Stein, E. H., J. Murdaugh und J. A. MacLeod: Brief Psychotherapy of Pyschiatric Reactions to Physical Illness, in: American Journal of Psychiatry, 125, 1969, S. 1040–1047.
Strupp, H. H., R. E. Fox und K. Lessler: Patients View Their Psychotherapy. Baltimore: Johns Hopkins Press 1969.
Stuart, R. B. (a): Applications of Behavior Theory to Social Casework. In: The Socio-Behavioral Approach and Applications to Social Work, hrsg. von E. J. Thomas. New York: Council on Social Work Education 1967, S. 19–33.
Ders. (b): Trick or Treatment: How and When Psychotherapy Fails. Champaign, Ill.: Research Press 1970.
Studt, E.: Social Work Theory and Implications for the Practice of Methods, in: Social Work Education Reporter, 16 (2), 1968, S. 22–46.

Thomas, E. J.: Verhaltensveränderung und Soziale Einzelhilfe. In: Roberts/Nee, Hrsg.: Konzepte der Sozialen Einzelhilfe, a. a. O., S. 199–236.
Truax, C. B.: A Scale for the Rating of Accurate Empathy. In: C. Rogers u. a., Hrsg.: The Therapeutic Relationship and Its Impact. Madison: University of Wisconsin Press 1967, S. 555–568.
Truax, C. B., und R. R. Carkhuff: Toward Effective Counseling and Psychotherapy: Training and Pratice. Chicago: Aldine 1967.
Truax, C. B., und K. M. Mitchell: Research on Certain Therapist Interpersonal Skills in Relation to Process and Outcome. In: Handbook of Psychotherapy and Behavior Change, hrsg. von Bergin und Garfield. New York: Wiley 1971, S. 299–344.
Turner, F. J.: A Comparison of Procedures in the Treatment of Clients With Two Different Value Orientations, in: Social Casework, 45, 1964, S. 273–277.

Uhlenhuth, E. H., und D. B. Duncan: Subjective Changes with Medical Student Therapists, in: Archives of General Psychiatry, 18, 1968, S. 428–438.

Urban, H. B., und D. H. Ford: Some Historical and Conceptual Perspectives on Psychotherapy and Behavior Change: An Empirial Analysis, hrsg. von Bergin und Garfield. New York: Wiley 1971, S. 3–35.

Wallace, D: The Chemung County Evaluation of Casework Services to Dependent Multi-Problem Families, in: Social Service Review, 41, 1967, S. 379–389.

Watzlawick, P., u. a.: Menschliche Kommunikation. Bern: Huber [4]1974.

Wingard, G.: Service Patterns in the Southwest Suburban Family Service and Mental Health Center. Unveröff. Paper. School of Social Service Administration, University of Chicago 1971.

Wolberg, L. R.: Short-Term Psychotherapy. New York: Grune and Stratton 1965.

Sachwort- und Personenverzeichnis